AF341424

La Face cachée du pape François

Paul Ariès

La Face cachée du pape François

Max Milo

Du même auteur

La Fin des mangeurs, Éditions Desclée de Brouwer, 1997

Les Fils de McDo, Éditions L'Harmattan, 1997

Déni d'enfance, Éditions Golias, 1997

Le retour du diable. Satanisme, exorcisme, extrême droite, *Éditions Golias, 1997*

La Scientologie, laboratoire du futur ? Les secrets d'une machine infernale, *Éditions Golias, 1998*

Petit manuel anti-McDo à l'usage des petits et des grands, *Éditions Golias, 1999*

La Scientologie : une secte contre la République, *Éditions Golias, 1999*

José Bové, la révolte d'un paysan. Entretiens avec Paul Ariès et Christian Terras, *Éditions Golias, 2000*

Le Goût (avec Gong Gang), Éditions Desclée de Brouwer, 2000

Libération animale ou nouveaux terroristes ? *Éditions Golias, 2000*

Les Sectes à l'assaut de la santé, *Éditions Golias, 2000*

Anthroposophie : enquête sur un pouvoir occulte, *Éditions Golias, 2001*

Disneyland, le royaume désenchanté, *Éditions Golias, 2002*

Pour sauver la terre : l'espèce humaine doit-elle disparaître ? *Éditions L'Harmattan, 2002*

Harcèlement au travail ou Nouveau Management, *Éditions Golias, 2002*

Putain de ta marque ! Éditions Golias, 2003

Démarque-toi ! Petit manuel anti-pub, *Éditions Golias, 2004*

Satanisme et Vampyrisme, *Éditions Golias, 2004*

Misère du sarkozysme. Cette droite qui n'aime pas la France, *Éditions Parangon, 2005*

Décroissance ou Barbarie, *Éditions Golias, 2005*

No conso. Manifeste pour une grève générale de la consommation, *Éditions Golias, 2006*

Le Mésusage. Essai sur l'hypercapitalisme, *Éditions Parangon, 2007*

Apprendre à faire le vide (avec Bernadette Costa-Prades), Éditions Milan, 2009

Désobéir et grandir, Les éditions écosociété, 2009

Cohn-Bendit, l'imposture, (avec Florence Leray), Max Milo, 2010

La Simplicité volontaire contre le mythe de l'abondance, *La Découverte, 2010*

Le Socialisme gourmand, *La Découverte, 2012*

Amoureux du bien vivre, Afrique, Amériques, Asie... que nous apprend l'écologie des pauvres ? *Éditions Golias, 2013*

Nos rêves ne tiennent pas dans les urnes, *Éditions Max Milo, 2013*

L'alimentation de la préhistoire à nos jours, *Éditions Max Milo, 2016 (à paraître)*

Pour tout contact (conférences et presse) : paul.aries@laposte.net

Avant-propos
Les dessous (pas sexy) de l'Église

Tout nouveau pape représente un changement notable.
Mais n'espérons pas qu'un groupe de cardinaux très conservateurs
puisse élire un pape révolutionnaire, c'est impossible.
Disons qu'il a élu le meilleur des pires.

François Houtart, théologien de la libération, altermondialiste.

J'ai toujours revendiqué mon athéisme natif sans pour autant appartenir à la tribu des bouffeurs de curés, et je peux croiser une soutane sans croasser. J'ai donc, depuis trente ans, volontiers répondu présent aux appels de catholiques pour partager des combats écologistes ou contre l'extrême droite. Je suis depuis vingt ans, bien que profondément matérialiste, membre du comité de rédaction de la revue catholique *Golias* qui accepte de croiser nos valeurs ; j'ai accepté de collaborer à la revue *Relations*, publiée au Québec, par le Centre justice et foi, sous la responsabilité de membres de la Compagnie de Jésus, notamment pour ses numéros spéciaux consacrés à la crise écologique ; j'ai contribué à d'autres médias catholiques comme *Les Cahiers de l'atelier* (notamment pour son numéro sur l'écologie et la simplicité volontaire) publiés en partenariat avec l'Action catholique des enfants (ACE), l'Action catholique des milieux indépendants (ACI), l'Action catholique ouvrière (ACO), le Carrefour de l'Église en Rural (CER), la Jeunesse ouvrière chrétienne (JOC), l'Aumônerie de l'enseignement public ; comme *Lumière et vie*, revue théologique fondée par les dominicains ; comme *Témoignage chrétien* ou le réseau Radios chrétiennes francophones (RCF) ; j'ai fréquenté durablement l'équipe, majoritairement catholique, du mensuel *La Décroissance* (avant que nos chemins ne se séparent car je refuse que la décroissance rime avec austérité) ; j'ai accepté de publier de nombreux ouvrages dans des maisons d'édition catholiques, notamment celle des jésuites au Brésil (Ediçôes Loyola). J'ai même participé aux deux premières conventions de l'association Chrétiens et pic de pétrole (CPP).

Je n'ai donc jamais considéré que l'Église était « intrinsèquement perverse », histoire de lui retourner le mot du pape Pie XI au XIXe siècle contre toute idée de collectivisme et de socialisme (nous sommes alors loin du monstre stalinien). J'ai toujours considéré que l'Église était une « grande famille » et qu'il fallait apprendre à séparer le bon grain de l'ivraie en matière de débats de société. Moi, qui aime me définir comme « objecteur de croissance amoureux du bien vivre », je sais tout ce que l'écologisme des pauvres doit aux théologies de la libération et à l'option préférentielle pour les pauvres développée en Amérique du Sud. Sans ce mouvement chrétien, l'écologie aujourd'hui serait encore plus mal en point. Je sais aussi que de la même façon qu'on ne peut imputer aux militants communistes les crimes de Staline, ni la responsabilité historique qui est celle des dirigeants des partis, on ne peut reprocher aux catholiques ni la pédophilie ni le silence coupable sur ces crimes, ni les scandales financiers et politiques qui frappent l'Église en tant qu'institution.

J'aurais donc sincèrement aimé me réjouir de l'élection de l'évêque Bergoglio comme pape en me disant que nous étions enfin débarrassés de Jean-Paul II et de Benoît XVI qui mettent toujours le préservatif à l'Index du Saint-Office ; j'aurais aimé me réjouir que l'Église ne soit plus systématiquement du côté des puissants, comme malheureusement elle l'a été trop souvent depuis 2 000 ans ; j'aurais notamment aimé applaudir la parution de l'encyclique du pape François *Laudato si'* (« Loué sois-tu »), d'autant plus que ce texte a suscité l'embarras de beaucoup de mes (autres) adversaires libéraux puisqu'il prône l'écologie et la décroissance et réinterroge le système économique mondial[1]. Mais j'avoue que le pape François ne me convainc pas et que les réseaux écolos-cathos français ne me sont guère sympathiques. Ils ne valent pas mieux que ceux qui

---

1. Jacques Garello, économiste catholique libéral, président de l'Association pour la liberté économique et le progrès social (ALEPS), Jean-Yves Naudet, expert en doctrine sociale de l'Église catholique, Geoffroy Roux de Bézieux, patron des entreprises Phone House, Virgin Mobile et Notus Technologies ont notamment réagi en opposition aux propos du pape François.

montent à l'assaut des hôpitaux garantissant le droit à l'IVG ou ceux qui manifestent contre les spectacles « blasphémateurs ».

J'aurais enfin aimé dire avec mon ami Jean Ortiz, excellent connaisseur de l'Amérique du Sud, que ce pape, choisi comme il le rappelle « pour contrecarrer l'essor des "révolutions" en Amérique latine, pour regagner parmi les pauvres le terrain perdu par Rome, qui s'était éloignée des "peuples de Dieu", un terrain récupéré par les sectes et les Églises évangéliques de tout poil », aurait trouvé subitement la foi… révolutionnaire depuis son élection au Vatican. Je crois malheureusement que Jean Ortiz et beaucoup de progressistes prennent leurs rêves pour la réalité en choisissant d'oublier que l'anticapitalisme catholique romain n'a rien de commun avec le nôtre. L'évêque réactionnaire Bergoglio n'est pas devenu subitement un pape progressiste. Ses sources d'inspiration sont davantage du côté de Communion et Libération, de l'Opus Dei, des légionnaires du Christ, que des franciscains ou des jésuites. L'Église du pape François est toujours celle qui considère, avec le cardinal Giovanni Battista, préfet de la Congrégation pour les évêques au Vatican, que le viol (d'une petite fille de 9 ans) est « moins grave que l'avortement » (sic). L'Église du pape François est toujours celle qui refuse d'accréditer Laurent Stefanini, l'ambassadeur choisi par la France pour la représenter au Vatican, parce qu'il est homosexuel. L'Église du pape François est toujours celle qui, de scandale financier en scandale politique, sans oublier les crimes pédophiles, prouve que le mal qui la ronge est structurel et qu'il ne s'agit pas seulement de brebis égarées. L'Église du pape François est toujours celle qui continue à ne pas écouter son propre peuple : 92 % des catholiques sont favorables à la contraception, 90 % sont favorables à l'IVG, 54 % se disent pour le droit au mariage pour tous, 87 % sont favorables au mariage des prêtres, 83 % se disent en faveur du remariage religieux des divorcés ; mais l'Église du pape François est celle qui, avec la Manif pour tous, avec le mouvement des Veilleurs, avec le Printemps français choisit de n'écouter que la frange la plus infime et la plus réactionnaire de ses ouailles[2].

---

2. http://www.la-croix.com/Religion/Actualite/Selon-un-sondage-BVA-les-catholiques-francais-seraient-progressistes-2014-02-23-1110982

François, le meilleur des pires

J'aimerais même croire, avec le théologien altermondialiste François Houtart, que le pape François serait le « meilleur des pires ». Je n'en suis malheureusement pas convaincu, compte tenu de sa capacité à hypnotiser les foules et à endormir ceux qui devraient être vigilants, notamment à gauche et parmi les athées. On a pu écrire de François qu'il serait « le pape de la sortie de la papauté » : j'aurais préféré qu'il conservât ses chaussures rouges et autres colifichets pontificaux, mais qu'il ne renouât pas avec les dogmes les plus réactionnaires. Ainsi l'ancienne présidente du parti démocrate-chrétien, Christine Boutin, animatrice de tous les mauvais combats (contre l'IVG, le PACS, etc.), célèbre notamment pour avoir sortie une bible à l'Assemblée nationale, se dit « émerveillée » par les propos du pape, qui appellent à la « miséricorde » pour les homosexuels, les divorcés et les femmes ayant avorté, et convaincue que le pape François ne changera pas les positions réactionnaires de l'Église en matière de mœurs. Ainsi de Christine Lagarde, la patronne de choc du FMI, qui, après avoir été reçue en audience privée par le pape François, confie son admiration et clame leur convergence de vues pour combattre les « inégalités excessives » (sic) et pour que « la marée montante porte aussi les petites embarcations ». Il est vrai que François invente une option préférentielle pour les pauvres qui ressemble étrangement aux discours des dames patronnesses du XIXe siècle. Ce même pape voit aussi le diable partout, notamment derrière ses adversaires. Attention qu'il ne rallume pas des bûchers contre les hérétiques et prenons garde que ses appels à une nouvelle croisade, à la *reconquista*, ne lancent pas des foules d'illuminés à l'assaut de la République et de la laïcité, sous prétexte d'interdire aux autres le droit d'aimer et d'enfanter comme bon leur semble ! Je le dis à mes amis athées, agnostiques mais aussi croyants : si vous n'avez pas (trop) aimé la Manif pour tous, c'est-à-dire la mobilisation des courants réactionnaires de l'Église contre l'égalité des droits devant le mariage, vous risquez fort de ne pas apprécier tout ce qui se prépare en coulisses ! François fait les yeux doux mais il parle dans un contexte de retour du religieux dans des formes les plus contestables et les plus dangereuses pour la laïcité et cela concerne malheureusement toutes les religions, sans aucune exception. La question n'est même pas de sonder ce qu'il a secrètement dans la tête mais dans quel contexte il parle, par qui il est entendu et avec quels effets. L'Église a ainsi commis une faute politique impardonnable avec ses gesticulations homophobes et sexistes, rompant le cordon sanitaire qu'elle-même avait dressé autour de l'extrême droite et en particulier du Front national (FN). Les catholiques pratiquants, qui étaient déjà traditionnellement plus à droite que le reste de la population, votaient, en revanche, moins pour la famille Le Pen, mais ces mêmes catholiques sont passés en deux ans du refus au vote FN. Les premières années du pontificat de François se soldent dans tous les pays par une montée des droites extrêmes, des populismes identitaires et de la réaction. L'Église de nos enfants est beaucoup plus vieille que celle de nos parents. J'assume donc d'écrire un livre à contre-courant puisque 89 % des Français, catholiques ou non, ont une bonne opinion du pape François. Et le souverain pontife est encore plus apprécié à gauche qu'à droite[3].

La *reconquista*

L'Église est toujours à la recherche de sa potion magique qui lui permettrait non plus d'abord d'évangéliser mais de « réévangéliser » le monde des croyants. L'Église a tout essayé : la peur de brûler en enfer, la perspective du paradis, la condamnation de la masturbation, la guerre contre la contraception et l'IVG, la haine des athées et la peur des « rouges », mais rien ne semble permettre de préserver le nombre de croyants dans les pays riches du Nord ; en revanche, le nombre de fidèles augmente plus vite que la démographie grâce aux pays pauvres du Sud[4]. Les princes de l'Église ont donc choisi de faire de l'écologie une nouvelle arme de destruction massive contre la laïcité et les idées égalitaires et progressistes. Ce n'est pas moi qui aie choisi de mettre autant l'accent sur l'écologie mais c'est François et son entourage qui ont volontairement fait ce choix tactique, car jamais, depuis longtemps, un tel débat de société ne s'était autant prêté à ressortir les vieilles fadaises que l'Église donne comme la vérité absolue.

---

3. http://www.leparisien.fr/pape-vatican/sondage-le-pape-francois-bat-tous-les-records-de-popularite-chez-les-francais-19-12-2014-4388043.php
4. En 2013, 1,253 milliard de catholiques ont été officiellement recensés. Soit une progression de 25 millions de baptisés dans l'Église catholique, 2 % d'augmentation en un an. C'est un rythme deux fois supérieur à celui de la croissance de la population mondiale, qui n'a augmenté que de 1 %. Les catholiques sont en revanche devenus minoritaires sur le Vieux Continent où ils ne sont plus que 39 % de la population. http://fr.aleteia.org/2015/03/31/il-y-a-toujours-plus-de-catholiques-dans-le-monde/

Nous aurions donc tort de ne pas prendre François et ses ouailles très au sérieux. Déjà parce que la gauche et l'écologie sont largement dupes de cette instrumentalisation de l'écologie contre l'avortement, le mariage homo, la contraception, le bien commun entendu comme l'ensemble des droits sociaux. Ensuite parce que cette écologie dite « intégrale » est, comme nous le verrons dans la seconde partie de cet ouvrage, une façon de revenir à un catholicisme intransigeant à la façon du XIXe siècle. Enfin, parce que cette écologie intégrale catholique ne s'oppose pas tant à une écologie molle qu'à l'écologie politique et à l'humanisme intégral catholique, bref au catholicisme du XXe siècle qui avait accepté l'idée de progrès humain. Comme le prêche l'institut catholique Ichtus, l'un des piliers de la Manif pour tous et du Printemps français qui exprime la volonté de faire un « Mai 68 à l'envers », le moment est venu de fermer le rideau sur le culte de l'homme. Gaultier Bès de Berc, l'un des gourous de l'écologie intégrale, explique également que l'humanisme chrétien répondait simplement à l'humanisme athée qui aboutit à l'homme fait Dieu. L'hérésie de toujours.

Ce livre traite autant de Bergoglio devenu François que de l'Église du pape François. Il n'instruit donc pas un procès en recherche de responsabilité personnelle mais rend compte d'une époque : de quelle Église François est-il le pape ? L'Église du pape François est aussi celle des soldats de Dieu et des différentes mouvances qui la composent. J'accorderai une attention particulière aux forces qui portent les nouvelles thèses écologiques au sein de l'Église.

Je remercie vivement mes amis sud-américains, notamment argentins, mais aussi québécois, italiens et français qui m'ont transmis des informations. J'exprime toute ma gratitude aux théologiens de la libération qui ne se reconnaissent plus dans ce que Rome a fait de l'option préférentielle pour les pauvres. Sans eux, sans elles, ce livre n'aurait pas pu être possible.

Première partie :
François sauvera-t-il l'Église ?

Nous sommes nombreux à penser que l'Église catholique est gravement malade, peut-être même incurable[5]. Ce constat est partagé aussi bien par des gens d'Église comme le prêtre jésuite égyptien Henri Boulad, ancien provincial des jésuites du Proche-Orient, puis vice-président de Caritas International pour le Moyen-Orient et l'Afrique du Nord qui estime que « Notre Église est malade. Sous sa forme actuelle, elle va sans doute mourir, pour renaître autrement [...]. Je pense que cette Église institution, cette Église pyramide doit inventer d'autres formes, d'autres modalités de présence dans le monde d'aujourd'hui »[6], que par des théologiens comme Arnaud Join-Lambert qui annonce également dans la revue des jésuites, *Études*, la fin des paroisses et l'avènement d'une « Église liquide »[7].

L'Église a certes connu tout au long de ses deux millénaires de très nombreuses vicissitudes. Elle a même failli disparaître (au moins) à deux reprises : au IVe siècle, face au renouveau des cultes païens mais surtout face aux victoires de l'arianisme chrétien[8] ; au XVIe siècle, face aux mouvements de la Réforme. L'Église a toujours réagi de la même façon, en établissant de nouvelles alliances avec les puissances temporelles du moment (politiques et militaires), quitte pour cela à abandonner le petit peuple des croyants et à transformer ses ouailles en vrais soldats de Dieu.

5. Hans Küng, *Peut-on encore sauver l'Église*, Paris, Seuil, 2012.
6. Henri Boulad, *La foi et le sens*, Paris, Médiaspaul, 2015.
7. Arnaud Join-Lambert, « Vers une Église "liquide" », dans *Études*, février 2015, p. 67-78. Voir le site de la revue *Études* : http://www.revue-etudes.com/index.php
8. Henri-Irénée Marrou, « L'arianisme comme phénomène alexandrin », dans *Comptes rendus des séances de l'Académie des Inscriptions et Belles-Lettres*, vol. 117, n° 3, 1973, p. 533-542.

L'Église ne s'est jamais sauvée en pactisant avec son époque mais en se claquemurant dans ses dogmes. La Contre-Réforme catholique en est la meilleure preuve. L'Église catholique souffre aujourd'hui d'une multitude de crises, scandales financiers, scandales sexuels, scandales politiques, scandales de ses dogmes qui ne correspondent plus aux attentes de ses propres fidèles, lesquels avouent ne plus les comprendre et tricher avec. L'Église sait qu'elle doit se réformer pour ne pas mourir. Face à la concurrence des « nouveaux mouvements religieux » avec lesquels elle entretient un flirt curieux, face aussi à une histoire qui s'accélère et qui la prend à la gorge en rendant désuet ce qui avait fait sa force. Toutes ces crises se rejoignent et se renforcent, autorisant à parler d'une vraie crise structurelle. Ce qui fait lien et sens entre toutes ces crises, c'est foncièrement l'inadaptation de l'Église à son époque ; cette Église qui a longtemps été le dernier représentant du Moyen Âge au sein de la modernité doit soit regarder vers le futur soit faire tourner l'histoire à l'envers. L'Église du pape François est donc engagée dans ce double mouvement : d'un côté, « tout changer pour que rien ne change » selon la formule de l'aristocrate Giuseppe Tomasi di Lampedusa dans son roman *Le Guépard*, ce qui explique que l'Église fasse feu de tout bois en matière de communication et de management ; d'un autre côté, tirer profit de l'effondrement des révolutions et, dans le champ religieux, des « cathos de gauche » et des théologiens de la libération sud-américains pour renouer avec une Église dite « identitaire », c'est-à-dire assumant pleinement son antimodernisme. François a été choisi pour sauver l'Église, mais sur quelles forces morales et quelle armada peut-il prendre appui ? François sera-t-il le dernier pape ?

Un pape marxiste ?

Les milieux de gauche croient s'être trouvés un pape en la personne de François. Certains se sont même demandés si ce pontife n'était pas marxiste. La lecture des grands titres de la presse est révélatrice : « Le pape François se défend d'être "marxiste" » (*Le Monde* et *Le Figaro*), « Le pape François est-il marxiste ? » (*Le Point*), « Le pape est-il marxiste ? » (France Inter), « Le pape François, un dangereux marxiste ? » (France 24), « Le pape François ouvert au marxisme » (*L'Humanité*), etc. La rumeur a pris tellement d'ampleur que Rome a dû démentir. Non, François n'est pas

...ais il a connu de nombreux marxistes qui étaient « des gens très bien », bien que « l'idéologie marxiste [soit] erronée ». La meilleure réponse est venue d'Oskari Juurikkala, économiste lauréat du prix (catholique) Novak 2014 : « Le pape est tout sauf marxiste, [...] les adeptes du libre-échange n'ont rien à craindre du discours du Saint-Père et devraient même s'en inspirer. »

François ne peut apparaître comme marxiste ou communisant que parce que nous ne savons plus ce que signifie être marxiste ou même socialiste. Être marxiste, ce n'est pas constater qu'existent des riches et des pauvres, c'est dire que la richesse des uns fait la pauvreté des autres, c'est penser l'exploitation. Être marxiste, ce n'est pas simplement constater qu'existent des luttes sociales entre salariés et employeurs, c'est considérer que cette lutte des classes est nécessaire et positive car il n'y a pas de compromis possible entre les classes. Être marxiste, ce n'est pas considérer que la propriété privée serait sacrée et qu'elle constituerait le socle de la société, c'est différencier entre la propriété des biens personnels et la propriété privée lucrative notamment celle des entreprises reposant sur l'exploitation et la domination du plus grand nombre. Être marxiste, ce n'est pas considérer qu'existeraient des autorités légitimes auxquelles il conviendrait d'obéir, c'est se placer du côté des foules sans chef car « l'émancipation des travailleurs doit être l'œuvre des travailleurs eux-mêmes ».

Nous sommes tellement habitués que les papes et les princes de l'Église vivent dans un luxe obscène, habitent de prestigieux palais et utilisent des voitures de luxe avec chauffeur, que des évêques qui prennent le métro et se contentent d'un appartement ordinaire passent pour des saints ; nous sommes tellement habitués à ce que l'Église soit du côté des puissants qu'un pape qui ose simplement rappeler que les pauvres existent et qu'ils ont aussi le droit de vivre passe aussitôt pour un révolutionnaire et un progressiste. Cette gauche qui croit en son pape François va se réveiller avec une sacrée gueule de bois comme cela lui est arrivé aux lendemains du concile de Vatican II. L'Église avait alors trahi ses espoirs. Les siens sans doute mais pas ceux du pape Jean XXIII, lequel n'avait rien d'un socialiste, contrairement à ce que proclamait alors Georges Montaron, directeur de *Témoignage chrétien*[9]. Le pape François n'est pas plus ni pas moins marxiste que ne l'était Jean XXIII qui parlait aussi beaucoup des pauvres et dénonçait l'égoïsme des riches, mais était cependant l'héritier d'une

---

9. Georges Montaron et Marcel Clément, *Le socialisme*, Paris, Beauchesne, 1969.

vision hypertraditionnelle de la foi. Son modèle restera jusqu'à la fin de sa vie Pie X, connu pour sa virulence antimoderniste. Ceux qui espèrent une révolution progressiste seront donc malheureusement déçus. François ne sera pas le pape de l'émancipation des pauvres, non pas parce que la Curie romaine l'en empêcherait, ni parce qu'il serait très mal conseillé, comme on l'entend déjà, mais parce qu'il n'est pas programmé pour cela. Horacio Verbitsky, président du Centre d'études légales et sociales en Argentine, expliquait dans le journal argentin *Pagina 12* du 15 mars 2013 que « Jorge Bergoglio n'est pas le pape des pauvres » et ne le sera jamais : « Apostropher les profiteurs et prêcher la docilité aux opprimés. Au cours des quinze années passées à la tête de l'archevêché de Buenos Aires, il a fait tout cela et bien plus. Pourtant, dans le même temps, il a aussi tenté d'unir l'opposition contre le premier gouvernement qui ait – depuis longtemps – adopté une politique favorable aux couches populaires, un gouvernement qu'il a accusé d'être crispé et belliqueux car pour y parvenir, il a fallu lutter avec lesdits puissants mentionnés dans son discours. Maintenant, il va pouvoir continuer sa mission, mais à une tout autre échelle, ce qui ne signifie pas qu'il oubliera l'Argentine. Si Eugenio Pacelli (Pie XII) a reçu des fonds des services de renseignements américains pour soutenir la Démocratie chrétienne et faire obstacle à la victoire des communistes pendant les années qui ont suivi la Seconde Guerre mondiale, et si Karol Wojtyła (Jean-Paul II) a été le premier à lutter pour la chute du mur de Berlin, le pape argentin pourra en faire autant à l'échelle latino-américaine. » Bergoglio fera de belles phrases mais il défendra le système. François est l'arme secrète du Vatican pour enterrer les théologies de la libération authentiques et anéantir le socialisme sud-américain du XXIe siècle. Ce pape est argentin parce que l'Amérique du Sud reste le seul continent où le socialisme se conjugue encore au présent avec les expériences en Bolivie, en Équateur, au Venezuela, au Chili, au Nicaragua, à la Dominique, à Cuba, etc. C'est pourquoi d'ailleurs Bergoglio n'était pas le candidat des théologiens de la libération qui, comme Leonardo Boff, espéraient l'élection de Seán O'Malley, franciscain aux origines irlandaises à la tête du diocèse de Boston.

La difficulté, c'est que nous ne nous souvenons plus de ce que fut l'Église avant Vatican II (qui a déçu les espérances) et que nous avons oublié que l'anticapitalisme catholique fut toujours plus porté à droite qu'à gauche ! Le pape François passe pour un homme de gauche parce qu'il critique le Veau d'or, mais au XIXe siècle, Louis de Bonald (1754-1840), l'un des pères de la pensée contre-révolutionnaire, hostile à la Révolution fran-

tion des droits de l'homme, défenseur du
monarchie de droit divin, déplorait, dans
commerce soit devenu « l'unique religion
que Dieu des hommes », il ajoutait même
ent est de perfectionner les hommes au
t que de perfectionner les machines ». Au
éactionnaire Pie IX, dans son encyclique
strueuses erreurs politico-religieuses du
. » Qui ne voit et ne sent qu'une société soustraite aux
lois de la religion et de la vraie justice ne peut plus se proposer d'autre but
que d'amasser et d'accumuler les richesses » ; Léon XIII, un autre pape
ultraréactionnaire, auteur de l'encyclique *Rerum novarum*, nouvelle
tasse de thé des écolos-cathos, dénonçait « l'affluence de la richesse dans
les mains du petit nombre à côté de l'indigence de la multitude » et le
fait qu'« un petit nombre de riches et d'opulents [...] imposent un joug
presque servile à l'infinie multitude des prolétaires ».

Chacun aura compris : il ne suffit pas de se proclamer anticapitaliste
pour être du côté de l'émancipation et agir contre le principe même des
inégalités. Souvenons-nous en alors que cette vieille droite catholique
refait surface ! Nous l'avons tous constaté lors de la Manif pour tous qui
n'était qu'une manifestation contre l'égalité des droits entre hétérosexuels
et homosexuels. Même un auteur comme Jean-François Bouthors,
pourtant peu susceptible d'être soupçonné de gauchisme, est obligé de
reconnaître dans son *Petit éloge du catholicisme français* (Éd. François
Bourin, 2015) qu'une « tendance "Khmer rouge" y exerce un bien curieux
magistère, manipulée en arrière-plan par des gens qui poursuivent clairement des objectifs politiques qu'il faut bien qualifier de réactionnaires.
L'intolérance religieuse catholique qui sévit en France ne connaît probablement pas d'équivalent dans les autres pays européens ».

François n'est donc pas de gauche mais il sait pourtant, avec ceux qui
l'ont fait pape, qu'il doit contenir la droitisation de l'Église notamment
sur le plan des mœurs, pour ne pas creuser davantage l'abîme entre
l'Église-institution et les peuples réels, c'est pourquoi il tente de donner
des gages de modernité et multiplie même les signes en direction d'une
gauche catholique, qui n'existe cependant plus guère mondialement
depuis les pontificats de Jean-Paul II et Benoît XVI. Conséquence :
François mécontente sa droite sans pour autant gagner sur sa gauche.
L'Église du pape François finira par perdre sur les deux tableaux.

Un pape vert ?

Ce pape, qui n'est pas de gauche, ne sera pas davanta_ l'écologie au sens de la défense des modes de vie populair_ postcapitalistes. Voici un pape qui, après avoir combattu les thé_ de la libération, serait devenu « écologiste », « décroissant », « antic_ taliste », « antiproductiviste », bref, les écolos auraient enfin le chef tan_ espéré d'une nouvelle Église verte. Que les choses soient claires : je ne reproche pas à François et aux écolos-cathos de ne pas aller assez loin ni assez vite, mais de ne pas aller dans la bonne direction[10]. L'écologie à la sauce vaticane est avant tout une machine de guerre contre le mariage homo, le droit à l'avortement, la contraception, le relativisme des valeurs, etc. Non pas que le pape ne soit pas sincère lorsqu'il dénonce avec brio la destruction des écosystèmes, mais les raisons qu'il en donne ne sont tout simplement pas acceptables à mes yeux : je ne dis pas qu'il fait beau parce que le pape prétend qu'il pleut, mais si le pape explique qu'il pleut parce que nous avons légalisé la contraception, l'avortement, le mariage homo, parce que nous regardons avec désir notre propre conjoint(e), j'ai le devoir de m'opposer à lui.

J'accuse mes amis républicains, démocrates, laïcards, écologistes et des gauches d'avoir trop envie d'avoir un-pape-comme-il-faut pour ne pas perdre leur esprit critique et prêter au pape beaucoup plus qu'il ne déclare lui-même. J'accuse mes amis républicains, démocrates, laïcards, écologistes et des gauches de ne pas voir que ce pape est une pièce maîtresse, plus encore que Jean-Paul II et Benoît XVI, dans le cadre de la croisade pour la « réévangélisation » de la société et donc dans la défaite de ce pour quoi nous combattons depuis Voltaire, une société ouverte et démocratique. Ce pape fascine mais à la façon d'un serpent car il endort toute vigilance. Nous sommes tellement habitués à ce que l'Église dise qu'il pleut lorsqu'il fait beau, en un mot qu'elle condamne tout progrès humain au nom de ses dogmes, que nous savourons avec délice tout ce qui ressemble à un petit pas. Un pape qui dirait que l'on peut utiliser un préservatif pour ne pas contaminer son prochain serait un saint... laïque. Un pape qui dirait simplement qu'avorter est moins grave que se faire violer apparaîtrait comme un nouveau messie.

---

10. http://www.lavie.fr/medias/le-texte-integral-de-l-encyclique-laudato-sii-18-06-2015-64352_73.php

Un homme politique de droite qui tiendrait les propos du pape ne se verrait pas offrir, contrairement à l'évêque de Rome, une carte d'honneur de l'écologie. Pourtant quel écologiste ne souscrirait-il pas aux paroles fortes suivantes :

« Notre maison brûle et nous regardons ailleurs. La nature, mutilée, surexploitée, ne parvient plus à se reconstituer et nous refusons de l'admettre. L'humanité souffre. Elle souffre de mal développement, au Nord comme au Sud, et nous sommes indifférents. La Terre et l'humanité sont en péril et nous en sommes tous responsables. Il est temps, je crois, d'ouvrir les yeux. Sur tous les continents, les signaux d'alerte s'allument. L'Europe est frappée par des catastrophes naturelles et des crises sanitaires. L'économie américaine, souvent boulimique en ressources naturelles, paraît atteinte d'une crise de confiance dans ses modes de régulation. L'Amérique latine est à nouveau secouée par la crise financière et donc sociale. En Asie, la multiplication des pollutions, dont témoigne le nuage brun, s'étend et menace d'empoisonnement un continent tout entier. L'Afrique est accablée par les conflits, le sida, la désertification, la famine. Certains pays insulaires sont menacés de disparition par le réchauffement climatique. Nous ne pourrons pas dire que nous ne savions pas ! Prenons garde que le XXIe siècle ne devienne pas, pour les générations futures, celui d'un crime de l'humanité contre la vie. Notre responsabilité collective est engagée. Responsabilité première des pays développés. Première par l'histoire, première par la puissance, première par le niveau de leurs consommations. Si l'humanité entière se comportait comme les pays du Nord, il faudrait deux planètes supplémentaires pour faire face à nos besoins. »

Ces paroles engagées, iconoclastes, responsables pourraient passer pour celles d'un écologiste convaincu qui, s'il le pouvait, changerait le cap de nos sociétés. Ce discours est, bien sûr, celui du président Chirac à Johannesburg en 2002. Lequel n'a jamais pris de mesures significatives en matière d'écologie. Nous aurions applaudi ces paroles si elles avaient été prononcées par le pape François. Dites par Chirac nous en avons ri comme on rit d'une bonne farce.

Nous avions trouvé aussi de « bonnes choses » dans les constats émis lors du Grenelle de l'environnement mais nous avons estimé, avec raison au regard des résultats engrangés, que l'écologie n'était pas soluble dans le sarkozysme. Je sais que je vais faire de la peine à certain(e)s de mes ami(e)s, mais j'estime également que *notre* écologie n'est pas soluble dans la pensée de l'Église.

J'entends bien que d'autres écologies existent, et j'admets volontiers avec le philosophe Dominique Bourg, catholique bon teint, qui fut, avec Nicolas Hulot, l'un des conseillers du président Chirac dans ce domaine, tout comme ses idées écologistes se retrouvent aujourd'hui volontiers au sein du Vatican, que « l'écologie politique n'est pas le fruit naturel d'une seule famille de pensée, la gauche », mais cette écologie catho de droite m'effraie. Non pas par principe mais en raison de ses conséquences sociales et politiques ! Je revendique le droit d'être écolo et de défendre le mariage pour tous ; je revendique le droit d'être écolo et de défendre la contraception et l'IVG ; je revendique le droit d'être écolo et d'être un partageux dans tous les domaines.

Je suis objecteur de croissance, mais je n'aime pas la conception catholique de la famille, ni sa défense de la propriété privée lucrative, ni l'idée qu'il y aurait des inégalités naturelles nécessaires, ni la soumission à aucune Vérité à majuscule. Ma décroissance, c'est déjà la décroyance face à l'ensemble des dogmes !

Ni Dieu, ni César, ni tribun !

Nous verrons, chemin faisant, que cette Église profite justement de cette encyclique « écolo » pour confondre les lois du vivant et ses hypothétiques lois naturelles (ses lois divines que Dieu a révélées à l'Église). Elle passe ainsi à côté de l'essentiel : face au système capitaliste qui entend soumettre la nature aux lois de l'économie (avec la monnaie-carbone, avec les brevets déposés sur le vivant), l'alternative entend au contraire soumettre l'économie aux lois du vivant (agriculture biologique, « agro-foresterie », etc.). Nous n'avons pas besoin pour cela de croire au péché originel et à la rédemption !

Nous constaterons aussi que cette Église profite justement de cette encyclique « écolo » pour réveiller les mânes du pape Léon XIII, l'auteur au XIXe siècle de l'encyclique *Rerum novarum*, ce père de la doctrine dite « sociale » de l'Église, dont le joli nom ne doit pas nous abuser car son projet était tout sauf progressiste. Il appelait les patrons à être plus gentils et les ouvriers à accepter leur sort ! On comprend que les écolos-cathos de la droite (très) dure se frottent les mains. Ainsi le chevalier pontifical, commandeur de l'ordre du Saint-Sépulcre de Jérusalem, leader des écolos-cathos situés à l'extrême droite de Dieu, Patrice de Plunkett,

soutient-il que le peuple chrétien français serait en retard sur Rome :
« Que les papes soient des écologistes radicaux (et intégraux), c'est resté
longtemps impensable pour nombre de catholiques de l'Hexagone. Dans
leur esprit l'écologie était une lubie gauchiste dont ils n'avaient qu'une
idée assez vague, associée aux pétards et au libertinage, mais qu'ils ne
pouvaient aucunement associer à nos "valeurs". »

J'ai envie de croire que le peuple chrétien n'est pas tant en retard sur les
princes de l'Église qu'il ne souhaite aller dans la direction que lui indique
le pape, car même lorsqu'il vote (majoritairement) à droite et va chaque
dimanche à la messe, il use de moyens non recommandés pour éviter les
grossesses, y compris avant le mariage, il communie, bien que divorcé et
remarié, et il tolère même assez bien la Sécurité sociale et son idéologie
égalitariste lorsqu'il en profite ! L'écologie ne doit pas servir de prétexte
pour violer les catholiques et les pousser à accepter des dogmes qu'ils
repoussent ou ignorent massivement. Nous n'avons pas le droit de taire
que les groupes écolos-cathos les plus actifs, notamment en France après
le succès de la Manif pour tous, n'ont pas vraiment le cœur à gauche et
qu'ils empestent souvent la droite extrême. C'est pourquoi j'avais lancé,
en 2012, avec Christian Terras, le directeur de l'hebdomadaire religieux
Golias, un appel contre l'OPA inamicale lancée par cette droite et extrême
droite catholiques contre l'écologie et la décroissance[11]. J'avoue que nous
n'avons pas été entendus et que 2015 est pire que 2012 !

Que le pape François se fasse officiellement le chantre d'une certaine
décroissance ne devrait pas davantage séduire, car sa décroissance
est celle d'une « droite catho » antilibérale, bien représentée dans les
médias français, puisque Vincent Cheynet (et son mensuel austéritaire
La Décroissance) s'est fait doubler, en septembre 2015, sur sa droite et
son catholicisme, par une nouvelle revue écolo-catho intitulée *Limite*,
lancée par son propre ami Bès de Berc et les très catholiques éditions du
Cerf, dans la foulée de la mobilisation contre l'égalité des droits face au
mariage et du mouvement des Veilleurs (cf. *infra*). François n'est pas un
pape « progressiste » mais un descendant du vieux catholicisme intransigeant du XIXᵉ siècle, lequel rêvait aussi de rapprocher l'Église du peuple,
victime de la bourgeoisie libérale, lequel se disait déjà anticapitaliste
mais confondait la lutte des classes avec le corporatisme. L'écologie de
François se veut, comme le catholicisme social de Léon XIII, tributaire de
la renaissance thomiste, avec notamment la réflexion sur le bien commun,

---

11. Cet appel est reproduit en annexe.

la conception « anticapitaliste » de la valeur économique, le refus de reconnaître une productivité du capital, donc la condamnation de l'usure. Mais alors que Léon XIII lisait saint Thomas à travers les écrits des jésuites de la revue *Civiltà Cattolica* et notamment les pères Taparelli d'Azeglio et Matteo Liberatore, François le relit à travers Mgr Filippo Santoro et le mouvement très à droite Communion et Libération (dont nous reparlerons amplement). N'est-ce pas lui qu'il chargea dès 2013 de définir les choix concrets « vers des styles de vie durables et un système économique qui encourage la pleine réalisation de la personne et parvienne à la pleine reconnaissance des droits de chacun »[12] ? Mais n'est-ce pas aussi d'abord grâce à lui qu'il est devenu pape ?

Tous avec François ?

Ce pape qui n'est « ni rouge ni vert » a pourtant mondialement une sacrée cote. Jamais au XXe siècle un pape n'a été aussi populaire notamment auprès de ceux qui s'étaient (un peu, beaucoup, passionnément) éloignés de l'Église. Le Pew Research Center, centre de recherches américain sur l'évolution de l'opinion publique, note qu'« avec 84 % d'avis positifs en Europe, 78 % aux États-Unis, 72 % en Amérique latine, le pape François fait presque l'unanimité sur les continents à forte tradition chrétienne. C'est évidemment moins le cas en Afrique et en Asie où les religions chrétiennes sont concurrencées par d'autres courants spirituels. Les pays africains testés marquent une certaine indifférence avec 44 % d'avis positifs et 40 % de sans opinion. *Idem* en Asie où 41 % des personnes sondées portent un jugement favorable et 45 % sont sans opinion. Seule région du monde où "la François-mania" n'a pas opéré, le Moyen-Orient, où les sympathisants et détracteurs se partagent à parts égales (25 %) et où l'emporte l'indifférence (41 % sans opinion). Le pape bénéficie d'une moyenne médiane de 60 % d'avis favorables, contre 11 % d'avis défavorables, dans les 43 pays où des personnes ont été interrogées. »[13]

Cette « papamania » est à mettre en lien avec la crise globale qui affecte nos sociétés et notamment avec la recherche détestable de solutions identitaires. Le succès de François est d'abord celui d'une Église qui s'affiche.

---

12. http://www.zenit.org/fr/articles/italie-promouvoir-des-styles-de-vie-durables
13. http://www.huffingtonpost.fr/2014/12/11/pape-francois-popularite-exceptionnelle-monde-chretien-etude-americaine_n_6309596.html

Ces cathos de choc ont même inventé un gros mot pour exprimer cette réalité : ils seraient des « catholiques identitaires » comme existent des juifs identitaires, des musulmans identitaires, des bouddhistes identitaires... *Les Cahiers libres* appellent les jeunes cathos à être des catholiques identitaires car il n'y aurait pas de dialogue possible avec les autres sans une identité forte. *La Vie* (catholique) s'inquiète même de ce nouveau raz de marée dans un article de novembre 2014 intitulé « Le catholicisme d'ouverture a-t-il laissé la place à un catholicisme bourgeois ? » : « L'historien Guillaume Cuchet (université Paris-Est, Créteil Val-de-Marne) s'est interrogé sur "l'étrange déclin du catholicisme d'ouverture". » Il semble en effet que le catholicisme d'identité a été « depuis les années 1960, plus "résilient" que le catholicisme d'ouverture face au choc de la sécularisation, de sorte que ce dernier a fini assez logiquement par perdre la main dans l'institution, du moins jusqu'à une période récente. Étrange déclin à vrai dire, parce qu'on aurait pu penser a priori que, par ses dispositions et ses orientations, le catholicisme d'ouverture était plus à même que son homologue de l'identité de faire face aux enjeux de la modernité et de s'y adapter sans disparaître dans l'opération ». Les chrétiens de gauche s'interrogent aussi sur cette nouvelle « fracture qui traverse le catholicisme ». Ce catholicisme identitaire est en revanche revendiqué par les courants de droite de l'Église, ainsi l'abbé Grosjean qui, tout en reconnaissant cette fracture, manifeste son mépris pour le camp opposé : « Le vrai clivage n'est pas entre tradis et charismatiques mais entre ceux qui prennent le tournant du christianisme identifié et décomplexé et ceux qui restent dans l'Église des années quatre-vingt où il faut s'excuser d'être chrétien. »

Je l'avoue : ces cathos identitaires me font peur, comme m'effraient tous les mouvements identitaires politiques, viviers des nationalismes xénophobes. L'Église propose aux humains déboussolés une identité prête à l'emploi qui permet d'exprimer sa peur des autres sans passer pour un affreux xénophobe ! On s'offusque avec raison lorsque Nadine Morano a la bêtise de parler trop vite et trop fort en clamant que la France est « un pays de race blanche », mais on laisse la même ou d'autres en appeler aux racines judéo-chrétiennes de l'Europe, voire aux racines gréco-latines si ce n'est indo-européennes. L'unanimité qui entoure chaque déclaration du pape (et notamment son encyclique sur l'écologie) n'est possible que parce que nous ignorons que l'Église catholique entend recevoir sa part du gâteau du retour du religieux, quitte à s'acoquiner avec certains « nouveaux mouvements religieux » (parfois même de type sectaire comme nous le verrons) ou avec des islamo-conservateurs comme l'UOIF (Union des organisations islamiques de France) qui ose établir un parallèle entre mariage pour tous et zoophilie[14]. Et parce que nous ignorons que l'anti-capitalisme de l'Église ne date pas d'aujourd'hui et n'a rien de commun avec le nôtre et que son écologie dite « humaine » ou « intégrale » n'est qu'une façon de passer en contrebande des thèses nauséabondes contre l'avortement, la contraception, le mariage homo et civil, les droits sociaux (la Sécurité sociale) et parfois politiques, la liberté de pensée.

Un petit village résiste heureusement à la « papamania », celui de ces Argentins, catholiques ou pas, qui ont bien connu Bergoglio avant son élection. Ainsi Horacio Verbitsky, qui a consacré un livre, *El Silencio : de Paulo VI a Bergoglio : las relaciones secretas de la Iglesia con la ESMA* [Le silence : les relations secrètes de l'Église avec l'ESMA], aux liens entre l'Église et le centre de torture de l'ESMA, livre écrit au lendemain de l'élection de François : « Parmi les centaines de courriels que j'ai reçus, j'en ai retenu un : "Je n'en crois pas mes yeux. Je suis si angoissée et furieuse que les bras m'en tombent. Il est arrivé à ses fins. C'est la personne idéale pour cacher la corruption morale, un expert ès cachotteries". » Le message est signé de Graciela Yorio, la sœur du prêtre Orlando Yorio, qui a dénoncé Jorge Mario Bergoglio comme le responsable de son enlèvement et des actes de torture qu'il a subis pendant cinq mois en 1976. Orlando est décédé en 2000 en imaginant le cauchemar qui s'est réalisé le 13 mars 2013. Il poursuit : « Je ne suis pas certain que Jorge Mario Bergoglio ait été élu pour cacher la corruption morale qui a rendu Joseph Ratzinger impuissant. Ce qui est certain, toutefois, c'est que le nouvel évêque de Rome sera un ersatz, un succédané de mauvaise qualité, comme l'eau mêlée de farine que les mères nécessiteuses donnent à leurs enfants pour tromper la faim. » Emilio Mignone, militant catholique, professeur et recteur d'université, vice-président de l'Assemblée permanente pour les droits de l'homme en Argentine, marié à Angélica Sosa – connue sous le nom de Chela –, l'une des mères de la place de Mai, a cité Bergoglio dans son ouvrage *Iglesia y dictadura* [Église et dictature], comme le parangon des « bergers qui ont livré leurs brebis à l'ennemi sans les défendre ni les sauver ».

---

14. http://tempsreel.nouvelobs.com/societe/20121115.OBS9549/mariage-homo-l-uoif-y-voit-un-risque-de-zoophilie.html

Pourquoi l'évêque Bergoglio est-il devenu pape ?

On a rapidement oublié la polémique au sujet de son attitude équivoque sous la dictature en Argentine[15] qui avait marqué sa nomination. On sait moins que François avait raté son élection face à Benoît XVI, lors du précédent conclave, en raison de ces mêmes accusations. François a donc mis à profit cette parenthèse entre les conclaves pour peaufiner sa défense avec un livre qui ne convainc que les convaincus. Un ouvrage (*La Liste de Bergoglio,* 2013) du journaliste très en vue dans les milieux cathos, Nino Scavo, a même tenté maladroitement de répondre aux accusations des familles. Bergoglio aurait constitué un réseau parallèle pour protéger certaines victimes de la dictature, certes, mais lesquelles ? sur quels critères ? s'agit-il d'abord de membres de l'organisation fascisante, la Garde de fer ? On aurait tort cependant de croire que le pape doit son élection à la gestion de sa propre « biolégende » concernant son attitude sous la dictature militaire. J'avais donc tenté, lors d'une émission de télévision, d'ouvrir d'autres pistes mais la cacophonie et la superficialité médiatiques ont eu raison de ces hypothèses[16]. Les preuves se sont depuis suffisamment accumulées, y compris venant de son camp, pour que l'hypothèse soit devenue une certitude : José Mario Bergoglio doit bien son élection à son rôle dans la défaite de la théologie de la libération et dans sa capacité à combattre ce que les spécialistes nomment le « nouveau socialisme du XXIe siècle ». J'insiste : ce n'est pas le jésuite, plutôt en froid avec son ordre, qui a été élu mais l'évêque connu pour son autoritarisme et son intransigeance doctrinale.

Cette victoire a été scellée lors d'une conférence générale de l'épiscopat latino-américain tenue en 2007 et ouverte par Benoît XVI dans le sanctuaire marial au Brésil[17]. Cette rencontre est un peu l'équivalent pour la théologie de la libération de ce que fut la fameuse Controverse de Valladolid (en 1550 et 1551) qui opposa au sujet des Indiens le dominicain Bartolomé de Las Casas et le théologien Juan Ginés de Sepúlveda. Les évêques s'affrontèrent en 2007 au sujet de la théologie des pauvres[18].

---

15. « Dictature argentine : l'honneur perdu de l'Église », *Golias,* n° 149/150, mai 2013 ; Marie-Monique Robin, *Escadrons de la mort,* Paris, La Découverte, 2008 ; John Dinges, *Les années Condor,* Paris, La Découverte, 2008.
16. https://www.youtube.com/watch?v=ULP6BtzFhw0
17. http://chiesa.espresso.repubblica.it/articolo/1350613?fr=y
18. http://www.alterinfos.org/spip.php?article1493

L'évêque Bergoglio remporta une victoire décisive avec le soutien d'un envoyé très spécial du Vatican (cf. *infra*) en reprochant, comme toujours, à la théologie de la libération « l'utilisation d'une herméneutique marxiste » et, surtout, en insistant sur la primauté de la foi pour ce qui est de juger la réalité. Autrement dit : plus question de partir du peuple mais uniquement de Dieu !

C'est Bergoglio lui-même qui présida la commission chargée de rédiger les conclusions de la Conférence générale de l'épiscopat latino-américain d'Aparecida et il le fit avec le soutien de Filippo Santoro, cet Italien envoyé au Brésil en tant que missionnaire *fidei donum* et qui se révèle être un dignitaire du mouvement Communion et Libération[19]. Aussitôt après cette victoire décisive contre la théologie de la libération, Santoro fut rappelé en Italie par Benoît XVI et nommé archevêque en 2011. Jorge Mario Bergoglio sera fait pape en 2013 en remerciement des services rendus. François n'a pas oublié la leçon d'Aparecida et lors de son voyage à Rio de Janeiro, s'adressant aux représentants des conférences épiscopales latino-américaines, il les a avertis que le « réductionnisme socialisant » qui avait été vaincu à Aparecida continuait cependant à tenter l'Église aujourd'hui encore. François profite donc que l'air du temps ne soit plus mondialement aux révolutions progressistes pour faire du neuf avec du vieux puisque s'il reprend à son compte la condamnation des théologies de la libération faite par son prédécesseur Benoît XVI, alors qu'il n'était que préfet de la Congrégation pour la doctrine de la foi (ex-Inquisition fondée en 1542), il se démarque intelligemment des déclarations du même Ratzinger de 1984 et 1986 en développant sa propre vision d'une option évangélique préférentielle pour les pauvres. Anticipant sur la démonstration, nous pouvons dire qu'il s'agit d'utiliser systématiquement les « gros mots » emblématiques de la théologie de la libération pour mieux les édulcorer en les vidant de leur signification. Nous pourrions dire la même chose concernant son anticapitalisme et son antiproductivisme puisqu'il s'agit de détourner les critiques venues des mouvements sociaux pour se rallier in fine au courant de l'ordolibéralisme. Le symbole de cette défaite historique de la théologie de la libération est le divorce entre les deux frères Leonardo et Clodovis Boff, deux grandes figures de la théologie de la libération, même si le premier est beaucoup plus connu[20]. Clodovis après avoir rallié Ratzinger en 2008,

---

19. *Id.*
20. http://chiesa.espresso.repubblica.it/articolo/205773?fr=y

juste un an après Aparecida, est aujourd'hui un proche de François. Il dénonce « l'erreur de principe sur laquelle la théologie de la libération serait fondée » qui serait de « placer le pauvre comme premier principe opérationnel de la théologie en le substituant à Dieu et à Jésus-Christ ». Il s'interroge : si le pauvre acquiert ce statut de « premium épistémologique » qu'advient-il de la foi et de la doctrine ? L'Église deviendrait une ONG aux côtés d'autres ONG luttant pour l'émancipation des pauvres. Clodovis Boff estime donc que la théologie de la libération a donné tout ce qu'elle pouvait historiquement et qu'il faudrait en revenir aux vérités de la foi. La théologie de la libération aurait donc le grand défaut de partir des pauvres pour aller à la rencontre de Dieu, alors qu'Aparecida part du Christ pour aller à la rencontre du pauvre « en sachant que le principe Christ inclut toujours le pauvre, alors que le principe pauvre n'inclut pas nécessairement le Christ ». J'ajoute que Clodovis Boff a été « traité » (comme on dit dans un autre domaine) par Filippo Santoro, le fameux *fidei donum* de Rome, lequel, je le rappelle, est un personnage central de Communion et Liberation (cf. *infra*). Les partisans de la théologie de la libération, dont Leonardo Boff, ont donc réagi, à la fois, contre le « retournement » de Clodovis et la victoire de Bergoglio. Leonardo Boff écrit qu'Aparecida « court le risque de condamner l'Église et la théologie à l'insignifiance historique et à la stérilité pastorale ». Il précise au sujet de son frère : « Cette intention revient à dire : mon frère, je te plante un poignard dans le cœur, mais sois tranquille, c'est pour ton salut. » Je le répète : la ligne officielle de l'Église catholique consiste désormais à mimer les mots de la théologie de la libération : nous avons ainsi une Église qui a la saveur et la couleur d'une Église des pauvres mais qui n'est pas l'Église des pauvres. La Contre-Réforme catholique avait, au XVIe siècle, opéré de cette façon en se faisant la championne du puritanisme face aux accusations des réformés. D'ailleurs l'évêque de Rome joue admirablement sur les mots en glissant insensiblement des pauvres (au sens des théologies de la libération), c'est-à-dire des dominés, des exploités, à la notion de « pauvreté évangélique », qui est, elle, fondée sur le septième commandement (« Tu ne commettras pas de vol ») – façon de rappeler que les biens des enrichis sont sacrés aux yeux de Dieu – et sur la béatitude « Bienheureux les pauvres en esprit, le royaume de Dieu est à eux » (incitation à vivre dans une sobriété joyeuse en tenant compte de son rang : on comprend mieux alors le rôle que Mgr Filippo Santoro de Communion et Libération peut remplir concernant la définition des nouveaux modes de vie). L'Église des pauvres selon François est du pâté de cheval et d'alouette, beaucoup de cheval (d'inégalité voulue par Dieu) et peu d'alouette (d'égalité).

Le pape Léon XIII était moins bon communicant que François puisque, après avoir rappelé que le premier principe du droit naturel selon l'Église, c'est que « les hommes naissent inégaux par nature et par la volonté de Dieu », il prônait la résignation aux plus humbles, car « posséder en abondance des richesses et les autres choses que l'on appelle des "biens", ou au contraire en être dépourvu, n'est d'aucune importance pour la félicité éternelle » (sic). Certes, mais lorsque l'Église s'abaissait à évoquer la félicité terrestre, c'était pour expliquer que les inégalités de nature imposent des obligations différentes, l'ouvrier doit fournir intégralement et fidèlement tout travail auquel il s'est engagé par contrat libre et conforme à l'éthique (la chère liberté contractuelle du salarié alors que le critère du contrat est le lien de subordination) et le patron doit donner à chacun ce qui est juste (notion molle par excellence). Nous verrons d'ailleurs que la « justice » n'a rien de commun avec l'égalité. Il a longtemps été « juste » que les esclaves obéissent à leurs maîtres, les domestiques et les salariés à leurs patrons et les femmes à leurs époux. Les voies de la « justice » catholique sont parfois bien impénétrables ! Saint Augustin dans *La cité de Dieu* trouve à l'esclavage une origine divine, il serait, selon le Père de l'Église, la conséquence du péché originel ou de la guerre juste. L'esclavage appartiendrait à l'ordre naturel qu'il serait interdit de troubler. On découvre même sur le site de la revue écolo-catho *Limite* (ni de gauche ni de droite mais très à droite) un éloge (posthume ?) de la théologie de la libération. Quand la récupération obscène est une façon de tuer l'esprit d'un courant !

François n'a donc pas été fait pape parce qu'il était jésuite (le premier pape de cette compagnie fondée par Ignace de Loyola en 1539 et dont la caractéristique est de demander à ses membres de faire en plus des trois vœux habituels, pauvreté, chasteté et obéissance, un vœu d'obéissance spéciale au pape) mais parce qu'il symbolisait une nouvelle théologie des pauvres à laquelle sa théologie de l'écologie (osons le terme) est indéniablement liée, comme le prouvent les textes publiés dans le contexte de la Conférence générale de l'épiscopat latino-américain d'Aparecida. Ce n'est pas le nouvel archevêque Filippo Santoro qui me démentira puisque, après avoir relaté, lui aussi, que « le magistère et l'action pastorale du pape François sont le fruit mûr de la Conférence générale de l'épiscopat latino-américain qui a eu lieu au Brésil, dans le sanctuaire marial d'Aparecida, au mois de mai 2007 et dont le cardinal Jorge Mario Bergoglio a été un protagoniste de premier plan », il explique ce qu'il faut (désormais) comprendre lorsque l'Église parle d'« option préférentielle évangélique pour les pauvres » (l'introduction du terme « évangélique » change naturellement tout le sens) : « L'originalité est donnée par l'irruption de l'Esprit dans l'histoire. C'est de là que vient la force prophétique de l'Église latino-américaine, qui fait sienne la mission proclamée par Jésus à la synagogue de Nazareth : "L'Esprit du Seigneur est sur moi parce qu'il m'a consacré par l'onction. Il m'a envoyé porter la bonne nouvelle aux pauvres" (Luc 4.18.). C'est de là que vient la vigoureuse affirmation de l'option préférentielle évangélique pour les pauvres. Il s'agit simplement de la pauvreté évangélique et du témoignage de la vie au milieu des gens que nous voyons dans la manière d'être et d'agir du pape François. »

La jeunesse cachée de Bergoglio

On m'a souvent reproché d'avoir excusé Ratzinger (Benoît XVI) pour son engagement juvénile au sein des Jeunesses hitlériennes : je considère en effet qu'existe un droit à l'oubli et que les « malgré nous » furent très nombreux. Le Vatican avait maladroitement commencé par nier les faits et le père Federico Lombardi, chargé de la communication, avait notamment déclaré : « Je souhaite clarifier les mensonges écrits par la presse israélienne et internationale. Il [le pape] n'a jamais été dans ce mouvement. Il n'a jamais été dans ce mouvement de jeunesse idéologiquement lié au nazisme. » Le journal *L'Express* du 12 mai 2009 livrait pourtant quelques informations solides : « Dans une interview accordée au journaliste allemand Peter Seewald en avril 2005, Joseph Ratzinger avait toutefois déclaré : "Dès que j'ai quitté le séminaire, je n'ai pas été directement dans les Jeunesses hitlériennes. Et cela a été difficile parce que, pour obtenir une réduction du coût de l'école dont j'avais besoin, il fallait prouver qu'on avait rendu visite aux Jeunesses hitlériennes". Selon une enquête allemande, citée par l'agence de presse religieuse catholique française I-Media, le futur pape avait adhéré aux Jeunesses hitlériennes, mais contre sa volonté, en 1941, le jour de son quatorzième anniversaire. Il a été catalogué "membre obligé" *(Zwangs-Hitlerjunge)*, différent donc des volontaires *(Stamm-Hitlerjunge).* C'est le 2 août 1943 qu'il a été incorporé comme auxiliaire dans la défense antiaérienne. »

Les médias ont été beaucoup moins curieux concernant François en se contentant de reconnaître que le jeune Bergoglio aurait appartenu à une organisation de jeunesse péroniste. Mais dit ainsi, sauf pour les Argentins, les faits ne semblent pas particulièrement troublants. Il se trouve que dans le cadre de mes travaux sur l'extrême droite, j'ai eu l'occasion d'enquêter, il y a quelques années, sur cette organisation dénommée la Garde de fer. Des travaux très approfondis ont été publiés depuis, dont l'ouvrage de Humberto Cucchetti, *Servir Perón : trajectoires de la Garde de fer* (publié aux Presses universitaires de Rennes en 2013). Élu en 1946, Juan Perón créa le parti péroniste, mouvement qui comptera les Jeunesses péronistes, fit édicter une nouvelle constitution et instaura un régime où l'opposition politique et syndicale n'avait pas sa place. Destitué une première fois en 1955, il est réélu en 1973 mais décède en 1974. Le péronisme est présenté souvent comme un mouvement national-populiste avec des racines plus « brunes » (fascisantes) que « rouges » (socialisantes). La Garde de fer n'est donc pas la seule organisation de jeunesse péroniste, mais celle qui réunit indéniablement sa frange la plus à droite (extrême droite), comme en témoigne son nom même, éponyme d'une organisation roumaine fasciste, Legiunea Arhanghelului Mihail (Légion de l'Archange Michel, d'où le terme de légionnaire), qui lancera des pogroms au cours de la Seconde Guerre mondiale, prendra des mesures antisémites, proclamera des lois antisociales, agressera les militants de gauche. Contrairement à l'Allemagne nazie et aux Jeunesses hitlériennes, l'engagement au sein de la Garde de fer ne fut jamais obligatoire. La Garde de fer argentine renoncera certes à la lutte armée, à la demande expresse de Perón, mais elle défendra toujours l'idée « nationale-socialiste révolutionnaire » et affiche, nous dit Humberto Cucchetti, une conception politique eschatologique : les luttes populaires sont supérieures à celles des avant-gardes et la politique oppose le camp du bien à celui du mal.

Quelle ne fut pas ma surprise de découvrir que Massimo Introvigne, (avocat de beaucoup de mauvaises causes de l'Église, dont les sectes et la pédophilie, intellectuel ultraconservateur que nous retrouverons tout au long de ce livre et dont nous dresserons plus loin un portrait assez détaillé) s'intéressait aussi aux relations troublantes de Bergoglio avec la Garde de fer. Son plaidoyer en défense a été publié simultanément dans la *Nuova bussola,* un quotidien catholique d'opinion et sur le site Religioscope afin de lui donner le maximum d'écho au sein des mouvances catholiques internationales.

Massimo Introvigne réduit l'importance du lien avec la Garde de fer roumaine : « Ils acceptèrent l'idée d'adopter le nom d'un groupe européen d'extrême droite pour répondre aux critiques de ceux qui les considéraient comme proches de la gauche (ce qui était effectivement le cas de nombre d'entre eux). Cependant, attribuer à la Garde de fer argentine les idées de la Garde de fer roumaine afin de pouvoir attaquer ainsi le pape relève de la haute fantaisie. Seul, ou presque, le nom est commun aux deux organisations. » Présenter la Garde de fer argentine comme un mouvement de gauche relève du négationnisme, à moins de considérer que les SA étaient plus à gauche que les SS et Hitler que Himmler (on sait que cette thèse existe au sein de certains mouvements néonazis).

Deuxième ligne de défense, d'ailleurs contradictoire avec la première : la Garde de fer aurait été une légitime défense face à la violence de gauche : Introvigne évoque ainsi « la confrontation toujours plus dure avec les Montoneros, des militants péronistes d'extrême gauche qui étaient passés à la lutte armée ; ils provenaient pour une bonne part d'un milieu catholique progressiste et philomarxiste [...]. Les jésuites liés à la théologie de la libération philomarxiste se rapprochèrent des Montoneros, tandis que le P. Bergoglio, devenu en 1973 provincial de la Compagnie de Jésus, était hostile à la théologie de la libération et entretenait des relations avec plusieurs représentants de la Garde de fer. » Introvigne a totalement raison sur ce point.

Mais la carrière politique de Bergoglio ne s'arrête pas là puisqu'il soutenait encore au début des années 1970 une nouvelle structure intitulée Organisation unique du transfert générationnel (Organización Única del Trasvasamiento Generacional, OUTG), qui résulte de la fusion, en 1972, de la Garde de fer et de la FEN (Fronte Studentesco Nazionale), autre organisation d'extrême droite. Introvigne ne nie pas cette proximité et doit même admettre qu'« après le coup d'État, beaucoup de groupes péronistes furent persécutés. Les dirigeants de la Garde de fer furent protégés – selon beaucoup de textes qui racontent son histoire – par leurs bonnes relations avec la Marine et avec le P. Bergoglio, provincial des jésuites, qui utilisa largement les membres de la Garde dans le processus de transfert des religieux aux laïques de la vieille Universidad del Salvador (université du Sauveur) de Buenos Aires, tout en créant en même temps pour eux un filet de protection ». Cette façon de présenter les choses pourrait donner à penser que Bergoglio s'est opposé à la dictature militaire grâce à ses bonnes relations avec la Marine, mais ce serait oublier que l'amiral Emilio Massera, le commandant en chef de la Marine, fut l'un des trois principaux dirigeants du putsch.

Introvigne oublie de préciser que Bergoglio dirigera l'Universidad del Salvador grâce à l'OUTG et que le transfert du pouvoir des religieux aux laïques permettra, fin 1974, d'en confier le contrôle à d'ex-membres. Massimo Introvigne oublie de préciser que cette université remplira un rôle majeur au sein de la dictature puisqu'elle ne cessera de travailler en faveur de l'amiral Emilio Massera, fait docteur honoris causa, véritable tête pensante du coup d'État des trois généraux qui fit entrer l'Argentine dans une longue et cruelle période de dictature successivement dirigée par Videla, Viola, Galtieri puis Nicolaides. L'Église argentine fut l'un des plus fidèles soutiens de la dictature qui, de 1976 à 1983, fit près de 30 000 victimes et mit le pays en coupe réglée. Horacio Verbitsky rapporte dans *El Vuelo* comment des prêtres soulageaient la conscience des aviateurs qui jetaient dans la mer des prisonniers politiques. Le militant et journaliste d'extrême droite Emmanuel Ratier (décédé en août 2015), qui connaissait bien Alvarez (fondateur de la Garde de fer), nous confie dans le n° 360 de sa revue *Faits et Documents* qu'après la dissolution de son mouvement il se rapprocha de Communion et Libération. Massimo Introvigne reconnaît là encore les faits et précise qu'effectivement, « en 1978, Alvarez rencontra à Rome Communion et Libération, groupe avec lequel il commença à établir des relations, avant tout à travers Rocco Buttiglione[21]. Les analyses de ce dernier sur le syndicat polonais Solidarność influencèrent les tentatives de lancement d'activités politico-syndicales en Argentine, et par la suite d'un parti appelé Solidaridad, dont l'impact demeura modeste, surtout en comparaison

---

21. Rocco Buttiglione est un homme politique italien, professeur de science politique à l'université saint Pie V à Rome. Il est nommé par Barroso, en 2004, commissaire européen à la Justice. Une violente polémique compte tenu de ses positions ultraréactionnaires au sujet des homosexuels et des femmes l'oblige à quitter son poste. Barroso veut le recaser ailleurs mais le Parlement européen s'y oppose. Il déclare être exclu par les francs-maçons qui contrôlent le Parlement. Il se présente comme de centre droit mais est très à droite. Il sera ministre de Berlusconi, vice-président de la Chambre des députés. Il dirige le parti chrétien-démocrate. Buttiglione est surtout le théoricien des fondements divins du libre-marché et de la globalisation, conseiller de Jean-Paul II, il fut l'architecte de l'alliance entre le Vatican et les libertariens américains. Il serait toujours membre de Communion et Libération.

avec celui de la Garde de fer et de l'OUTG à une époque antérieure, qui avaient compté des milliers d'adhérents et exercé une réelle influence. ». Introvigne concède qu'« évêque auxiliaire de Buenos Aires depuis 1992, le P. Bergoglio suivit au départ ces initiatives avec sympathie. Mais les relations cessèrent quand l'insignifiance politique du groupe d'Alvarez devint manifeste dans une Argentine qui avait beaucoup changé, et aussi en raison d'une dérive mystique aux traits de plus en plus singuliers ». Les choses se compliquèrent en effet pour Bergoglio lorsque Alvarez constitua l'ordre de Marie du Rosaire de saint Nicolas, ne reconnaissant plus Rome et créant une nouvelle liturgie, « la messe fidéipolitique ». Massimo Introvigne concède que « le culte de la Vierge de San Nicolás ouvrit la porte à un rapprochement entre Alvarez et l'abbé Ezcurra Uriburu... » Précisons que cet abbé fut le fondateur du mouvement nationaliste Tacuara (caractérisé par son anticommunisme, son antidémocratisme, son antisémitisme), responsable d'une quarantaine d'attentats. Ce mouvement se revendiquait de la doctrine du prêtre catholique ultraconservateur Julio Meinvielle, qui en était le directeur spirituel, et de la pensée du sociologue franco-argentin Jacques de Mahieu, ancien de la Waffen SS, longtemps dirigeant du groupuscule néonazi CEDADE (1966-1993). L'évolution de l'ordre de Marie du Rosaire de saint Nicolas nous intéresse peu : notons simplement qu'un ancien député péroniste, Segundo Ubaldo Rolón, proche de la Garde de fer, fut proclamé pape sous le nom de Pierre II et qu'il se présente avec sa compagne Maria Liliana Reyes comme empereurs du Sacré-Cœur !

La stratégie politique de Bergoglio, au-delà de son engagement aux côtés de la Garde de fer et de ses différends tardifs avec l'OUTG, a toujours été de vouloir réaliser en Amérique du Sud ce que Solidarność avait réussi en Pologne : constituer une alternative populaire (populiste) aux gauches. Si Karol Josef Wojtyla, devenu Jean-Paul II, a bien triomphé à la fin du XXe siècle du bloc de l'Est (au-delà de la situation polonaise) et surtout empêché qu'un socialisme véritable ne succède au stalinisme et à ses succédanés, Jorge Mario Bergoglio pourrait bien triompher du « socialisme bolivarien » en ce début du XXIe siècle.

L'Église de François
contre le « socialisme du XXIᵉ siècle »

On a beaucoup glosé sur le rôle de Jean-Paul II et de l'Église catholique dans l'effondrement du bloc soviétique et la fin du « socialisme réellement existant ». L'élection de François est un mauvais coup non seulement contre les théologies de la libération mais contre les courants du « socialisme du XXIᵉ siècle » et du « socialisme du *buen vivir* » qui s'inventent, depuis quelques décennies, en Amérique du Sud et en font le seul continent où le socialisme se conjugue toujours au présent, en raison notamment de son ancrage populaire. J'ai bien peur que la principale contribution politique du pape François ne soit de favoriser l'échec des expériences socialistes et écologistes en Amérique du Sud. François sera-t-il le tombeur du socialisme du *buen vivir,* de l'écosocialisme et du socialisme du XXIᵉ siècle ?

Le concept de socialisme du *buen vivir* (« bien vivre ») a été notamment développé en Équateur par Alberto Acosta, économiste, ancien ministre de l'Énergie et des Mines, ancien président de l'Assemblée nationale constituante, candidat de la gauche écologiste indianiste à l'élection présidentielle de 2013, penseur d'un socialisme anti-extractiviste, mais aussi, en Uruguay, par José Mujica, dit « Pepe Mujica », ancien guérillero Tupamaros, ancien ministre de l'Agriculture et de la Pêche, président de la République d'Uruguay (2010-2015). J'ai eu le bonheur de publier des textes de ces deux compagnons de combat dans le bimestriel *Le Sarkophage* puis le mensuel *Les Zindigné(e)s.* Pepe Mujica explique par exemple qu'« il ne faut pas perdre sa vie à accumuler. C'est le besoin d'accumuler qui déforme l'intelligence des gens intelligents. Cette civilisation est une tromperie, elle fait croire qu'on pourra continuer sans cesse à accumuler et ce n'est pas vrai, et elle fait croire que chacun pourra consommer autant qu'il veut, et ce n'est pas vrai non plus ». Nous voisinons ici avec la pensée de Leonardo Boff qui explique que la rencontre entre théologie de la libération et écologie politique est une évidence car « la même logique du système dominant d'accumulation et d'organisation sociale qui conduit à l'exploitation des travailleurs mène aussi au pillage de nations entières et finalement à la dégradation de la nature »[22].

---

22. Paul Ariès, *Amoureux du bien vivre, Afrique, Amériques, Asie, que nous apprend l'écologie des pauvres ?,* Villeurbanne, Golias, 2013.

Le concept de « socialisme du XXIe siècle » a été proposé par le sociologue et politologue chilien Tomás Moulian dans son livre *El socialismo
del siglo xxi. La quinta vía* [Le socialisme du XXIe siècle : la cinquième
voie]. Tomás Moulian a fait ses études à l'université catholique pontificale
du Chili puis à l'université catholique de Louvain (Belgique). Il dirigea
longtemps l'Institut de sociologie de l'université catholique du Chili
puis l'Institut d'éducation sociale Paulo Freire (mouvement d'éducation
populaire). D'abord membre de la Jeunesse chrétienne-démocrate, il
s'engage, dans le Chili de l'Unité populaire d'Allende, au sein du MAPU
(organisation de gauche ouvrière et paysanne) puis participe activement
à la résistance contre la dictature de Pinochet. Après le retour à la démocratie, devenu compagnon de route du parti communiste chilien, il est
proposé un temps comme candidat de la gauche unie aux élections présidentielles de 2004. Tomás Moulian signe en 1999 son livre *El consumo me
consume* [La consommation me consomme] dans lequel il dénonce la
société de consommation mais aussi la tradition catholique d'austérité.
Partant de l'analyse de Max Weber qui établit un lien entre l'ascétisme
religieux et l'émergence du capitalisme, il rejette la critique puritaine du
désir (celle de la décroissance de droite) et prône une critique interne
du désir (celle que nous menons au nom d'un « plus à jouir » émancipateur). Le président vénézuélien Hugo Chávez va populariser le concept
de « socialisme du XXIe siècle » qui cherche ses références du côté de la
pensée critique latino-américaine du XXe siècle avec le Péruvien José
Carlos Mariátegui, le Cubain Fidel Castro, le Nicaraguayen Augusto César
Sandino, le Salvadorien Agustín Farabundo Martí... Le président Chávez
explique à l'occasion du Forum social mondial de Porto Alegre, en 2002 :
« Nous devons revendiquer le socialisme comme une thèse, un projet, un
chemin, mais un nouveau type de socialisme, un socialisme humaniste
qui place avant tout les hommes et non les machines. »

L'Argentine est naturellement le premier pays où l'élection de Bergoglio
comme pape a eu comme conséquence indirecte d'écarter la « gauche »
du pouvoir. Radio Vatican se félicitait d'ailleurs au lendemain de la défaite
du candidat péroniste : « Fin d'époque pour l'Argentine après l'élection
de Mauricio Macri ». Cette victoire de Mauricio Macri est celle des droites
conservatrices et libérales et des fractions les plus réactionnaires de
l'Église catholique face à Daniel Scioli, candidat de la coalition de gauche
au pouvoir en Argentine depuis 2003. Mauricio Macri fait figure de
Berlusconi argentin : fils d'une famille richissime, il s'est fait un prénom

comme président d'un grand club de football, formé à l'université catholique argentine, fondateur de son propre parti, il deviendra le maire de Buenos Aires, entité fédérale à part entière depuis 2007. Son principal conseiller est l'Équatorien Jaime Duran Barba, consultant de grandes firmes et candidat des droites à l'élection présidentielle en Équateur. La population en Argentine est catholique à 75 % malgré la concurrence de plus en plus forte des sectes évangéliques nord-américaines. Malgré sa puissance, l'Église n'est cependant jamais parvenue à s'opposer à certaines réformes sociales mises en place depuis la dictature militaire : mariage homosexuel, droit des transsexuels à bénéficier d'une opération, etc. Les grandes oligarchies financières, notamment le patronat regroupé au sein de l'Association argentine des entreprises, et les lobbies médiatiques avaient dit leur préférence pour le « macrisme » avec le soutien d'une partie de l'Église. Cette victoire des droites est aussi la conséquence des mobilisations contre l'adoption de la loi légalisant le « mariage pour tous » puisque l'Église avait mobilisé plus de 50 000 manifestants la veille du vote au Parlement, qualifiant cette loi de « diabolique » et contraire à la famille et à l'ordre naturel. La gauche, qui voulait cette loi, l'avait placée sous les auspices de la Révolution française et fait commencer le grand débat parlementaire un 14 juillet. Le divorce entre Bergoglio et la gauche ne date cependant pas de cette loi. Bergoglio a critiqué la plupart des décisions du couple Kirchner bien avant 2010. Le président Néstor Kirchner (2003-2007), décédé en 2010, qualifiait déjà Bergoglio de « chef spirituel de l'opposition politique » et lui reprochait, en tant qu'ancien résistant, son rôle et celui de l'Église sous la dictature militaire. Il l'accusait aussi de faire que l'Église « se comporte comme un parti politique » et soit dans une opposition systématique à tout projet socialement émancipateur. Les désaccords remontent au moins à 2003 et conduisent le président de la République à refuser de participer au *Te Deum* organisé chaque année à l'occasion de la commémoration du premier gouvernement argentin autonome. Bergoglio n'hésitera jamais à jeter de l'huile sur le feu faisant déclarer à son porte-parole lors de la crise de 2005 qu'il n'y a pas de relation entre l'Église et le gouvernement. Le conflit ne cessera pas avec l'élection en 2007 de Cristina Fernández Kirchner (épouse de Néstor Kirchner alors gravement malade). Bergoglio s'opposera, par exemple, en mars 2008, à la résolution 125 qui taxait les exportations de soja, de tournesol, de maïs et de blé, soutenant ainsi l'opposition des syndicats patronaux de ces quatre grandes branches. Faut-il rappeler que plus de

90 % du soja argentin est alors transgénique ? L'Église s'opposera aussi à la nationalisation des fonds de pension de retraite qui équivalait à rétablir un système par répartition profitable aux pauvres. Bergoglio interviendra de façon particulièrement musclée en 2010 lors du débat sur l'égalité des droits face au mariage en publiant une lettre le 9 juillet dans laquelle il déclarait qu'« il y a aussi l'envie du diable, par qui le péché est entré dans le monde, qui vise habilement à détruire l'image de Dieu : l'homme et la femme sont mandatés pour croître, se multiplier et soumettre la Terre », ajoutant que « le père du mensonge cherche à semer la confusion et à tromper les enfants de Dieu ». Belle façon de diaboliser au sens propre ses adversaires ! Après l'élection de Bergoglio, la présidente Cristina Fernández Kirchner fera cependant un geste d'apaisement en produisant une longue déclaration : « En mon nom et au nom du gouvernement argentin représentant le peuple de notre pays, je tiens à saluer et exprimer mes félicitations pour avoir été élu comme nouveau pontife romain de l'Église universelle... » L'Église argentine réagira en appelant à une « révolution éthique » et à former de nouvelles élites « dans la vérité » et capables d'apprécier l'exercice constant des valeurs sociales... Cristina Fernández Kirchner, ne pouvant pas constitutionnellement briguer un troisième mandat, soutiendra donc Daniel Scioli, candidat du centre gauche... Macri est élu avec 52,11 % des voix et le soutien des catholiques conservateurs. François avait fait savoir par son amie journaliste Alicia Barrios qu'il voulait « un gouvernement qui regarde les pauvres dans les yeux, avec une économie menée par des hommes bons et non pas par les forces sauvages du marché ». Le représentant du pape en Argentine, le nonce apostolique du Paraguay, l'archevêque Eliseo Agriotte viendra saluer le président Macri au nom du pape. Le prêtre argentin Guillermo Karcher, membre de l'équipe du Saint-Siège, a rencontré également les membres du nouveau gouvernement et fait part des félicitations et bénédictions de François à la nouvelle équipe au pouvoir. On a pu écrire que Bergoglio avait de mauvaises relations avec Mauricio Macri. Ce que le pape lui reprochait, ce n'est pas d'être de droite mais de ne pas l'être assez en n'ayant pas fait appel d'une décision en faveur du mariage homo. Bergoglio avait déclaré alors que Macri manquait « gravement à son devoir ». Le candidat de la droite a retenu la leçon et a tenu à désavouer son porte-parole qui clamait le droit des personnes au mariage et à l'avortement... Il a exprimé son « profond respect et son admiration pour le pape François » ajoutant « je suis en faveur de la vie » et rappelant qu'il avait mis son veto, en tant que

maire de Buenos Aires, entité fédérale autonome, au jugement de la Cour suprême intervenu le 13 mars 2012 reconnaissant l'IVG en cas de viol. Les relations sont restées à ce point tendues que Cristina Fernández Kirchner a refusé d'assister à la cérémonie d'investiture du nouveau président. Dès sa prise de fonction, celui-ci a annoncé sa volonté de réduire les emplois publics qui seraient créés pour « caser des amis ou des membres de la famille » (sic). Il a également annoncé son désir de réorienter la diplomatie argentine en mettant fin au Mercosur, union douanière sud-américaine, hostile aux États-Unis, invitant le soir même de son élection à renverser le gouvernement vénézuélien et en conviant Lilian Tintori, épouse de Leopoldo López, fils d'une des familles les plus puissantes du Venezuela, dirigeant de l'opposition, condamné à 13 ans de prison pour avoir organisé les émeutes de 2014 qui ont fait 43 morts. Par ailleurs, la décision du président Macri de dévaluer de 30 % la monnaie argentine a jeté dans la rue des dizaines de milliers de manifestants.

Je n'ai jamais idéalisé le Venezuela d'Hugo Chávez et son régime autoritaire ainsi que le caractère productiviste de son socialisme/capitalisme d'État, fondé sur la rente pétrolière, mais la défaite de la gauche lors des élections législatives du 6 décembre 2015 est une mauvaise chose pour le Venezuela et la région. La victoire de l'alliance de la droite et des sociaux-démocrates/libéraux dite « Table de l'Unité démocratique » contre les candidats socialistes du président Nicolás Maduro, successeur de Chávez décédé en 2013, n'est pas seulement la conséquence de la crise économique et de la mainmise de l'oligarchie sur les médias mais aussi de l'engagement de l'Église catholique contre les révolutions bolivariennes. Cette défaite des candidats du parti socialiste vénézuélien a été saluée par Manuel Valls dans une lettre adressée à Jesus Torrealba, leader de la Table de l'Unité démocratique, ex-instituteur, ex-membre du parti communiste qu'il quitte en 1974, alors qu'il n'a que 16 ans. Depuis, il est devenu un producteur radio extrêmement populaire, misant sur l'aspiration des *barrios* (habitants des quartiers populaires) à appartenir aux nouvelles classes moyennes. Les relations entre la gauche chaviste et l'Église de Rome, qui n'ont jamais été bonnes, n'ont cessé de se détériorer avec le temps. L'Église catholique accusa même le président Chávez d'avoir soutenu une Église catholique dissidente, l'Église catholique réformée, reconnue officiellement par le pouvoir en 2008. La défaite du chavisme a été préparée de longue date par les oligarchies avec le soutien actif des États-Unis et de l'Église dans le cadre d'une véritable stratégie de la tension créant un climat de coup d'État permanent donnant même lieu à quelques tentatives. L'année 2015, qui aboutira à la défaite électorale de la gauche, voit l'Église s'engager de plus en plus ouvertement contre elle. L'opération est lancée dès janvier par Mgr Óscar Andrés Rodríguez Maradiaga, archevêque du Honduras, mais surtout secrétaire du C9 (ce petit groupe de neuf cardinaux chargés par le pape François de le conseiller sur les réformes internes à l'Église). Il proclame la fin prochaine du chavisme en raison des pénuries (l'Église évoquera même la pénurie de vin de messe et d'hosties) tandis que le pouvoir dénonce les manipulations économiques. Quelques semaines plus tard, c'est au tour de la conférence épiscopale du Venezuela de reprendre cette critique du « socialisme du XXIe siècle » présenté comme un totalitarisme. Elle appelle la population à refuser la « décision du gouvernement national et des autres organes du pouvoir public d'imposer un système politico-économique de type socialiste marxiste ou communiste ». L'archevêque de Cumana, Mgr Diego Padrón explique aux électeurs que « le socialisme du XXIe siècle » « contient de nombreux éléments du socialisme marxiste-léniniste qui ne marche pas. Pas plus qu'il ne fonctionne à Cuba ». Le gouvernement accusera certaines fractions de l'Église de soutenir les tentatives de coup d'État dont celle du 12 février 2015. De jeunes officiers des forces armées nationales bolivariennes font en effet avorter une nouvelle tentative de putsch impliquant de hauts gradés de l'aviation militaire, et des civils liés à l'organisation d'extrême droite Primero justicia avec le soutien de la CIA. Le Venezuela est confronté en effet depuis le coup d'État d'avril 2002, qui avait abouti à l'arrestation et à la détention pendant 47 heures du président Chávez, à une véritable « guerre de basse intensité ». Le président Nicolás Maduro cherchera alors un compromis historique avec l'Église en recevant au palais Mgr Padrón et Mgr Parolin, secrétaire d'État du Vatican, et en offrant en gage de bonne volonté le réexamen de la situation d'Ivan Simonovis – ancien officier de sécurité de Caracas – condamné à 30 ans de prison pour sa participation au coup d'État contre Chávez en 2002. L'opposition dénonce cependant une manipulation. Ivan Simonovis est finalement placé en régime de « résidence surveillée » pour « raisons médicales » dès septembre 2015, mais la violence persiste. La tentative du régime d'utiliser l'Église pour dialoguer avec l'opposition et faire échec à la violence qui se développe de part et d'autre échoue. L'archevêque de Caracas, Mgr Jorge Urosa Savino, appelle à se rapprocher de Dieu pour refuser la violence et dénonce la « crise morale, crise des valeurs, des attitudes, des motivations et des conduites dans le pays » (sic). Début septembre 2015, cet archevêque, président de la conférence des évêques du Venezuela, membre du Conseil pontifical Justice et Paix, membre de la Commission pontificale pour l'Amérique latine, non-membre mais réputé proche de l'Opus Dei, profite du détournement du Notre Père en une prière pour Chávez par une déléguée du parti socialiste vénézuélien pour faire encore monter la pression à quelques mois des élections législatives : « Notre Chávez qui est aux cieux, sur terre, dans les mers et en nous [...] ne nous conduit pas à la tentation du capitalisme, mais délivre-nous du mal de l'oligarchie [...] » La conférence épiscopale proteste officiellement et parle de péché d'idolâtrie et de blasphème : « Les symboles, les prières et les éléments religieux doivent être respectés » ; « Nul n'est autorisé à changer la prière du Seigneur ou quelque autre prière chrétienne. » La polémique prendra une telle ampleur que le président Maduro en personne se sentira obligé de prendre la défense de la déléguée du parti socialiste vénézuélien et parlera de « nouvelle Inquisition à l'œuvre pour massacrer cette humble femme » (sic). L'Église a bien contribué à ce que la gauche vénézuélienne perde les élections législatives.

Pourquoi Bergoglio se nomme-t-il François ?

Le pape François est un bon produit marketing car depuis Benoît XVI l'Église catholique est entrée de plain-pied dans l'ère du management moderne. François prolonge et accentue ce qui a été commencé par son prédécesseur. Deux domaines vitaux, la communication et les finances, sont aujourd'hui en partie sous-traités à des grands groupes capitalistes internationaux, les mêmes qui conseillent les firmes économiques et élaborent les stratégies globales que François dénonce !

Benoît XVI avait nommé auprès du directeur du Bureau de presse un grand journaliste américain de Fox News, Greg Burke, *senior communications adviser*, membre éminent de l'Opus Dei, lequel chapeaute désormais toute la communication auprès de la Secrétairerie d'État dirigée par le numéro deux du Vatican. Le patron de la banque du Vatican, Ernst von Freyberg, s'était vu également adjoindre deux spécialistes de la communication et des finances, Max Hollenberg et Markus Wieser de Communications & Network Consulting. François a renforcé ce mouvement en faisant appel aux plus grands groupes de consulting comme KPMG, McKinsey, Ernst & Young, Promonotory Financial Group, etc.

Le pape François a bien sûr expliqué lors de sa première adresse à la presse qu'il a décidé de s'appeler François en hommage à saint François d'Assise. Ce nom lui aurait été suggéré, au moment de son élection, par l'archevêque brésilien Claudio Hummes, qui lui aurait soufflé « N'oublie pas les pauvres ! ». Créé Cardinal en 2001 par Jean-Paul II, élevé en 2006 au poste de préfet de la Congrégation pour le clergé par Benoît XVI, membre également de la Congrégation pour la doctrine de la foi, Hummes est donc un homme d'appareil et d'orthodoxie qui gouvernait les 408 000 prêtres catholiques. Mgr Claudio Hummes fait partie de ces prêtres qui, plutôt ouverts dans leur jeunesse (de là son amitié avec l'ancien président brésilien Lula), n'ont cessé de devenir toujours plus réactionnaires. Il se fit ainsi tristement remarquer en l'an de grâce 2000 en sanctionnant très durement un de ses prêtres, le *padre* Valeriano Paitoni pour avoir admis que des malades atteints du sida pouvaient utiliser un préservatif[23]. On se souvient qu'en violation du protocole cet archevêque était aux côtés du nouveau pape lors de son apparition sur le balcon du palais Saint-Pierre. Mgr Hummes, bien que franciscain, est avant tout un défenseur du mouvement charismatique qui constitue, selon lui, la réponse post-moderne à la modernité. Mgr Hummes est aussi connu pour être adepte d'une option évangélique préférentielle pour les pauvres qui n'opposerait plus riches et pauvres, patrons et salariés, mais œuvrerait pour la bonne entente entre tous les enfants de Dieu.

Bergoglio, en bon communicant, a choisi François comme nom de pape, au moment même où l'Église est prise dans des scandales financiers à répétition avec des accusations de corruption, de financement occulte, de blanchiment d'argent, d'arrestations, de suicides, de vol de documents, de Vatileaks, etc. L'événement déclencheur de la démission de Benoît XVI a été la divulgation en 2012 de documents secrets par son propre majordome Paolo Gabriele (arrêté le 23 mai 2012 et emprisonné au Vatican, condamné à 18 mois de prison avec sursis, puis gracié par le pape Benoît XVI deux mois après sa condamnation). L'objectif était de pousser le pape à la démission afin de le protéger d'un scandale à venir, compte tenu des malversations et des guerres fratricides, comme en témoigne le rapport confidentiel remis au pape le matin même de sa démission, rapport qu'il avait commandé et dont il avait confié la responsabilité à

---

23. http://golias-news.fr/article1109.html

Mgr Julián Herranz Casado, membre important de l'Opus Dei depuis 1949. J'ai bien peur qu'on ait agité au moment de la sortie de ce rapport l'ombre d'un « lobby gay » à l'intérieur de la Curie romaine pour mieux dissimuler les affaires financières, en donnant ainsi un os à ronger aux médias internationaux.

Depuis, Rome a soigneusement préparé sa défense en embauchant des conseillers internationaux spécialistes du capitalisme financier mondial et en nommant Ettore Gotti Tedeschi, très proche de l'Opus Dei, banquier international, à la tête de l'Institut pour les œuvres de religion (IOR – la banque du Vatican) avec pour mission de le réformer afin de lui permettre de figurer sur la liste des banques respectant les normes antiblanchiment mis au point par l'OCDE. Gotti Tedeschi avait participé à la préparation de l'encyclique *Caritas in veritate* publiée par le pape en juillet 2012 et qui demandait de mettre en place des règles plus transparentes pour le système financier mondial... On sait, grâce aux documents volés et publiés, que Gotti Tedeschi, dirigeant de l'IOR de 2009 à 2012, souhaitait déjà, contre la volonté d'autres dirigeants, accélérer la transparence financière de l'Église. Les comptes du Saint-Siège forment en effet un labyrinthe de corruption et de blanchiment dont les origines connues remontent à la fin des années 1980, quand la justice italienne demanda l'arrestation de l'archevêque nord-américain, Paul Marcinkus, longtemps président de la banque du Vatican. Marcinkus était un curieux personnage, interprète de Jean XXIII, garde du corps de Paul VI, il sera durant très longtemps le troisième personnage du Vatican avant de devenir le patron de l'IOR où il deviendra un spécialiste des paradis fiscaux et un ami des réseaux mafieux. Jean-Paul II utilisa l'argument de la souveraineté territoriale pour s'opposer à son extradition et lui éviter la prison en raison des services rendus à Rome, comme le financement secret du syndicat polonais Solidarność qu'il a soutenu. Mgr Marcinkus a terminé ses jours en jouant tranquillement au golf dans l'Arizona et en laissant derrière lui 3,5 milliards de dollars de pertes et de sombres cadavres, tels que Roberto Calvi, président de la banque Ambrosiano, partenaire de l'IOR, retrouvé pendu le 18 juin 1982 sous le Blackfriars Bridge à Londres, ou encore Michele Sindona, autre banquier criminel italien, nommé conseiller financier du Vatican par Jean-Paul II, membre de la loge P2, qui meurt en prison en buvant un café au cyanure. Le vénérable de la loge P2, Licio Gelli, membre des Chevaliers de Malte, proche de Silvio Berlusconi qui appartenait à sa loge, est soupçonné d'avoir trempé dans toutes les grandes affaires italiennes de l'après-guerre. Gelli s'est réfugié d'abord en Argentine, où la loge P2 avait œuvré, au temps du général Alejandro Agustín Lanusse (1918-1996) – comme dans d'autres pays d'Amérique –, dans le cadre de l'opération dite « Gianoglio », pour faciliter le retour de Perón. L'amiral Massera, membre de la loge P2, était un grand ami de Bergoglio. L'ex-dirigeant de la loge P2 est décédé à Arezzo, où il était assigné à résidence, le 15 décembre 2015, à l'âge de 96 ans. Certains auteurs, parmi lesquels le journaliste britannique David Yallop, émirent même l'hypothèse que Mgr Marcinkus aurait joué un rôle dans la mort surprenante de Jean-Paul Ier, au bout de 33 jours de pontificat, en raison de différends sur la manière de gérer les finances de l'Église catholique.

Mais Ettore Gotti Tedeschi ne restera en place qu'un peu moins de trois ans. Il est en effet brutalement acculé à la démission par un vote de défiance de l'ensemble des administrateurs de la banque, deux jours seulement après l'arrestation du majordome du pape, alors que la justice italienne s'intéressait à un virement suspect (qui fut bloqué) de 30 millions de dollars entre la banque du Vatican et le Crédit Artigiano et que Gotti Tedeschi disait craindre pour sa vie et prenait des dispositions écrites en cas de mort... accidentelle. Un communiqué expliquera (chose rarissime au Vatican) que la gouvernance de l'IOR s'était « détériorée » entre 2009 et 2012, sous la présidence de Gotti Tedeschi. Des rumeurs disaient même qu'il souffrait de graves troubles psychiatriques. Depuis, la justice a reconnu son innocence concernant la suspicion de blanchiment et elle s'intéresse désormais à ceux qui avaient obtenu qu'il soit écarté de la direction de l'IOR, comme Paolo Cipriani, directeur général de l'IOR, et son numéro deux, Massimo Tulli, lesquels ont dû démissionner en juillet 2013. Gotti Tedeschi s'explique en avril 2014 dans la revue espagnole catholique *Vida nueva* : « Ce que je ressens, c'est de l'amertume, parce que c'est la magistrature qui a fait apparaître la lumière de la vérité sur ce qui est arrivé, pendant que, à l'intérieur de l'Église, au contraire, semble prévaloir jusqu'à maintenant la position de celui qui voulait me mettre en marge. »

L'Allemand Ernst von Freyberg, brillant économiste et financier de renom, marié à une Française et appartenant à la plus haute aristocratie, membre de l'ordre souverain militaire de Malte, est alors choisi par Benoît XVI en février 2013 pour diriger l'IOR et tenter d'empêcher de nouveaux scandales. Mais, mauvaise pioche, on apprend qu'il tient une partie de sa fortune au fait qu'il est président des chantiers navals Blohm

& Voss de Hambourg, qui fabriquent des yachts de luxe mais aussi... des navires de guerre. Il s'engagera à ne plus livrer ces derniers.

Sous sa direction, la banque du Vatican a commencé à négocier avec l'Italie la levée (prochaine ?) du secret bancaire, à la façon de la Suisse et du Liechtenstein. François a mis en place parallèlement le C8 (le Conseil des huit cardinaux, devenu de facto le C9 en 2014 avec l'adjonction de Mgr Parolin, secrétaire d'État du Vatican) sous l'autorité du cardinal hondurien Óscar Andrès Rodríguez Maradiaga[24].

Nouveau coup d'éclat en juillet 2014 : Ernst von Freyberg est remplacé (à l'initiative du C9 ?) par le Français Jean-Baptiste de Franssu, un autre grand aristocrate, spécialiste de la gestion d'actifs. Sa mission et dont la mission sera de faire de la banque du Vatican une véritable banque commerciale capable de rivaliser avec les plus grands établissements financiers en prenant appui sur la gestion d'actifs mais aussi sur des fonds d'investissement « éthiques ». Jean-Baptiste de Franssu a été nommé sur les conseils de l'Espagnol Vallejo Balda, numéro deux de la préfecture pour les Affaires économiques et membre de l'Opus Dei. Ce financier français n'est bien sûr pas un inconnu pour l'Église puisqu'il participe à de nombreuses commissions vaticanes et soutient activement l'Alliance mondiale de la jeunesse chargée de défendre la conception catholique de la famille et de la sexualité au sein des grandes institutions (notamment à l'ONU).

Mais un nouveau scandale éclate encore en novembre 2015 avec une nouvelle affaire de fuites et la publication de documents compromettants. Cette affaire aboutit à l'arrestation immédiate de deux personnages, la sulfureuse Francesca Immacolata Chaouqui, consultante excentrique utilisée pour moderniser l'image de la banque du Vatican, et surtout Mgr Lucio Ángel Vallejo Balda, l'homme de l'Opus Dei à l'origine de la nomination du nouveau patron de la banque vaticane... Francesca Immacolata Chaouqui sera vite remise en liberté en raison de sa collaboration étroite avec la gendarmerie du Vatican. Accusée par Mgr Vallejo Balda d'être la responsable des fuites, elle accuse à son tour le prélat espagnol d'avoir enregistré le pape François à son insu... Ces deux présumés innocents (au moment où j'écris ces lignes) faisaient partie de la fameuse Commission sur l'organisation des structures économiques et administratives (COSEA), chargée par le Vatican, de faire des propositions pour assurer une pleine transparence financière de l'IOR ! Deux livres, *Avarice* d'Emiliano

---

24. Voir *supra* « L'Église de François contre le "socialisme du XXIe siècle" ».

Fittipaldi, journaliste à l'hebdomadaire *L'Espresso*, et *Via crucis* [Chemin de croix] de Gianluigi Nuzzi, du groupe télévisé Mediaset propriété de la famille Berlusconi, rapportent que les dons reçus par le Saint-Siège à l'intention des plus pauvres étaient en partie détournés pour satisfaire les goûts de luxe des prélats. Selon Emiliano Fittipaldi, 400 millions d'euros auraient été ainsi détournés de la caisse du « denier de Saint-Pierre » pour les besoins de la Curie. L'auteur prend en exemple quelque 200 000 euros détournés d'une fondation dépendant de l'hôpital catholique Bambino Gesù (« Enfant Jésus ») pour financer la rénovation de l'appartement du cardinal Tarcisio Bertone, ex-numéro deux du Vatican. Ce luxueux appartement de 700 mètres carrés est nettement moins modeste que celui de 70 mètres carrés qu'occupe le pape François à la résidence Sainte-Marthe.

Les évêques conservateurs, qui ont élu Bergoglio en connaissant son goût pour les signes apparents de la frugalité, et lui-même en choisissant de se prénommer François, n'ont-ils pas misé sur ce que les sociologues nomment la « pensée magique » qui consiste toujours à croire que « dire c'est faire »[25] ? Comme si avoir un pape qui se prénomme François en référence à saint François d'Assise, image même de la pauvreté maté-rielle, suffisait à faire d'une Église immensément riche une Église pauvre pour les pauvres, comme si cette opération de communication suffirait à faire oublier non seulement les scandales financiers à répétition mais le fait que cette extrême richesse est due aux accords avec Mussolini mais aussi aux relations avec certains États fascistes comme le mal nommé « État indépendant de Croatie » durant la Seconde Guerre mondiale. Des recours collectifs ont été déposés d'ailleurs, en 1999, aux États-Unis, par des survivants de l'Holocauste, contre la banque du Vatican (protégé par son statut d'État souverain) mais aussi contre l'ordre franciscain des frères mineurs[26].

Notre société, qui aime beaucoup les légendes, a envie de croire le bon pape François lorsqu'il dit qu'il veut « une Église pauvre pour les pauvres » ou lorsqu'il rappelle que « Pierre n'a pas de compte en banque » (sic). L'évêque Bergoglio ne pouvait pourtant ignorer les travaux du grand historien italien Giacomo Todeschini, professeur à l'université de Trieste,

---

25. John Langshaw Austin, *Quand dire, c'est faire*, Paris, « Points Essais », Seuil, 1991.
26. Selon *Les Échos* : « Nul ne connaît vraiment l'étendue réelle du patrimoine immobilier lié au Saint-Siège, qui représenterait 20 à 22 % du total des actifs immobiliers en Italie. »

grand spécialiste du rôle économique des franciscains[27]. François d'Assise et ses proches, comme Thomas de Celano, n'étaient pas des adversaires a priori des richesses, ils souhaitaient même que les acteurs économiques fassent fructifier leur richesse privée à travers la production et la circulation des marchandises, car ce qu'ils combattaient c'était la richesse thésaurisée, celle du propriétaire foncier et de l'aristocrate... Autrement dit, saint François d'Assise est un père du capitalisme, pas de l'anticapitalisme. Selon saint François d'Assise, chacun doit trouver sa place au sein de la société en fonction de sa capacité à faire circuler les richesses, à produire de la valeur. Le professeur Todeschini va même plus loin en notant que cette religiosité franciscaine (celle des adeptes de la pauvreté évangélique à la sauce vaticane) a fourni une large part du vocabulaire de l'économie occidentale capitaliste. Le vocabulaire franciscain aurait donc créé l'économie capitaliste... donc l'exploitation des salariés, donc l'appauvrissement du plus grand nombre.

Giacomo Todeschini explique en quoi la décroissance austéritaire, celle de la droite catholique, intéresse sacrément l'Église réactionnaire de François : « Au-delà de l'image d'Épinal iréniste faisant de François d'Assise un fou gentil parlant aux oiseaux et aux loups, les sources nous révèlent surtout l'histoire d'un mouvement approuvé par une papauté théocratique (celle d'Innocent III et Grégoire IX) établissant, comme critère de définition de la perfection chrétienne, la pauvreté volontaire, c'est-à-dire l'imitation du Christ en tant que Dieu capable, dans sa puissance infinie, de s'abaisser jusqu'à la mortalité humaine. La pauvreté volontaire apparaît donc, dès le Moyen Âge, comme la manifestation consciente et sublime d'un pouvoir, le pouvoir de renoncer à une richesse légitimement possédée. Loin d'être un défi aux institutions, ce choix de pauvreté affirme la volonté des chrétiens parfaits de se modeler sur l'exemple du Christ en imitant la manifestation la plus paradoxale mais en même temps la plus imposante du pouvoir divin, le renoncement aux signes extérieurs, visibles, matériels de ce pouvoir. Aussi bien sur le plan doctrinal que politique, la pauvreté volontaire apparaît donc comme la révélation d'une capacité rare et exclusive de se priver, réservée à une élite d'inspirés illuminés directement par l'esprit divin. »

---

27. Giacomo TODESCHINI, *Richesse franciscaine. De la pauvreté volontaire à la société de marché*, trad. de l'italien par Nathalie Gailius et Roberto Nigro, Lagrasse (Aude), « Verdier Poche », Verdier, 2008.

Cette décroissance austéritaire n'est donc que le cache-sexe de la pauvreté évangélique. On peut s'en convaincre en observant ce que cette Église fait à la théologie de la libération et à l'option préférentielle pour les pauvres.

Quelle option préférentielle pour les pauvres ?

Le pape François a reçu le 11 septembre 2013 le prêtre péruvien Gustavo Gutiérrez, âgé de 85 ans, considéré comme l'un des pères des théologies de la libération, depuis la parution en 1971 de son ouvrage *Théologie de la libération*. Cette rencontre avait été savamment mise en scène par Rome qui en attendait paradoxalement une sorte de bénédiction du pape François par Gutiérrez.

Ce retour en grâce des théologies de la libération est célébré par les réseaux de la droite catholique, dont la revue *Limite*, mais aussi par l'Observatoire sociopolitique du diocèse de Fréjus-Toulon (célèbre pour sa dédiabolisation du Front national). Cette rencontre est l'aboutissement d'un long travail de la Curie romaine pour désarmer les théologies de la libération et les rendre inoffensives : il est plus juste de parler de détournement que de récupération, car il s'agit de passer d'une option préférentielle pour les pauvres, visant à éradiquer la pauvreté en supprimant l'enrichissement d'une minorité au détriment des autres, à une option évangélique préférentielle pour la pauvreté qui n'ose pas (encore) dire son nom, mais qui, sous couvert d'écologie et de décroissance, prône l'austérité pour les pauvres tout en justifiant, dans le plan de Dieu, l'existence des riches.

Rome montrera les dents tant que ces théologies représentaient un danger : Jean-Paul II affirmera dès 1973 que cette « conception du Christ comme homme politique, révolutionnaire, comme le subversif de Nazareth, ne correspond pas à la catéchèse de l'Église ». Ratzinger, alors préfet de la Congrégation pour la doctrine de la foi, confirmera cette condamnation sans aucune ambiguïté. Il réduira au silence plus d'une centaine de théologiens proches du peuple dont son ex-ami Leonardo Boff condamné, en 1984, au « silence pénitentiel ». Ce dernier abandonnera finalement le sacerdoce en 1992 pour pouvoir se marier. Les choses ont commencé à bouger avec le recul des courants révolutionnaires, au point que Gutiérrez (qui ne fut jamais sanctionné) sera réhabilité en 2004 par une lettre du même Ratzinger qui « rend grâce au Très-Haut pour la satisfaisante conclusion de ce chemin de clarification et d'approfondissement ». Ce retour à la normale sera acté par la publication en 2004 d'un ouvrage cosigné par Gustavo Gutiérrez et Mgr Gerhard Ludwig Müller, ce dernier devenu patron de la Congrégation pour la doctrine de la foi (ex-Inquisition). Les princes de l'Église réalisent ainsi un très joli coup en s'emparant de concepts pensés pour ébranler le monde capitaliste et pour remettre en cause leur autorité. Ce mauvais coup contre les théologies de la libération avait été préparé par Ratzinger qui développait, dès 1984 puis en 1986, ce que pourrait être une théologie de la libération acceptable car cuisinée à la sauce vaticane. Nous devons donc opposer les théologies de la libération telles que les conçoivent les courants de gauche de l'Église aux mêmes théologies revisitées par ses courants de droite.

Jean-Paul II, moins sympathique aux milieux de gauche que François, écrivait aussi pourtant que « l'Église est vivement engagée dans cette cause [du travailleur], car elle la considère comme sa mission, son service, comme un test de sa fidélité au Christ, de manière à être vraiment l'Église des pauvres. Et les pauvres apparaissent sous bien des aspects ; ils apparaissent dans des lieux divers et à différents moments ; ils apparaissent en de nombreux cas comme un résultat de la violation de la dignité du travail humain » (*Laborem exercens*).

L'Instruction de Ratzinger, *Libertatis Nuntius* (1984), contre la théologie de la libération ne disait pas autre chose que le texte de François, mais, autres temps autres mœurs, alors qu'elle fut comprise en son temps comme une déclaration de guerre contre les théologies de la libération, les mots doucereux de François sont reçus comme une déclaration d'amour. J'invite le lecteur à lire attentivement cet extrait de l'Instruction de Ratzinger, il découvrira que la première « libération » est celle à l'égard du péché originel. Ceux qui ont donc la chance de n'être pas culpabilisés de naissance par ce dogme peuvent sans doute agir plus efficacement pour les autres libérations : « La libération est d'abord et principalement libération de la servitude radicale du péché. Son but, et son terme, est la liberté des enfants de Dieu, don de la grâce. Elle appelle, par une suite logique, la libération de multiples servitudes d'ordre culturel, économique, social et politique, qui dérivent toutes, en définitive, du péché, et qui constituent autant d'obstacles empêchant les hommes de vivre conformément à leur dignité. Discerner clairement ce qui est fondamental et ce qui appartient aux conséquences est ainsi une condition indispensable d'une réflexion théologique sur la libération. En effet, devant l'urgence des problèmes, certains sont tentés de mettre l'accent d'une manière unilatérale sur la libération des servitudes d'ordre terrestre et temporel, de telle sorte qu'ils semblent faire passer au second plan la libération du péché, et par là ne plus lui attribuer pratiquement l'importance première qui est la sienne. La présentation qu'ils proposent des problèmes est ainsi confuse et ambiguë. D'autres, dans l'intention d'acquérir une connaissance plus exacte des causes des servitudes qu'ils veulent supprimer, se servent, sans précaution critique suffisante, d'instruments de pensée qu'il est difficile, voire impossible, de purifier d'une inspiration idéologique incompatible avec la foi chrétienne et avec les exigences éthiques qui en découlent. »

Les théologiens de la libération répondaient par la voix d'Enrique Dussel : « La question n'est pas de pouvoir manger quelque chose librement, mais la question est d'avoir quelque chose à manger », et ils ajoutaient que l'Église populaire, telle que l'entend l'Église depuis Vatican I, avec notamment l'Action catholique, n'est qu'une collaboration à l'apostolat de la hiérarchie, c'est-à-dire une façon de maintenir la dépendance à l'égard de la « classe cléricale » de tous les mouvements laïques, alors qu'il faudrait en finir avec le dualisme entre chrétiens de première et de seconde classe et supprimer la distinction entre clergé et laïcat. Autrement dit, jamais une Église conçue sur le mode moyenâgeux, jamais cette institution la plus centralisée au monde, ne pourra porter une théologie de la libération, ni une théologie de l'écologie. Les écologistes ont suffisamment dit qu'il fallait inventer une autre façon de faire de la politique pour ne pas vouloir aussi une autre façon de faire de la religion ! C'est pourquoi la théologie de la libération insistait autant sur les communautés ecclésiastiques de base, seule façon d'en finir avec une Église intrinsèquement inégalitaire et lui permettre de porter un message d'égalité[28].

Ces mêmes théologiens de la libération expliquent que le problème n'est pas de démontrer que Dieu existe mais que Dieu est avec les pauvres, dans leurs luttes pour la libération et, notamment, au sein de l'écologisme des pauvres ; ils ajoutent que la pastorale populaire ne se construit pas du dehors mais du dedans, qu'elle ne va pas du haut vers le bas mais du bas vers le haut, que l'évangélisation (s'il faut conserver le mot) ne consiste pas fondamentalement à s'affronter à l'athéisme mais à l'idolâtrie (sic), qu'il convient donc de refuser la guerre des religions, le sectarisme et

---

28. Cité dans François HOUTART *et al.*, *Ruptures sociales et religion*, Paris, L'Harmattan/ Centre Tricontinental, 1994.

le prosélytisme. L'Église catholique ne peut pas, pour des raisons apparemment dogmatiques, mais en fait parce qu'elle a toujours défendu les puissants y compris en son sein, remettre en cause la structure même du système (du péché ?) inégalitaire, elle ne peut qu'imaginer rendre les inégalités plus supportables.

Au moment où les écolos-cathos redécouvrent la doctrine sociale de l'Église, faut-il leur rappeler que le pape Léon XIII, avant même toute réforme sociale, prêchait au peuple la soumission au titre de la patience face à leur mauvais sort : « Le premier principe à mettre en avant, c'est que l'homme doit prendre en patience sa condition ; il est impossible que dans la société civile tout le monde soit élevé au même niveau [...] parce que c'est elle (la nature) qui a disposé parmi les hommes des différences aussi multiples que profondes. » L'Église n'ose pas cependant aller jusqu'au bout de sa thèse en soutenant que puisqu'il en fut toujours ainsi, il en sera également toujours ainsi, elle promet donc, depuis deux millénaires, une amélioration et prêche la patience. L'Église d'aujourd'hui, comme celle d'hier, invite, en réalité, à accepter l'inégalité des conditions et la souffrance et à réconcilier les riches et les pauvres.

Nous verrons, chemin faisant, que ces mêmes dogmes qui, au nom de la foi chrétienne, s'opposent qu'on mette l'accent sur les « servitudes d'ordre terrestre » sont aussi ceux qui empêcheront de sauver la planète.

L'option préférentielle pour les pauvres, vue de gauche

Les théologies de la libération développent trois idées révolutionnaires. Comme le soutient Gustavo Gutiérrez « la théologie de la libération dit aux pauvres que la situation qu'ils vivent actuellement n'est pas voulue par Dieu ». Elle prend ainsi le contre-pied des thèses habituelles prônant patience et soumission. Elle dit même que la pauvreté n'est que la conséquence de l'exploitation économique, donc s'il y a des appauvris c'est parce qu'existent des enrichis. Aucun compromis n'est donc possible, et c'est sur ce point que les théologiens de la libération ont pu être accusés de pactiser avec le diable marxiste. Les théologies de la libération avancent aussi la notion de « structure de péché » : impossible de moraliser ni le capitalisme ni même les capitalistes.

La deuxième grande idée est de participer activement aux luttes populaires notamment contre les dictatures militaires soutenues alors par les États-Unis. Le gouvernement nord-américain considérait que les théologies de la libération constituaient une menace pour ses intérêts et appelait dans le fameux rapport Rockefeller (1969) puis dans les documents de Santa Fé (rédigés entre 1980 et 1986 par la CIA) à développer les sectes (« nouveaux mouvements religieux ») pour concurrencer une Église trop insoumise aux puissants[29].

La troisième grande idée était l'impossibilité de développer une option préférentielle pour les pauvres sans changer en même temps l'Église, sans développer des communautés de base et remettre en cause la distinction entre clercs et laïques. Les théologies de la libération sont multiples car elles dépendent des contextes historiques qui les voient naître : aux côtés d'une théologie de la libération sud-américaine existent des théologies de la libération africaines et asiatiques, nous pouvons même parler de théologies de libération féminine quand l'Évangile devient une source d'engagement pour l'émancipation de la femme. Toutes ces théologies de la libération vues de gauche affirment que la pauvreté est toujours un mal, qu'elle détruit les familles et la personne humaine, bref que l'Église doit combattre ce qui engendre la pauvreté, le capitalisme et le « maldéveloppement » et doit devenir une Église des pauvres. La pauvreté, dont parlent les théologiens de la libération, c'est donc d'abord, et parfois même exclusivement, la pauvreté réelle, la pauvreté matérielle... La pauvreté volontaire de ceux qui choisissent de vivre comme les pauvres ne peut se justifier par l'idée que la pauvreté serait bonne en soi mais par la solidarité avec les pauvres. Gutiérrez utilise une image pour mieux se faire comprendre : Jésus prend sur lui les péchés non pas parce qu'il les aime, mais parce qu'il aime les pécheurs.

L'option préférentielle pour les pauvres, vue de droite

L'option préférentielle pour les pauvres à la sauce vaticane dit tout autre chose. Il ne s'agit plus de supprimer les inégalités sociales puisque Rome rappelle qu'elles sont naturelles, donc inévitables car voulues expressément par Dieu, mais de rappeler que personne, pauvre ou riche, n'est en dehors de l'amour de Dieu. Elle dit ensuite que, plus encore que la pauvreté matérielle, économique, l'Église doit combattre la pauvreté culturelle et surtout évangélique.

---

29. Paul Ariès, *Le retour du diable*, Villeurbanne, Golias, 1997 ; « Les sectes et le rapport Rockefeller à l'adresse http://www.alterinfos.org/archives/DIAL-479.pdf ; https://www.monde-diplomatique.fr/cahier/ameriquelatine/eglise

Le père Pierre Coulange, théologien et économiste, est un habitué des plateaux de l'association pour la Fondation de Service politique (AFSP) qui édite aussi la revue *Liberté politique*, de l'Association des économistes catholiques (AEC) et d'Ichtus. Ce membre de l'Institut théologique Notre-Dame de Vie a été beaucoup sollicité ces derniers temps car c'est un bon spécialiste de cette nouvelle « option préférentielle pour les pauvres dans l'exhortation du pape François » puisqu'il est l'auteur d'une thèse éditée sous le titre *Dieu, ami des pauvres : étude sur la connivence entre le Très-Haut et les petits*. Pierre Coulange reconnaît volontiers que le concept demande à être clarifié. Il entend distinguer ce que François reprend de la tradition et ce qu'il apporte. Le pape reprend de la tradition l'idée que « Dieu aime les pauvres, or comme nous sommes à l'image de Dieu, nous devons, nous aussi, aimer les pauvres » (sic). Pierre Coulange insiste, d'ailleurs, sur le fait que la pauvreté selon François doit être comprise de façon large et pas seulement d'un point de vue matériel : le souci des pauvres, c'est d'abord le souci de leur âme, donc leur évangélisation ! Pierre Coulange explique aussi que cette option préférentielle pour les pauvres ne signifie surtout pas qu'on choisit les pauvres contre les riches. Car cette notion n'est ni excluante ni même fondée sur des constats de fait. Pierre Coulange développe ensuite ce qui serait nouveau chez François. Le pape romprait avec la condamnation de l'avarice et des avaricieux, bref, il ne s'agirait plus (seulement ?) de condamner ceux qui laissent les pauvres mourir de faim. François en finirait ainsi avec le discours moralisateur d'avant le XIXe siècle et même avec celui d'une certaine conception de la doctrine sociale de l'Église, car il ferait de la pauvreté une « catégorie théologique » et non plus sociologique. L'option préférentielle pour les pauvres n'aurait donc rien de commun avec le point de vue des ONG car ce serait un discours sur Dieu… Conséquence : François commanderait de passer de l'humanitaire à la charité, car si l'humanitaire rappelle qu'il y a de l'humain dans chaque homme, la charité rappelle la présence de Dieu dans chaque pauvre. Pierre Coulange en veut pour preuve que François soutient que le mot solidarité est usé, car il faudrait viser davantage que le soulagement de la misère matérielle puisqu'il s'agirait d'atteindre « la dimension contemplative de l'amour » (sic). La bonne charité ne consisterait donc pas à faire le bien mais à aimer Dieu, à travers le pauvre. Pierre Coulange se défend, bien sûr, en refusant de ne voir dans cette attitude de contemplation que du cynisme, mais il rappelle que pour François il ne s'agit pas de procéder à une autre distribution des biens et des richesses, car « nous désirons davantage », « notre rêve va plus loin » (sic). Le catholique du XXIᵉ siècle est donc toujours invité à aimer le pauvre comme un autre Christ (pour cela mieux vaut d'ailleurs qu'il reste suffisamment de pauvres), mais ce qui est nouveau, c'est que l'Église reconnaîtrait que ces pauvres auraient un rôle actif dans le salut, ils seraient exemplaires, « car par leurs souffrances, ils connaissent le Christ souffrant ». Le père Coulange nous présente finalement un enterrement de première classe des théologies de la libération.

L'option préférentielle pour les pauvres avec l'Opus Dei

Le dilemme est simple : peut-on croire à l'option préférentielle pour les pauvres lorsque ce sont les légionnaires du Christ, Communion et Libération, l'Opus Dei qui mènent le bal ? L'un des principaux chefs d'orchestre de cette petite musique est désormais Martin Schlag, vicaire général de l'Opus Dei en Autriche, aumônier du pape en 2012, consulteur du Conseil pontifical Justice et Paix, professeur de théologie morale et sociale à l'université pontificale de la Sainte-Croix et grand défenseur de cette nouvelle option préférentielle pour les pauvres. Martin Schlag explique, dans ses sermons aux membres de l'Opus Dei, que les propos de François sur l'option préférentielle pour les pauvres résonnent profondément dans les écrits de saint Josemaría Escrivá de Balaguer (fondateur de l'Opus Dei) « On peut ainsi affirmer que le fondateur de l'Opus Dei vivait et apprenait à vivre une "option préférentielle, mais non pas exclusive, pour les pauvres" »[30]. Schlag reconnaît volontiers que Josemaría Escrivá de Balaguer ne parlait pas ouvertement de cette notion tant, durant son vivant, elle avait un autre contenu en raison des hérésies marxistes. La nouvelle théologie de la libération n'aurait, bien sûr, plus rien de commun avec celle qui avait conduit les Églises d'Amérique à s'engager dans les luttes aux côtés des peuples.

L'option préférentielle pour les pauvres que propose l'Opus Dei possède deux versants : il s'agit déjà d'organiser l'intégration des pauvres dans l'économie de marché (le capitalisme), car ce serait la seule façon d'empêcher les révolutions et de déconstruire l'État providence (c.-à-d. l'État social). L'intégration des pays pauvres au sein de l'économie capitaliste c'est pourtant l'accentuation de l'inégalité des termes de l'échange, c'est

---

30. http://www.fr.josemariaescriva.info/article/saint-josemaria-et-son-amour-des-pauvres-

le renforcement de l'extractivisme au service des grandes firmes, c'est la destruction des économies locales et de l'agriculture vivrière ! L'intégration des milieux populaires au sein de l'économie capitaliste c'est la casse des autres façons de vivre pré ou postcapitalistes, des autres façons de penser et de rêver, c'est la fin de toute autochtonie des gens de peu, c'est l'homogénéité des modes de vie capitalistes !

J'attire l'attention du lecteur sur le second versant de l'option préférentielle pour les pauvres selon l'Opus Dei. Le vicaire général de l'Opus Dei explique en effet qu'« on ne saurait parler d'amour des pauvres dans l'esprit de saint Josemaría sans évoquer la vertu de la pauvreté (la Sainte Pauvreté avec des majuscules) ». L'Église dispose même d'un mot pour justifier ce besoin de maintenir les pauvres dans la pauvreté : le « christocentrisme ». Martin Schlag justifie ce christocentrisme en expliquant que « la source de ces deux vertus, l'amour des pauvres et la pauvreté, est la même. Il s'agit du désir du chrétien d'imiter le Christ notre Seigneur pour devenir un seul avec Jésus, notre modèle ». Il précise même : « Quand on évoque "l'amour des pauvres" on en parle dans le sens socio-économique, en évoquant ces personnes qui, dans notre société, souffrent du manque de moyens matériels et non pas les personnes qui s'efforcent de vivre individuellement dans le détachement. » Et : « Si nous sommes près du Christ, que nous suivons ses pas, nous devons aimer de tout cœur la pauvreté, le détachement des biens terrestres, les privations » (J. Escrivá, *Forge*, 997). Il cite alors le fondateur de l'Opus Dei pour faire comprendre ce que doit être la véritable charité : « La charité chrétienne ne se limite pas à secourir celui qui a besoin de ressources financières. Elle vise avant tout à respecter et à comprendre chaque individu en tant que tel dans sa dignité intrinsèque d'homme et de fils du Créateur » (J. Escrivá, *Quand le Christ passe*, 72). Schlag conclut sur ce point : « Ces propos sont à l'opposé d'une réduction de l'amour aux pauvres et aux nécessiteux, d'un programme politique de lutte de classes comme c'était le cas dans les programmes de la théologie de la libération radicalisée. »

Pour l'Opus Dei, il ne s'agit donc pas de combattre la pauvreté en combattant le capitalisme mais de vivre la pauvreté évangélique ! Martin Schlag résume cette nouvelle option par une série de questionnements : « En quelle mesure est-il nécessaire de se passer absolument de tout pour vivre une pauvreté "évangélique" et s'identifier ainsi au Christ ? Et en quelle mesure le chrétien est-il obligé de faire l'aumône aux pauvres ? Doit-il n'y aller que de son superflu ? Ou bien aussi de son nécessaire ? Et qu'est-ce donc que le nécessaire ? » L'essentiel de la réponse tient dans sa conclusion : l'option préférentielle pour les pauvres n'exclut pas l'amour des riches car c'est un secret : « Un secret – Un secret, à crier sur les toits : ces crises mondiales sont des crises de saints. Dieu veut une poignée d'hommes "à lui" en chaque activité humaine. – Et ensuite *pax Christi in regno Christi* ("la paix du Christ dans le royaume du Christ") » (J. Escrivá, *Camino* [Chemin], 301).

De l'option préférentielle pour les pauvres à l'amour privilégié des riches

Le chemin néocatéchuménal fait partie des nouveaux bataillons de l'Église grâce auxquels François, comme auparavant Benoît XVI ou Jean-Paul II, espère « réévangéliser » la planète. J'avais expliqué dans *Le retour du diable* (*op. cit.*) comment ce type de mouvement imite les formes de religiosité des « nouveaux mouvements religieux » et parfois même des sectes pour développer une psycho-religiosité réactionnaire sur le plan politique. Le chemin néocatéchumal, comme l'ensemble du mouvement charismatique, recycle, en fait, dans l'Église la théologie de la prospérité née d'abord au sein des mouvements pentecôtistes. Jésus serait venu en effet prêcher aux pauvres pour qu'ils puissent devenir riches. La prospérité est promise aux fidèles ainsi que la santé et la libération des influences démoniaques, d'où l'importance de l'imposition des mains. La thèse centrale de la théologie de la prospérité, c'est que les maux sociaux seraient une punition divine réservée aux infidèles et qu'ils ne pourraient donc être surmontés que par la conversion (*born again* dont se revendiquait par exemple le président G.W. Bush) et non bien sûr par des luttes ou des lois sociales. Les théoriciens les plus célèbres de ce courant sont Kenneth Copeland, télévangéliste très controversé, auteur de *The Laws of Prosperity* [Les lois de la prospérité] (1974), et le théologien brésilien Edir Macedo Bezerran, l'homme le plus riche du Brésil selon le magazine *Forbes*, fondateur de l'Église universelle du royaume de Dieu. Ces thèses ont progressivement infiltré l'Église catholique, d'abord dans ses milieux économiques et dans l'entourage de Michael Novak (cf. *infra*), puis plus largement, ce qui a contraint François à rappeler que le salut n'est pas dans une théorie de la prospérité. Même Filippo Santoro, alors évêque de Petrópolis (État de Rio de Janeiro), membre de Communion et Libération, se voyait obligé de déclarer que « la progression des sectes représente un grave échec pour la théologie de la libération : les pauvres, sur lesquels elle comptait pour un changement révolutionnaire, ont choisi le rachat capitaliste, préférant embrasser la théologie de la prospérité ».

Le chemin néocatéchuménal, mouvement charismatique reconnu par Jean-Paul II, présent dans plus de 6 000 paroisses, dans plus de 120 pays, souvent dénoncé pour ses dérives sectaires, y compris par Rome, prône aussi une sorte de théologie de la prospérité. Les propos de Thierry Bizot, producteur d'émissions, petit-fils de Jean-Jacques Bizot, sous-gouverneur de la Banque de France, neveu de Jacques de Larosière, gouverneur de la Banque de France, amoureux de François (« Je ne connais que des gens qui aiment le pape »), membre du chemin néocatéchuménal, montrent comment l'option préférentielle pour les pauvres peut parfois conduire à affirmer que les riches ont davantage besoin de l'amour de Dieu : « On me demande souvent si ma rencontre avec Jésus a changé mon rapport à l'argent. Autour de cette question plane toujours la célèbre sentence de Jésus à propos des riches, pour qui il serait plus difficile d'entrer au royaume des cieux que pour un chameau de passer par le chas d'une aiguille [...]. Quand je relis cette parabole du jeune homme riche, je ne parviens pas à voir aucune condamnation. Au contraire, il est dit que Jésus, et c'est suffisamment rare pour le souligner, aime toute de suite ce jeune homme. D'ailleurs, quand celui-ci demande ce qu'il peut faire de plus, Jésus lui fait un magnifique cadeau : il lui propose de venir avec lui, dans son propre cercle, dans son carré VIP pourrait-on dire [...]. Jésus le regarde partir avec tristesse et constate une chose toute simple, on pourrait dire une chose frappée au coin du bon sens : il est plus difficile pour celui qui est riche dans cette vie, riche de biens, matériels ou immatériels, de tout abandonner, que pour celui qui n'a rien à perdre. Le riche a donc plus besoin d'amour de Jésus que le pauvre »[31].

---

31. http://bizot.blog.croire.com/2012/05/12/riche-et-pauvre/

François un pape réformateur ?

François est incontestablement un pape réformateur et il est même certain qu'il se heurte à la résistance d'une importante fraction de la Curie romaine. Certes Bergoglio a été fait pape par les évêques et non par la Curie mais s'imaginer que cette dernière puisse être opposée au conclave est un raccourci. Certains parlent cependant d'un bon pape empêché par une méchante Curie. Nous avons déjà entendu cette thèse au moment de Vatican II lorsqu'il est devenu évident que les espoirs des catholiques de gauche resteraient largement déçus. Personne ne peut nier l'impact du centralisme de la Curie au sein de l'Église mais cette image du bon roi mal conseillé ou mal servi par ses proches sert surtout à masquer l'influence des réseaux qui font et défont les (stratégies des) papes comme l'Opus Dei, Communion et Libération, les Chevaliers de Colomb. François apparaît en effet aux yeux de ceux qui l'ont fait pape en 2013 et aussi de ceux qui le soutiennent au sein de la Curie (car ils sont sans doute majoritaires à lui être favorables) comme le pape de la dernière chance pour tenter de sauver l'Église catholique. Sauver l'Église non pas tant de ses adversaires que d'elle-même, car l'institution romaine est aujourd'hui à bout de souffle, sinon gravement malade. L'Église souffre certes des scandales financiers, politiques, sexuels, mais elle souffre surtout, comme toutes les institutions, de son incapacité à se remettre en cause. Cette loi sociologique est encore plus vraie pour cette institution, en raison de son centralisme et du poids de son passé qui lui colle à la peau.

Ce qui a fait paradoxalement une partie de sa force au XXe siècle – être une institution monarchiste du Moyen Âge en plein cœur de la modernité – peut devenir une faiblesse lorsque l'histoire accélère trop vite pour elle. D'où les tentations de l'Église de s'accrocher au passé, de regretter le bon temps, d'où aussi les tentations d'une autre partie de l'Église de sauter par-dessus le mur en s'imaginant qu'être postmoderne serait une façon de renouer avec la prémodernité, en faisant l'impasse sur les trois événements maudits que furent, à ses yeux, la philosophie des Lumières, la Révolution française et la révolution russe. La parenthèse bolchevique semble refermée aux yeux de beaucoup de princes de l'Église avec l'effondrement du bloc soviétique mais aussi avec le retournement de l'essentiel des théologies de la libération.

La parenthèse ouverte avec la Révolution française pourrait aussi être en voie d'être refermée avec la victoire de la troisième révolution conservatrice mondiale : la première ayant vu aux lendemains de 1789 l'ensemble des forces réactionnaires (dont l'Église catholique) se dresser en réaction à la philosophie des Lumières, au Portugal avec le migue-lisme, en Espagne avec l'isabellisme, en France avec l'ensemble des courants contre-révolutionnaires ; la deuxième révolution conservatrice plonge ses racines dans la vague de révolutions conservatrices qui frappa l'Europe durant l'entre-deux-guerres (avec l'Italie, l'Allemagne, l'Espagne, le Portugal, la France de Vichy chère à une certaine Église) ; la troisième révolution conservatrice est née dès le lendemain de la Seconde Guerre mondiale autour du livre de Russell Kirk (1918-1994), *The Conservative Mind : From Burke to Eliot* [L'esprit conservateur : de Burke à Eliot], dans lequel le politologue américain catholique entendait donner des assises nouvelles au néoconservatisme afin de rompre avec la nostalgie de l'Ancien Régime, jugée déjà beaucoup trop franco-européenne... Ce thème sera repris par Friedrich August von Hayek dans son fameux article « Pourquoi je ne suis pas conservateur ? »... Cette troisième révolution conservatrice triomphera avec Pinochet, Reagan, Thatcher, Sarkozy, etc.

L'Église de François traduit dans le champ catholique la victoire de cette troisième révolution conservatrice qui l'oblige à être moins « conservatrice » dans certains domaines (comme le style de communi-cation). François veut donc réformer beaucoup de choses pour sauver l'Église et son pouvoir et même tenter de regagner certaines positions au sein de la société. Nous aurions tort d'imaginer que cette stratégie oppose deux camps tranchés, au sens où non seulement les frontières restent mouvantes selon les questions mais au sens aussi où chaque prélat est lui-même divisé, partagé... On ne change pas aussi facile-ment une institution vieille de 2 000 ans surtout lorsque cela risque de remettre en cause certains avantages matériels conséquents. François reprend ainsi le combat de Benoît XVI et de Jean-Paul II pour mettre de l'ordre dans les comptes de l'Église et les soumettre à des principes de comptabilité et de gestion que la moindre association loi 1901 pratique. La gestion du Vatican est une véritable gabegie avec des dépenses non contrôlées, avec une absence totale de gestion prévisionnelle, avec l'ab-sence de devis, etc. François affirmait ainsi devant la COSEA en juillet 2013 : « On peut dire, sans exagération qu'une large part des dépenses est hors de contrôle [...]. Le nombre des employés s'est trop accru. Cette situation engendre un gaspillage d'argent considérable [...]. Il faut aller plus loin dans le travail de clarification de l'origine des dépenses et des formes de paiement. Il faut donc prévoir un protocole allant du devis au paiement. Un des responsables m'a dit : "Quand les gens viennent nous présenter une facture, il faut bien payer". Eh bien non, on ne paie pas. Si des travaux ont été faits sans devis, sans autorisation, on ne paie pas... » Le pape insiste même sur des « détails » en recommandant de demander trois devis pour un même projet et surtout de lire les petites lignes, « les alinéas, c'est cela qu'on dit, je crois ? », avant de prendre des décisions[32]. Que François veuille engager une réforme comptable de cette nature est certes notable, mais cela n'en fait strictement en rien un pape « révolutionnaire » !

François s'en prend aussi à certains signes ostentatoires de richesse des princes de l'Église et notamment déjà à la taille de leur appartement : « Mgr de Paolis, cardinal et préfet émérite de l'APSA, dispose de 445 m^2, un taudis similaire à celui du cardinal et préfet émérite de la Congrégation pour les instituts de vie consacrée et les sociétés de vie apostolique, Mgr Franc Rodé, ou celui du très traditionaliste Mgr Burke (417 m^2). Un peu plus que les 356 m^2 du cardinal et président du Conseil pontifical pour la promotion de l'unité des chrétiens, Mgr Kurt Koch, certes, un peu moins que les 500 m^2 du cardinal et préfet de la Congrégation pour les évêques, Mgr Ouellet [...]. Ces cardinaux nécessiteux règlent en général des loyers annuels symboliques : 29 euros par an, en plein cœur de Rome. »[33] Mes amis de la revue catho *Golias* se félicitent du choix de François d'habiter un appartement modeste de 70 m^2 mais cela n'en fait nullement un pape « révolutionnaire », ni même un pape « progressiste » au sens du xxe siècle !

François entend aussi remanier profondément les structures de la Curie et leur fonctionnement, lequel est, parfois, plutôt... surprenant. La commission créée dans ce but en juillet 2013 et dénommée « commission sur les structures économiques et administratives du Saint-Siège » fut dissoute six mois plus tard alors que François avait pris la sage précaution de n'y nommer que des laïques, à l'exception de Mgr Balda, secrétaire depuis 2001 de cette préfecture des Affaires économiques (lequel a été arrêté en novembre 2015 par la gendarmerie du Vatican dans le cadre de la deuxième affaire Vatileaks). Réformer les structures du Vatican ne fait cependant pas de François un pape sympathique mais

---

32. Gino Hoel, « La guerre de la Curie contre le pape François », dans *Golias-Hebdo*, n° 407, semaine du 12 au 18 novembre 2015.
33. *Id., ibid.*

un pape plus efficace, sachant notamment tirer les leçons des conseils en management que l'Église achète d'ailleurs très chers auprès des principaux groupes capitalistes de conseil en management (cf. *infra*). François ne réforme pas l'Église pour en faire une Église pauvre au service des pauvres, il réforme l'Église pour lui permettre de passer le mauvais cap actuel et la mettre en état de remporter sa part de marché du retour du religieux.

La garde rapprochée de François : un quarteron de *monsignori*

Le pape ne semble d'ailleurs pas pressé de réformer la Curie pour la simple raison qu'il a instauré une petite Curie parallèle qui lui est totalement soumise et fidèle, composée pour l'essentiel de religieux argentins et maltais... ce qui incommode naturellement les Italiens, habituellement destinataires de ces postes mais aussi certains prélats. Ainsi le cardinal archevêque de New York, Timothy Dolan, ne cache pas sa déception : « Nous voulions un pape qui ait de bonnes aptitudes à la gestion et au commandement et, jusqu'à maintenant, nous n'avons pas encore vu grand-chose. »

Cette Curie parallèle est composée d'une dizaine d'hommes. Citons simplement le Maltais Alfred Xvereb, ancien second secrétaire de Benoît XVI, et Fabian Pedacchio Leaniz, une créature de Mgr Giovanni Battista. Ces hommes de l'ombre exécutent les ordres de François mais ce dernier a ses propres conseillers ou hommes liges sur lesquels il sait pouvoir compter : les cardinaux Oscár Maradiaga, Lorenzo Baldisseri, Claudio Hummes et l'archevêque Filippo Santoro qui officient aux côtés du cardinal Pietro Parolin.

Mgr Pietro Parolin est le bras droit officiel de François depuis qu'il l'a nommé secrétaire d'État du Vatican. Formé à l'école des nonces (ambassadeurs) de l'Église (Académie pontificale ecclésiastique), il est un homme de l'ombre, spécialisé dans les affaires les plus sensibles comme la guerre du Golfe, le traité de non-prolifération des armes nucléaires, la Corée du Nord, le Moyen-Orient, etc. On a interprété son envoi au Venezuela par Benoît XVI, en 2009, en tant que nonce apostolique, comme une relégation, voire une sanction. Cette hypothèse sous-estime la menace que représente aux yeux du Vatican le renouveau du socialisme du XXIe siècle dans les pays d'Amérique du Sud : l'Église entend y défendre ses intérêts et empêcher un réveil des théologies de la libération prenant appui sur les révolutions bolivariennes en cours. Benoît XVI l'élèvera d'ailleurs à cette occasion à la dignité d'archevêque. Pietro Parolin adopte alors comme devise « Qui pourra nous séparer de l'amour du Christ »… sous-entendu sans doute pas le socialisme du président Chávez ! Le Venezuela voulait renégocier le concordat existant avec le Vatican et dénonçait l'immixtion de la hiérarchie de l'Église dans les affaires du pays, y compris en accueillant un leader contestataire, étudiant réfugié à l'ambassade. Le président Chávez, jamais avare d'un bon mot, lui qui traite habituellement les *monsignori* d'« hommes des cavernes » et de « troglodytes », déclare en l'accueillant : « Vous avez à faire un exorcisme dans le bureau du Vatican à Caracas. » Pietro Parolin passera une série de compromis avec le pouvoir. Les négociations (encore) en cours ne portent pas d'ailleurs sur le seul Venezuela mais sur l'ensemble des pays impliqués dans l'Alliance bolivarienne qui regroupe les pays socialistes d'Amérique latine. François a appelé Pietro Parolin à ses côtés en août 2013 et l'a fait cardinal en février 2014. Il est chargé de porter la parole du pape y compris lorsqu'il déclare lors d'une cérémonie en l'honneur du fondateur de l'Opus Dei : « Il [le pape] souhaite que le précieux exemple de la vie sacerdotale de saint Josemaría, précurseur du concile de Vatican II lorsqu'il propose l'appel universel à la sainteté, éveille chez tous les fidèles de la grande famille de l'Opus Dei une certitude », y compris lorsqu'il juge que le vote des Irlandais en faveur du mariage homosexuel serait une « défaite pour l'humanité », justifiant ces mots inacceptables en avouant qu'ils étaient ceux du pape lui-même (sic).

Monseigneur Lorenzo Baldisseri était beaucoup moins connu du grand public jusqu'au jour de l'élection du pape. Le premier geste de François est en effet de retirer sa propre calotte rouge parme et de la placer sur la tête de celui qui remplissait alors la fonction de secrétaire du conclave, faisant ainsi de l'archevêque un cardinal ou, selon ses propres mots, « Tu es cardinal à moitié », puisque manquait encore l'acte officiel de nomination. Ce « cardinal à moitié » apparaît pourtant étrangement sur le balcon aux côtés du pape, en portant toujours ostensiblement la calotte transmise par François. Ce « cardinal à moitié » saura également imposer sa présence lors d'une réunion feutrée organisée dès le lendemain de l'élection pour les cardinaux en titre… Les spécialistes rappellent que loin d'être une tradition, il n'existe qu'un seul autre cas dans l'histoire, lorsque Jean XXIII, à peine élu, remit sa propre calotte à Alberto di Jorio, également secrétaire du conclave qui venait de le désigner.

Monseigneur Lorenzo Baldisseri est en fait un homme d'appareil qui a d'abord fait sa carrière dans la diplomatie vaticane, puis qui a été nommé par Benoît XVI secrétaire de la Congrégation pour les évêques, c'est-à-dire que c'est lui qui avait la responsabilité centrale de préparer la nomination des évêques. François lui a confié aussi depuis la responsabilité du difficile synode sur la famille d'octobre 2015. Lorenzo Baldisseri comptait aussi au rang des prélats présents (il était alors sur place en tant que nonce apostolique c'est-à-dire d'ambassadeur du Vatican) lors de la fameuse rencontre d'Aparecida... Ce monseigneur fut toujours l'homme des missions difficiles de l'Église ; ainsi, c'est lui qui sera chargé de rétablir le prestige bien terni de l'Église à Haïti, où la hiérarchie épiscopale prenait position contre les revendications populaires, alors que le peuple de l'Église se reconnaissait dans les théories de la libération et créait des communautés de base. L'histoire de l'Église haïtienne permet de comprendre ce qui se joue sous la notion d'Église populaire. La conférence épiscopale haïtienne du 29 août 1987 mit ouvertement en garde contre la notion d'Église populaire, chère alors au père Aristide, pas encore président de la République, mais fervent adepte des théologies de la libération : « L'Église ne naît pas du peuple, si l'on donne au mot "peuple" un contenu purement politique, en le réduisant à certaines couches de la population à l'exclusion de certains groupes considérés comme n'appartenant pas au peuple. On introduit alors nécessairement dans l'Église la lutte des classes, l'acceptation de la violence et une certaine radicalisation politique. » Les évêques ajoutèrent même que « l'Église populaire opposée à l'Église présidée par ses pasteurs légitimes [...] est une "déviation" à combattre ». Les conséquences seront hélas tragiques : non seulement les évêques creuseront davantage le fossé entre la hiérarchie de l'Église et le peuple mais ils désigneront le père Aristide, porte-parole de l'Église populaire, comme une cible privilégiée. Plusieurs tentatives d'attentats contre lui-même et d'autres prêtres « rouges » échoueront, jusqu'à l'incendie de l'Église Saint-Jean-Bosco lors d'une cérémonie organisée par Aristide, qui fera 12 morts et des dizaines de blessés... Dès son élection comme président de la République de centre gauche, le père Aristide subira une tentative de coup d'État organisé par l'ancien chef des « tontons macoutes » avec la complicité de l'archevêque de Port-au-Prince, Mgr Ligondé, oncle de l'ex-femme du dictateur Duvalier[34]. Un demi-million de manifestants en provenance des quartiers populaires empêcheront le succès du putsch. Le peuple en colère se retournera alors contre l'Église : la cathédrale et le siège de la conférence épiscopale seront incendiés alors que Mgr Ligondé sera contraint de se cacher. La foule mettra à sac la résidence du nonce apostolique et l'humiliera en le déshabillant publiquement. La foule reprochait notamment à Mgr Ligondé d'avoir, dans son sermon du 1er janvier 1991, légitimé a priori le coup d'État qui allait venir. Vieille histoire ? Pas si sûr ! Mgr Ligondé est décédé le 8 avril 2013. La cérémonie religieuse a eu lieu en présence du nonce apostolique Bernardito Auza. Dans son homélie, Mgr Guire Poulard, a fait l'éloge de l'ancien archevêque de Port-au-Prince qui, dit-il, était un humaniste et un philanthrope hors du commun... !

Monseigneur Óscar Andrés Rodríguez Maradiaga est le premier ministre bis de François. Sa biographie présente les mêmes ombres que celle du pape et ses positions qui semblent fort sympathiques s'assombrissent à l'examen. Mgr Maradiaga a été déjà deux fois *papabili* (« pape pressenti ») malgré son jeune âge et il pourrait bien succéder à François. Le pape l'a chargé notamment de diriger le C9, le groupe des neuf cardinaux chargés de conseiller le pape sur la réforme de la Curie et de présider, en octobre 2015, le dernier concile sur la famille. Óscar Maradiaga est dénoncé pour son attitude à l'égard d'un coup d'État militaire, en l'espèce celui du 28 juin 2009 au Honduras, qu'il a soutenu publiquement malgré les dizaines de morts, les milliers d'arrestations, l'usage de la torture et la fermeture des médias contestataires, comme Radio Progreso animée par des pères jésuites, ce qui lui a valu le surnom de *Cardenal Golpista* (« cardinal putschiste ») peint en grandes lettres noires sur les murs d'établissements religieux. Maradiaga a aussi joué un rôle majeur dans la reddition de la théologie de la libération en 2007 puisque c'est lui qui a aidé Bergoglio et Santoro à rédiger le document final. Óscar Maradiaga passe pourtant pour être un anticapitaliste convaincu, un adversaire résolu du libéralisme, proposant, par exemple, d'annuler partiellement les dettes de 18 pays pauvres. Óscar Maradiaga passe pour être un ami des pauvres au point qu'on le présente contre un continuateur des théologies de la libération, alors qu'il en fut l'un des principaux fossoyeurs. Il ne cache pas son caractère réactionnaire en matière de mœurs allant jusqu'à soutenir

---

34. Paul Ariès, *La Scientologie, laboratoire du futur ? Les secrets d'une machine infernale*, Villeurbanne, Golias, 1997.

que « l'utilisation du préservatif n'empêche pas du tout la transmission du sida ». Mgr Maradiaga devait être fait docteur honoris causa de l'université catholique de Paris, en 2009, le même jour que le très catholique Michel Camdessus, ancien patron du FMI, responsable du capitalisme globalisé. Une mobilisation internationale a permis de suspendre ce funeste projet. Ce sont ainsi ceux qui ont vaincu la théologie de la libération qui se présentent aujourd'hui comme les héritiers du mouvement, afin de mieux occuper le terrain et d'empêcher, dans les faits, toute nouvelle hérésie révolutionnaire. Mgr Maradiaga est encore aujourd'hui patron de Caritas international.

Monseigneur Filippo Santoro est cet archevêque italien, véritable tombeur de la théologie de la libération lors de la convention d'Aparecida, membre important de Communion et Libération qu'il dirigera en Amérique du Sud, nommé archevêque métropolitain de Tarente par Benoît XVI. On se souvient que c'est lui qui fut chargé par François de définir les nouveaux modes de vie conformes à sa nouvelle théologie de la pauvreté et de l'écologie. Je reparlerai plus loin de son mouvement Communion et Libération.

Nous avons déjà cité Mgr Claudio Hummes, celui qui souffla indirectement le nom de François au futur pape, préfet de la Congrégation pour le clergé, c'est donc lui qui gouverne les 408 000 prêtres catholiques. Ce prince de l'Église ne cesse d'affirmer que « l'Église ne fonctionne plus » qu'« elle a besoin d'une réforme de ses structures ». Proche des pauvres, puisqu'il avait créé une pastorale de la rue pour les sans-abri, il combat les théologies (politiques) de la révolution et mise sur le renouveau charismatique pour combattre les évangélistes en utilisant les mêmes moyens qu'eux.

Le pape François est donc aussi réactionnaire que ses prédécesseurs sur le plan des mœurs (mariage, contraception, avortement) et ce n'est pas par hasard que c'est sous son pontificat que des foules chrétiennes, notamment françaises, ont marché contre l'égalité des droits et la remise en cause des clichés sexistes. Le pape François peut cependant bénéficier de l'air du temps pour passer d'autres thèmes rétrogrades, ce que ne pouvaient pas se permettre ses prédécesseurs compte tenu d'un rapport de force idéologique beaucoup moins favorable. L'Église est une vieille dame qui a souvent su choisir les bons hommes au bon moment en tenant compte des circonstances et des potentialités différentes.

Les réseaux du pape

Malgré le dogme de l'infaillibilité papale qui proclame que l'évêque de Rome ne peut se tromper lorsqu'il s'exprime *ex cathedra* en matière de foi ou de morale et malgré la puissance de la Curie, la gestion de l'Église est une affaire collective à laquelle participent de nombreux mouvements, obédiences et ordres. Non pas au sens où le Vatican serait régi par la démocratie mais par des intrigues, des coups tordus, des rapports de force, des jeux d'alliance qui se font et se défont au gré de situations et d'opportunités souvent bien terrestres. Ces gros bataillons de l'Église qui ont aujourd'hui le vent en poupe ne sont plus ceux des siècles passés, y compris du XXe siècle, avec l'Action catholique. Quels sont les réseaux sur lesquels peut prendre appui François pour gouverner l'Église ?

Le pape François et Communion et Libération

Benoît XVI était connu pour sa proximité idéologique avec le mouvement ultraconservateur Communion et Libération (Comunione e Liberazione) fondé en 1954 par don Luigi Giussani (1922-2005) afin de concilier foi, engagement économique et social mais aussi politique, mouvement qui connaîtra un grand essor après Mai 68 en réaction aux idéaux marxistes. Ratzinger avait d'ailleurs tenu à présider les funérailles du fondateur de Communion et Libération, qui devrait bientôt être canonisé (le procès est en cours).

Le pape François est aussi très proche de Communion et Libération au point que le *National Catholic Reporter* parlait d'« une des allégeances du pape François » qui pourrait bien nous renseigner sur le devenir de l'Église. Non seulement l'évêque Bergoglio intervenait régulièrement au grand meeting de Rimini mais faisait même la promotion du livre de Luigi Giussani. Les *ciellini* (membres de Communion et Libération) ont été pourtant longtemps les adversaires les plus résolus des jésuites et notamment du cardinal jésuite de Milan, Carlo Maria Martini (1927-2012), lequel estimait que l'Église avait « deux cents ans de retard » et que les courants progressistes souhaitaient voir élu pape.

Communion et Libération est, comme les autres nouveaux gros bataillons de l'Église catholique, une organisation ultraconservatrice et très autoritaire. Communion et Libération procède ainsi à une véritable idéalisation du Moyen Âge considéré comme une période bénie car d'unité profonde entre la foi et la vie. Luigi Giussani soutenait ainsi que l'homme médiéval était l'être humain idéal. Communion et Libération rejette la philosophie des Lumières et condamne le modernisme et l'attitude d'ouverture au monde mais sans faire montre d'anti-intellectualisme, ce qui lui a permis d'être présent dans le monde universitaire. Communion et Libération organise chaque année le grand meeting de Rimini qui réunit environ 700 000 personnes et qui a reçu (à quatre reprises) le cardinal Ratzinger devenu le pape Benoît XVI, Jean-Paul II, l'évêque argentin Bergoglio, devenu le pape François, mais aussi Silvio Berlusconi, Mario Monti, Tony Blair, Lech Walesa... Et, à un niveau infiniment plus modeste, moi-même, curieusement invité à faire une conférence contre la « McDonaldisation » et la malbouffe (sans savoir où je mettais les pieds).

L'Église de Rome sait pouvoir compter sur ce mouvement, comme en 1974, lorsque le Vatican lui confia le combat contre la loi instaurant le divorce en Italie, alors que les autres courants, notamment les diocèses, rechignaient. Communion et Libération édita alors un curieux document de huit pages, « À propos du divorce », tiré à près d'un million d'exemplaires, et qui qualifiait le divorce de « réforme bourgeoise » (sic), prose symptomatique de sa volonté de brouiller les repères et de ne pas passer pour un mouvement conservateur.

Communion et Libération saura toujours retourner contre la gauche son vocabulaire, ses formes d'action, son savoir-faire en matière d'agit-prop. Le mouvement revendique d'ailleurs ouvertement ce mimétisme en expliquant qu'il s'agit bien d'emprunter les structures de la gauche mais d'apporter une autre âme. Communion et Libération est une force religieuse, politique, financière. Le mouvement Communion et Libération est souvent accusé d'être une « Église dans l'Église » (*Chiesa netta Chiesa*) en raison de sa stratégie de conquête du pouvoir au détriment des autres mouvements de l'Action catholique et des paroisses. Il compte une demi-douzaine d'évêques et de très nombreuses institutions. Cette organisation de laïques est ainsi devenue la plus importante en Italie puisqu'elle compte environ 120 000 membres dont 90 000 dans la seule péninsule.

Communion et Libération est aussi parfois nommé par dérision « Communion et Facturation » en raison de sa puissance économique considérable estimée à environ 5 % du PIB italien avec un réseau de 34 000 entreprises commerciales et industrielles, plus de 1 000 organisations dans le secteur associatif.

Communion et Libération est, avec l'Opus Dei, le principal instrument d'intervention de l'Église dans le domaine politique, mais alors que l'Opus Dei vise à convaincre les puissants, Communion et Libération cherche à créer un grand parti populaire. Communion et Libération est donc conçu avant tout pour faire de la politique, de la Démocratie chrétienne à Forza Italia par le biais de divers mouvements. Ainsi Mario Mauro, élu sur les listes de Forza Italia de Berlusconi, vice-président du Parlement européen (2004-2009), ministre de la Défense du gouvernement Letta au titre du mouvement Choix civique qu'il quitta en 2013 pour fonder Les Populaires pour l'Italie est un membre éminent de Communion et Libération. Il avait même été un candidat sérieux à la présidence du Parlement européen élu en 2009 malgré (grâce à ?) ses prises de positions musclées contre la « christianophobie » de l'Europe. Communion et Libération souffre aujourd'hui de l'explosion du parti de Berlusconi et des scandales qui concernent certains de ses dirigeants. Ainsi le mégalomaniaque Roberto Fornigoni, qui fit construire la plus haute tour d'Italie pour y installer ses bureaux, lorsqu'il présidait la Lombardie (entre 1995 et 2012) a été contraint à la démission car accusé d'escroquerie et de détournement de fonds publics. Il fut aussitôt recasé comme président de la commission parlementaire de l'agriculture, avant d'être, de nouveau, inculpé dans un autre scandale financier concernant cette fois la fondation Maugeri. Les mauvaises langues estiment les cadeaux dont il aurait bénéficié à neuf millions d'euros et les détournements de fonds à 70 millions d'euros.

Communion et Libération est donc obligé de se faire plus discret et de choisir comme successeur à don Luigi Giussani un Espagnol, don Julián Carrón. Communion et Libération n'était pas également officiellement parmi les organisateurs de la grande Manif pour tous qui a mobilisé à Rome un million de personnes pour défendre la « famille traditionnelle », mais on retrouve curieusement, parmi les organisateurs, le sénateur Roberto Fornigoni d'Area popolare (auto-identifié comme mouvement de centre droit) ! Le pape François s'est également abstenu de participer directement à cette manifestation (spontanée ?) mais a cependant profité de ce rassemblement pour dénoncer « les colonisations idéologiques qui empoisonnent la famille ».

Le pape François ne fera rien cependant contre la pieuvre Communion et Libération, malgré les scandales politico-financiers qui s'accumulent, en raison de son poids religieux, économique et politique mais aussi idéologique. Communion et Libération est un laboratoire d'idées essentiel pour François, même si cette influence n'est pas revendiquée ni même systématique. C'est pourquoi, le pape François a rencontré le 7 mars 2015, place Saint-Pierre, plus de 80 000 membres du mouvement à l'occasion du soixantième anniversaire de sa naissance et du dixième anniversaire de la mort de son fondateur. Communion et Libération est ainsi d'autant plus à l'aise avec les condamnations du « capitalisme sauvage » par le pape François, qu'on peut être certain que c'est davantage ce mouvement qui lui a passé les codes de cette critique que les théologies de la libération. Communion et Libération dénonçait, en effet, bien avant François, le capitalisme international, le capitalisme financier et le « pouvoir » qui le manipule. Communion et Libération accusa longtemps la Démocratie chrétienne d'avoir laissé se développer le « néocapitalisme » au détriment de la chrétienté : « Le capitalisme trouve son origine dans la mise entre parenthèses du fait vivant qui est l'Église en tant que corps du Christ. »

Communion et Libération fournit aujourd'hui d'autres notions essentielles qui sont reprises immédiatement par le pape François et les écolos-cathos. Ainsi Roberto Fontolan, directeur du Centre international de Communion et Libération (au congrès international sur la mission des mouvements ecclésiaux et des nouvelles communautés dans la formation et la diffusion de la foi, organisé le 16 mai 2013 à l'université pontificale Regina Apostolorum, à Rome), explique que « la crise actuelle, en effet, avant même d'être une crise religieuse est une crise anthropologique ». Communion et Libération entend aussi imposer, notamment à l'Europe, la question de la « christianophobie ».

Le pape François et les légionnaires du Christ

Pervers sexuel, pédophile, psychopathe, morphinomane, spécialiste des pots-de-vin, faussaire, plagiaire, usurpateur d'identité, menteur, manipulateur, intrigant, escroc, voleur, criminel, coupable d'inceste, voici quelques-uns des chefs d'inculpation à l'encontre de Marcial Maciel (1920-2008), fondateur de l'une des congrégations les plus puissantes de l'Église catholique actuelle : les légionnaires du Christ avec lesquels j'ai dû batailler longuement lorsque je travaillais sur la question des sectes et des manipulations mentales[35].

---

35. Paul ARIÈS, *La Scientologie, laboratoire du futur ? Les secrets d'une machine infernale*, Villeurbanne, Golias, 1997.

Cette organisation d'extrême droite a longtemps été protégée par l'Église de Rome, notamment par les papes Jean-Paul II et Benoît XVI. Son fondateur a été blanchi à l'issue d'enquêtes menées à décharge ; arrêté par la police pour détention de drogue, il est libéré à la demande de l'Église. Il aura ainsi fallu attendre quarante-huit ans après les premières accusations pour que l'Église soit obligée de reconnaître l'infamie de l'un de ses dignitaires et accepte de lui retirer, le 19 mai 2006, ses prérogatives pastorales ! Ce chef tout-puissant sera condamné à une suspension *a divinis*.

La Légion du Christ a, durant des décennies, accusé tous ceux qui clamaient la vérité (et souvent leurs souffrances) d'être des calomniateurs, des suppôts de Satan, bref, elle a fait bloc autour de son chef bénéficiant d'un culte insensé. Depuis, le Vatican a bien été obligé de reconnaître que Marcial Maciel n'était pas le seul criminel pédophile au sein de cette toute-puissante organisation. La question de la dissolution de ce mouvement a donc été posée ouvertement mais le Vatican a choisi de conserver ce bras armé de la *reconquista*. Le mouvement a été simplement mis provisoirement sous la tutelle d'un émissaire spécial du pape, le cardinal Velasio de Paolis, mais ces scandales à répétition n'ont pas empêché le pape François de saluer solennellement « la communauté des légionnaires du Christ et ses nouveaux prêtres » à la fin de l'année 2014 : 35 nouveaux prêtres légionnaires du Christ ont même été ordonnés ! Le délégué du pape a fait à cette occasion un discours hallucinant, inversant victimes et coupables : « Vous avez beaucoup souffert. Vous avez souffert la honte d'être accusés, regardés avec suspicion, exposés à l'opinion publique, aussi à l'intérieur de l'Église. Vous avez su accepter cette souffrance [...] par amour de l'Église et de la Légion. » Les crimes de Marcial Maciel et de quelques autres ne sont pas seulement des fautes personnelles mais les conséquences d'un mode de fonctionnement et sans doute aussi d'une certaine idéologie. Ce traitement très spécial de l'affaire a provoqué la colère de nombreuses victimes des crimes pédophiles. L'une d'elles, le Français Xavier Léger, interrogé par l'AFP, déclare : « Ce mea culpa interdit aux membres d'aller dans les détails [des crimes]. Il leur intime : désormais vous n'avez plus le droit de chercher la vérité [...]. Ce qui s'est passé pendant un mois et demi, c'est du toilettage. On a refait la façade. Ce chapitre a été la ratification d'un processus orchestré en amont » au Vatican, pour sauver une congrégation puissante, « une secte irréformable », d'une possible dissolution, s'insurge-t-il. Je comprends la colère de ces victimes lorsque j'apprends que le pape François a nommé le père Fernando Vérgez Alzaga, légionnaire du Christ bien connu, secrétaire général du gouvernorat (gouvernement) du Vatican et l'a élevé à la dignité d'évêque. Rome n'entend donc pas se passer de ce mouvement malgré son très lourd passif.

C'est que la Légion contrôle l'agence de presse Zenit chargée de la communication du Vatican en six langues et qu'elle gère 12 universités. La plus importante est celle de Francisco de Vitoria dans la banlieue de Madrid, sans compter la prestigieuse université Regina Apostolorum de Rome chargée notamment de la formation des exorcistes dont François raffole aujourd'hui. Les légionnaires du Christ sont considérés par Rome comme le fer de lance de l'Église catholique contre les « nouveaux mouvements religieux ». Il s'agit en quelque sorte de copier au profit de l'Église ce qui fonctionne bien ailleurs. C'est là que nous retrouvons Massimo Introvigne, le grand défenseur des sectes, qui a longtemps réfuté les accusations de pédophilie contre Marcial Maciel, qui explique aujourd'hui qu'il s'agit d'un complot contre l'Église. Ce personnage central de la *reconquista* enseigne dans les universités des légionnaires du Christ et de l'Opus Dei et est délégué général de l'Alliance catholique (Alleanza cattolica), un parti politique d'extrême droite qui prône, bien sûr, la doctrine sociale de l'Église et, n'en doutons pas, sera, bientôt, un chantre de l'écologie. Cette carte de visite chargée ne l'a pas empêché (à moins qu'elle ne le lui ait permis) d'être le représentant officiel de l'Organisation pour la sécurité et la coopération en Europe (OSCE), en charge de la lutte contre « le racisme, la xénophobie et la discrimination », spécialement la discrimination « contre les chrétiens et les membres d'autres religions ».

Les légionnaires du Christ, véritables champions de l'anticommunisme et de l'antisocialisme, sont prêts à épauler toutes les opérations du pape François qui vont dans le sens d'un catholicisme toujours plus intransigeant. Ainsi le P. Eduardo Robles Gil, nouveau Supérieur général de la congrégation, vient d'annoncer que la Légion allait reprendre toute sa place pour participer aux missions d'évangélisation, notamment auprès des établissements scolaires. Ces légionnaires du Christ ne sont pas des jésuites et ils ont leur propre interprétation de l'écologie et de l'option préférentielle pour les pauvres.

Le pape François et l'Opus Dei

Les catholiques progressistes mais aussi les athées qui espéraient que le pape François prenne au moins ses distances avec l'Opus Dei vont être très déçus[36]. Le prélat de l'Opus Dei, Mgr Javier Echevarria, rappelle, en effet, que le pape a toujours su travailler avec les fidèles de l'Opus Dei et qu'il a profité d'un voyage à Rome, alors qu'il était encore archevêque de Buenos Aires pour se recueillir durant quarante-cinq minutes sur la tombe du sinistre Josemaría Escrivá de Balaguer. La nomination de François a été « accueillie avec une joie profonde » par l'Opus Dei. Ce n'est cependant pas la première fois que la gauche prend certains proches de l'Opus Dei pour des canards sauvages comme elle le fit lors de l'assassinat de Mgr Óscar Romero car ce crime mettait en cause son analyse. Le journal *L'Humanité* du 6 février 2015 titre, trente-cinq ans après le drame, sur « Mgr Romero martyr des pauvres » afin de justifier son admiration béate pour le pape François alors que l'Opus Dei revendique avec raison Mgr Romero. L'archevêque de San Salvador a, certes, été assassiné, le 24 mars 1980, par les « escadrons de la mort » financés par la CIA mais il n'était en rien un théologien de la libération ami des pauvres, mais un ultraconservateur. Le jour même de son assassinat, il assistait à une retraite organisée par l'Opus Dei. L'Église béatifiera de façon expresse Mgr Óscar Romero en élargissant pour cela la qualification de martyr réservée traditionnellement aux chrétiens qui meurent « par haine de la foi » (*in odium fidei*) et non pour des motifs politiques. L'Opus Dei avait besoin de cette béatification d'un de ses proches pour mieux légitimer sa propre option préférentielle pour les pauvres. Cette même Église s'est abstenue de béatifier les autres prêtres assassinés en Amérique du Sud ou ailleurs lorsqu'ils défendaient des idées révolutionnaires.

L'Opus Dei s'est félicitée de la volonté de l'Église de reprendre la main politiquement, notamment avec l'organisation des manifestations contre l'égalité des droits devant le mariage ou ailleurs contre l'avortement.

L'Opus Dei reste un acteur essentiel des mobilisations sociétales dans le domaine des mœurs (avortement, mariage pour tous) mais aussi dans celui de l'écologie. Elle n'hésite pas à mettre ses structures au service de ces combats et à faire circuler les méthodes d'agit-prop dans le but de

---

36. Christian TERRAS, *Opus Dei, Enquête au cœur d'un pouvoir occulte*, Villeurbanne, Golias, 2006.

créer une sorte d'internationale activiste religieuse dont la France offre un bon exemple.

Ludovine de La Rochère, véritable dirigeante de la Manif pour tous, ancienne attachée de presse de la conférence des évêques de France, chargée de communication de la fondation Jérôme-Lejeune, fille du baron Armand Mégret d'Étigny de Sérilly, nièce par alliance de Bertrand Dutheil de La Rochère, vice-président du Rassemblement Bleu Marine, a été reçue solennellement par le pape François, le 12 juin 2014, dans la maison Sainte-Marthe à Rome, où elle avait été invitée à participer à sa messe privée. J'ignore, bien sûr, ce qu'ils ont pu échanger mais Ludovine de La Rochère est de tous les mauvais coups... C'est elle qui représente cette Église réactionnaire lors du congrès de l'UOIF (Union des organisations islamiques de France) en vue d'organiser un front des religions conservatrices en guerre contre la destruction de la « famille traditionnelle », c'est elle encore qui répond présente lors de la convention organisée en Espagne par l'Association des catholiques propagandistes dans laquelle se côtoient notamment des membres de l'Opus Dei, des légionnaires du Christ et de Communion et Libération. Ludovine de La Rochère a partagé à cette occasion la tribune avec Isabel Tocino, ex-ministre du gouvernement Aznar, dirigeante d'une grande banque d'affaires et membre de l'Opus Dei. Selon cette dernière, l'avortement serait la « méthode contraceptive des jeunes » et « cause de l'atroce crash démographique ». La présidente de la Manif pour tous explique doctement : « On dit qu'il y a plusieurs types de familles et que c'est merveilleux, mais c'est complètement faux ! »[37]

Ludovine de La Rochère est aussi intervenue au profit de l'association catholique ultraconservatrice *Hazte Oír* (Fais-toi entendre). Cette association est proche des milieux d'extrême droite nord-américains. Elle entretiendrait aussi des relations avec la Yunke mexicaine, organisation secrète d'extrême droite fondée dans les années 1950 et qui milite pour « la défense de la religion catholique et la lutte contre les forces de Satan ».

L'Opus Dei met également sa puissance au service de la nouvelle encyclique *Laudato si'*. L'actuel prélat de l'Opus Dei explique que la spiritualité du travail de l'Opus Dei est « une des clés de lecture les plus efficaces pour saisir en profondeur la portée de cette belle encyclique *Laudato si'* et surtout pour répondre aux défis – optimistes, mais résolument réalistes –

---

37. Les ethnologues ont établi qu'existent de multiples conceptions de la famille. Nous savons ainsi que la famille africaine n'est pas la nôtre.

qu'elle lance ». Les étudiants de l'Opus Dei, issus de plus de 200 universités du monde entier, se sont donc retrouvés, lors de la quarante-septième édition de leur Forum UNIV, pour travailler sur le sujet « Écologie de la personne et de son environnement » et se sont engagés solennellement auprès du pape à propager ses idées dans ce nouveau front religieux. Ils ont d'ailleurs été reçus en audience générale par le Saint-Père. L'Opus Dei revendique également sa proximité avec la théologie de la pauvreté et même une sorte de paternité sur la notion de périphérie utilisée par François. L'Opus Dei déclare enfin se retrouver pleinement dans le combat du Saint-Père en faveur des femmes : « Ce n'est pas un sujet nouveau car, de fait, le développement même de l'Église a toujours été profondément soutenu par les femmes. Concernant l'Opus Dei, la femme a toujours été considérée comme ayant un rôle central à jouer dans la vie de l'Église. »

Le pape François ne rompt donc pas avec la tradition de ses prédécesseurs. En 1982, l'Église catholique accorde à l'Opus Dei le statut de prélature personnelle. Cela signifie que sa juridiction ne s'étend pas sur un territoire (comme pour un évêché) mais sur des personnes. Le diocèse de l'Opus Dei est d'ailleurs rattaché directement au pape. Son prestige résulte également de la béatification (1992) et de la canonisation (2002) expresses de Josemaría Escrivá de Balaguer par Jean-Paul II. Le credo de l'Opus Dei est la réconciliation de l'Église avec le capitalisme, un capitalisme certes moralisé, mais quel capitaliste ne soutient pas la même thèse et ne combat pas le capitalisme sauvage au nom de l'intérêt général ? L'Opus Dei a toujours été du côté des puissants, y compris des dictatures, par exemple sous Franco (en Espagne) et sous Pinochet (au Chili) au nom, bien sûr, de son « amour des pauvres » et de sa « spiritualité du travail » (sic). Comme le clame Rafael Alvira, dirigeant de l'Opus Dei, « l'entrepreneur est l'aristocrate des temps modernes, avec les obligations et les contraintes de toute aristocratie » ; on croirait presque entendre un membre de Tradition Famille Propriété (TFP). La grande victoire de l'Opus Dei reste incontestablement, dans ce domaine, l'encyclique *Centesimus annus* par laquelle Jean-Paul II signait le ralliement de l'Église à l'économie de marché... et que François n'a pas remis en cause !

Le libéral (mais non catholique) Guy Sorman, bien qu'il ait enseigné à l'université pontificale catholique du Chili, défend bec et ongles l'Opus Dei et son évangile de la richesse. Il explique (non sans raison d'ailleurs) que « les ennemis de l'œuvre se trouvent être aussi des ennemis du capitalisme ». Il développe sa thèse : « Les défenseurs du capitalisme en espéreraient une remoralisation, une légitimation éthique et plus seulement technique de l'économie libre. L'Opus Dei ne changera certes pas le monde, mais elle peut changer l'Église, ce n'est pas si mal [...]. » Guy Sorman se trompe juste lorsqu'il croit pouvoir toujours opposer au XXIe siècle les jésuites supposés anticapitalistes à l'Opus Dei procapitaliste : « Devons-nous conclure qu'à terme les jésuites anticapitalistes seront remplacés par l'Opus Dei procapitaliste ? » Le pape « jésuite » François renoue certes avec le vieil anticapitalisme chrétien mais au nom d'un capitalisme productif et moralisé. Bref, soit la gauche inculte en religion se trompe sur François soit l'Opus Dei experte en politique a raison sur le nouveau pape.

Le pape François et les Chevaliers de Colomb

Le pape François a reçu, depuis son élection, au moins quatre fois Carl Anderson, le patron de The Knights of Columbus (ordre des Chevaliers de Colomb), une organisation ultraconservatrice fondée en 1882 aux États-Unis par l'abbé Michael J. McGivney, fils d'immigrés irlandais, dont la canonisation est déjà bien engagée sous la responsabilité de Mgr Daniel A. Cronin, archevêque américain.

Carl Anderson, reçu à Rome le 25 juin 2014, à l'occasion de la traduction italienne d'un livre consacré à la gloire de l'abbé McGivney, déclarait, dans un discours aux nonces apostoliques que « l'abbé McGivney incarnait ce que le cardinal Bergoglio a déjà mentionné, c'est-à-dire un prêtre qui a retroussé les manches de sa soutane pour être au service de son peuple [...]. La vision de l'abbé McGivney a préparé les Chevaliers de Colomb à accepter pleinement le rôle des laïques dans la vie de l'Église, tel que proposé par le concile Vatican II. [...]. Aujourd'hui, le monde est centré sur l'exemple du pape François qui a procuré un puissant témoignage personnel de charité et d'amour envers son prochain ».

Que l'Église ait besoin de se fabriquer des saints ne serait pas si grave si les Chevaliers de Colomb, qui étaient déjà le bras armé des catholiques conservateurs américains, n'étaient pas en train de devenir une des principales puissances politico-financières de l'Église de François !

Carl Anderson, bien que déjà membre de cet ordre au fonctionnement en partie secret, a occupé entre 1983 et 1987, différents postes au sein de la présidence des États-Unis : adjoint spécial au président, directeur de la communication, conseiller religieux auprès de R. Reagan. Jean-Paul

Il a fait beaucoup pour sa promotion au sein de l'Église en le nommant à des postes essentiels de son appareil gouvernemental : membre du Conseil pontifical pour la famille, membre du Conseil pontifical Justice et Paix, membre du Conseil pontifical pour les communications sociales, conseiller spécial auprès du comité pour le respect de la vie, etc. Son successeur, Benoît XVI, l'a nommé à la direction de l'IOR (la banque du Vatican)[38]. Devenu chef suprême de l'ordre des Chevaliers de Colomb en 2000, après en avoir été longuement le secrétaire général adjoint, il est aujourd'hui un proche de François qui apprécie ses positions et sa générosité... financière (cf. *infra*).

Carl Anderson est donc un personnage central de l'Église de François. Il a néanmoins soulevé de nombreuses polémiques à la fois pour ses propos (comparant la loi sur l'avortement à la loi sur la ségrégation raciale aux États-Unis) et pour son salaire de P.-D.G. philanthropique de 500 000 dollars par an ! Carl Anderson tiendra également des propos ambigus lors du séisme qui frappa Haïti en 2010. S'il entend se démarquer de la thèse de certains évangélistes, il établit cependant un parallèle avec la catastrophe de Lisbonne de 1755 et ses implications religieuses : « La tragédie de Haïti aura un impact psychologique à long terme comparable au tremblement de terre de Lisbonne en 1755. Ce séisme a été suivi d'un tsunami et d'un incendie qui a détruit quasiment toute la ville et fait près de un million de morts. La catastrophe de Lisbonne a changé la façon de penser de beaucoup des grands intellectuels du XVIIIe siècle dont Voltaire [et] Kant [...]. Le séisme a eu lieu pendant la fête de la Toussaint dans un pays majoritairement catholique, de sorte que de nombreux chrétiens en Europe ont commencé à s'interroger sur leur foi en Dieu. Dans les jours qui viennent, peut-être verrons-nous quelque chose de semblable. Haïti est donc aujourd'hui un test de notre foi en Dieu et de notre engagement envers nos semblables. »[39]

Carl Anderson est le seul laïque à assister aussi régulièrement comme auditeur aux synodes mondiaux des évêques (notamment sur les questions de mœurs). La Cité catholique présente les Chevaliers de Colomb comme une alternative à la franc-maçonnerie et donc comme une arme

---

38. C'est d'ailleurs lui qui aurait obtenu le départ de son ancien président (dans ce que certains vaticanistes ont considéré être une guerre fratricide entre l'Opus Dei et l'ordre des Chevaliers de Colomb).
39. http://www.zenit.org/fr/articles/l-aspect-spirituel-de-la-souffrance-de-haiti-par-carl-anderson

contre le « relativisme des valeurs ». Cette organisation qui compte, parmi les initiés à ses rites semi-clandestins, plusieurs évêques, comprend également de nombreux dirigeants américains, parmi lesquels Jeb Bush, candidat aux primaires républicaines pour la présidentielle de 2016 (avant de jeter l'éponge en février 2016), frère de G.W. Bush et fils de G.H.W. Bush, anciens présidents des États-Unis.

Carl Anderson a par ailleurs reçu le 16 octobre 2015 la croix d'officier dans l'Ordre national du Mérite des mains du président de la République polonaise, Andrzej Duda (membre du parti conservateur des frères Kaczyński), souvent présenté comme proche intellectuellement de l'Opus Dei. Les Chevaliers implantés en Pologne depuis 2006 y comptent 4 000 membres. L'évêque polonais Mgr Janusz Stepnowski, membre de l'ordre des Chevaliers de Colomb, membre de la Congrégation pour les évêques, vient d'être élevé au grade de prélat d'honneur de Sa Sainteté… Est-ce un hasard s'il a été très impliqué dans le traitement du dossier « Amérique du Sud » ?

Cet ordre est implanté dans 12 pays et principalement aux États-Unis, au Canada, au Mexique, en Pologne, aux Philippines et à Cuba, mais aussi, depuis 2015, en France. Les « colombiens » ont largement été à la manœuvre lors de la visite de François à Cuba, où le cardinal Jaime Lucas Ortega y Alamino de La Havane est un proche de longue date des Chevaliers de Colomb.

Cet ordre compte 15 000 structures groupant 1,8 million de membres, obligatoirement des hommes et uniquement des « chrétiens pratiquants » et « en union avec le Saint-Siège », engagés pour la défense de la vraie foi catholique, de la famille chrétienne, de la propriété privée, de la patrie… J'ajoute volontiers des finances du Vatican au regard de sa puissance !

Les Chevaliers de Colomb forment aux yeux du Vatican le symbole de la « nouvelle option préférentielle pour les pauvres » car ils sauraient, depuis un siècle, soulager les familles populaires avec des sociétés de bienfaisance paroissiales et désormais grâce aux systèmes d'assurances (sic). L'ordre traduit donc la volonté des théoriciens de la « troisième révolution conservatrice mondiale » de substituer aux systèmes d'aides sociales (type Sécurité sociale) des solutions empruntées au monde de la finance et des assurances. Chacun deviendrait propriétaire et donc responsable de son portefeuille financier (plans de retraite, assurance vie) conformément au plan de Dieu, ce qui garantirait la centralité de la personne, de la famille et de la propriété. Les plus miséreux bénéficieraient des « bonnes œuvres » charitables, dans la bonne tradition de l'Église des dames patronnesses et des grands patrons. L'ennemi de toujours reste donc les biens communs au sens de la solidarité. Ce n'est donc pas seulement parce que le projet de loi de santé publique d'Obama obligeait les mutuelles à rembourser la contraception que les « colombiens » ont été aussi impliqués dans le combat engagé par l'Église : admettre une Sécurité sociale à la française serait en soi diabolique ! L'ordre commercialise un portefeuille très complet de produits financiers. Il a vendu, en 2014, pour 8,2 milliards de dollars d'assurance vie... Il gère aujourd'hui un portefeuille de plus de 100 milliards de dollars (on comprend mieux comment François entend faire de la banque du Vatican une des plus grandes institutions financières du monde capitaliste !). L'ordre joue donc aujourd'hui dans la cour des très grands... Il s'est ainsi vu remettre par Ethisphere Institute le prix de « l'entreprise la plus éthique au monde » en 2014 et 2015, aux côtés d'autres firmes comme Elbit Systems of America et Rockwell Collins (entreprises du secteur militaire), Lévi Strauss and Co, Ford, US Bank, Chemical Compagny, Kellogg's, Microsoft, L'Oréal, Xerox, Pepsi Cola, etc. L'ordre des Chevaliers de Colomb est donc chef de file de l'éthique dans le monde des affaires, bref un laboratoire du capitalisme dit « moralisé » ou éthique.

L'ordre des Chevaliers de Colomb est aussi une pompe à fric vaticane. François a reçu le chevalier suprême le 12 décembre 2014, celui-ci lui a remis un chèque de 1,6 million de dollars pour les « œuvres personnelles du pape » et une participation de 400 000 dollars pour les chrétiens d'Orient. L'ordre aurait fait en dix ans 1,5 milliard de dons au Vatican.

L'ordre des Chevaliers de Colomb ne se contente pas de légitimer la conquête des Amériques par Christophe Colomb mais entend rappeler aux protestants que le découvreur de l'Amérique était un catholique ardent. Cette organisation se veut donc aussi une force patriotique essentielle et cette dimension serait, selon des témoignages, le cœur de l'initiation au quatrième rang (ou degré) qui constitue le sommet du parcours initiatique. Les « colombiens » sont très présents au sein des forces armées américaines et notamment dans la plupart des bases militaires établies à l'étranger. Déjà à la fin de la Seconde Guerre mondiale, le président Roosevelt déclarait que l'armée américaine ne serait pas ce qu'elle est sans le soutien constant de cette organisation catholique mi-caritative, mi-patriotique/nationaliste.

L'ordre des Chevaliers de Colomb est naturellement de tous les combats notamment contre le droit à l'avortement et les homosexuel(le)s. Le pape François lui a donc adressé un message de soutien à l'occasion de la dernière convention des Chevaliers de Colomb, par l'intermédiaire du secrétaire d'État Pietro Parolin. Il salue les efforts déployés par les « colombiens » pour s'opposer à ceux qui veulent cantonner la religion à l'espace privé et défendre le rôle de l'Église sur la place publique. Autrement dit, selon le pape François, les Chevaliers de Colomb constitueraient le prototype même de l'Église militante qu'il souhaite. Ils compteraient au rang des meilleurs défenseurs de la liberté religieuse et du bien commun tels que l'Église l'entend, naturellement.

Massimo Introvigne, le protecteur de l'Église

Massimo Introvigne, diplômé de l'université pontificale grégorienne, avocat, enseignant au Regina Apostolorum Atheneum appartenant aux légionnaires du Christ, est un catholique ultraconservateur qui devrait logiquement, selon la grille d'analyse médiatique, détester le pape pour son supposé marxisme, pour ses sympathies « progressistes », pour son compagnonnage avec la gauche. Massimo Introvigne a pourtant publié en Italie, quelques mois à peine après l'élection de François, un livre tout à sa gloire, *Il segreto di Papa Francesco* [Le secret du pape François], bientôt traduit en français.

Face aux dérives sectaires

Massimo Introvigne, avec qui j'ai longtemps croisé le fer lorsque je travaillais aux côtés des associations antisectes, CCMM (Centre contre les manipulations mentales), UNADFI (Union nationale des associations de défense des familles et de l'individu victimes de sectes) et de la Mission interministérielle de lutte contre les sectes (MILS), est l'un des principaux acteurs des relations troubles entre monde religieux et extrême droite. Membre de la fondation Res Publica lancée en 1999 par Silvio Berlusconi, il est surtout le délégué général de l'Alliance catholique (Alleanza cattolica), association religieuse ultraconservatrice fondée par Giovanni Cantoni, dirigeant de l'extrême droite italienne, journaliste ayant longtemps travaillé pour le *Journal officiel* du Vatican mais aussi pour celui du Movimento sociale italiano – Destra nazionale, (Mouvement social italien – Droite nationale) créé après l'interdiction du parti national-fas-

ciste à la fin de la Seconde Guerre mondiale. Giovanni Cantoni dirige le
très important Institut pour la doctrine sociale et l'information sociale
(IDIS) tout comme Massimo Introvigne dirige le Centre pour l'étude
des nouvelles religions (CESNUR), deux organisations que l'Alliance
catholique promeut sur ses sites et dont l'influence est devenue considérable. Giovanni Cantoni revendique sa proximité avec Plinio Correa
de Oliveira, fondateur de la société d'extrême droite Tradition Famille
Propriété (identifiée comme secte par le gouvernement français) dont
l'Alliance catholique défend pourtant les valeurs[40], et avec Gomez Davila
(1919-1994), philosophe catholique colombien qui se proclame hostile
au concept de souveraineté du peuple qu'il présente comme responsable
de la destruction de la société ; pour Davila, Vatican II serait une adaptation dangereuse de l'Église à la modernité décadente. Alleanza cattolica
met naturellement en avant la doctrine sociale de l'Église c'est-à-dire son
désir de construire une société selon le plan de Dieu.

Massimo Introvigne est surtout connu en France pour sa défense systématique des mouvements identifiés comme des sectes, comme la scientologie. Il est considéré comme le principal adversaire de la lutte antisectes.

François et le « lobby gay »

On sait moins que Massimo Introvigne est devenu aussi le grand
spécialiste de la défense de l'Église catholique contre les accusations en
matière de pédophilie, allant jusqu'à publier un livre détestable sur les
prêtres pédophiles (*Preti pedofili*, bientôt traduit en français). Il ira jusqu'à
défendre Marcial Maciel, gourou des légionnaires du Christ, avant que
son mouvement et le Vatican soient bien obligés de reconnaître les crimes
commis. Tout cela ne serait pas bien grave si Massimo Introvigne n'avait
pas très bonne presse dans les médias catholiques. Ainsi, *La Croix* : « Sans
nier la tragique gravité des actes pédophiles commis par des prêtres et
religieux, le directeur du Centre d'études des nouvelles religions (Turin)
démonte les arguments utilisés pour amplifier médiatiquement ce phénomène. Les chiffres : aux États-Unis de 1950 à 2002, 4 392 prêtres américains
(sur environ 109 000) ont été accusés de relations avec des mineurs et un
peu plus d'une centaine (soit 0,9 %) ont été condamnés par des tribunaux
civils. Un pourcentage inférieur à celui d'autres catégories de profession-

---

40. http://Benoît-et-moi.fr/2010-I/0455009cf20864101/0455009d3a0bca311.html

nels en contact avec des jeunes. L'auteur dénonce notamment le rôle des assurances, qui paient une large partie des dédommagements, et des avocats, qui encaissent une grande partie de ces sommes. Bref, pour le sociologue italien, cette crise des prêtres pédophiles ressemble fort à une "propagande laïcisante dirigée contre Benoît XVI". »

Massimo Introvigne, dans un texte intitulé « L'ONU déclare la guerre à l'Église », dénonce le rapport de la Commission pour les droits de l'enfance de l'ONU. Il s'en prend vivement à la présidente de la Commission, la péruvienne Susana Villarán, maire de Lima mais aussi catholique convaincue : « En polémique permanente avec les évêques de son pays, en particulier avec le cardinal archevêque de Lima, Mgr Juan Luis Cipriani, pour son activisme débridé en faveur du "mariage" homosexuel, de l'idéologie du genre et de l'avortement. Marcheuse habituelle à la Gay Pride, la Villarán s'est distinguée par ses attaques contre l'Église sur l'avortement et l'homosexualité et a symboliquement "marié" (le "mariage" homosexuel au Pérou n'existe pas pour l'instant) des paires de même sexe, y compris sa compagne de parti et étroite collaboratrice Susel Paredes et sa "fiancée" Carolina. Par provocation, les cérémonies ont eu lieu dans le parc de l'Amour à Lima, au Pérou, où, traditionnelle-ment, la mariée et le marié sont photographiés sous la célèbre statue *Le Baiser*, du sculpteur Victor Delfin. »

Tout en compatissant avec les victimes des crimes pédophiles, Massimo Introvigne déploie le système de défense devenu depuis celui de Rome. Il explique que les accusations contre l'Église relèvent d'un cas de « panique morale », c'est-à-dire d'une « hyperconstruction sociale ». Il n'ose pas encore dire d'une rumeur mais l'idée est semblable. Il n'y aurait pas de spécificité de l'Église dans ce domaine, et l'Église serait moins atteinte que d'autres institutions ou milieux professionnels travaillant avec des enfants. Le problème, lorsqu'il existe, ne serait pas celui du célibat des prêtres mais d'abord de l'homosexualité : 80 % des pédophiles seraient des homosexuels et ce chiffre s'élèverait à 90 % dans l'Église. L'Église aurait donc souffert d'une trop grande tolérance (sic) à l'égard de l'homosexualité dans ses séminaires, notamment dans les années 1970, époque où furent ordonnés la grande majorité des prêtres reconnus coupables. La responsabilité majeure incomberait donc aux idées de libération sexuelle et à Mai 68. Les accusateurs de l'Église ne chercheraient d'ailleurs pas tant à protéger les enfants qu'à défendre la pilule RU 486 (abortive), l'euthanasie, la reconnaissance des unions homosexuelles... Le pape en défendant la famille serait donc l'ennemi numéro un de ces lobbies très puissants : « Ces lobbies plus ou moins maçonniques soulignent la puissance sinistre de la technocratie évoquée par Benoît XVI dans l'encyclique *Caritas in veritate*, et la dénonciation par Jean-Paul II lui-même dans le "Message pour la Journée mondiale de la Paix" en 1985, à propos de "desseins cachés" – à côté d'autres "ouvertement propagés" – visant à assujettir tous les peuples à des régimes dans lesquels Dieu ne compte pas. En vérité, il s'agit d'une heure de ténèbres, qui nous rappelle la prophétie d'un grand penseur catholique du XIXe siècle, Emiliano Avogadro della Motta (1798-1865), selon laquelle, aux ruines causées par les idéologies laïques, succéderait une authentique "démonolâtrie" qui se manifesterait notamment dans l'attaque contre la famille et contre le véritable concept du mariage. »[41]

Rome a entendu Introvigne puisque désormais les candidats prêtres qui présentent des tendances homosexuelles enracinées ne peuvent accéder à l'ordination[42]. Nous avons donc là une nouvelle preuve que l'Église qui parle de « lobby gay » est bien une Église ultraréactionnaire. Ultraréactionnaire d'abord parce qu'elle établit un lien entre homosexualité et crime pédophile, ultraréactionnaire aussi parce qu'en faisant de la pédophilie non pas une conséquence de son propre fonctionnement (le célibat, entre autres) mais de la libération sexuelle, elle reporte la responsabilité du crime pédophile sur le reste de la société et notamment sur les progressistes. L'Église oublie, chemin faisant, que le principal reproche n'est pas d'avoir hébergé des prêtres pédophiles mais de les avoir protégés, d'avoir fait pression sur les familles des victimes. Nous devons donc prendre très au sérieux les dernières déclarations du pape qui, tout en recevant un couple homosexuel lors de son voyage aux États-Unis, tout en déclarant « si une personne est gay, qui suis-je pour la juger ? », profite du même voyage pour rappeler son refus de l'égalité de tous devant le mariage, et ne cesse surtout de multiplier les propos ambigus sur l'existence d'un hypothétique « lobby gay » au sein du Vatican...

Parler d'un « lobby gay » au sein de la Curie, à propos des affaires de pédophilie ou des scandales financiers, c'est faire des crimes commis dans l'Église une affaire qui ne concerne pas l'Église, c'est même poser l'Église en victime mais également en solution. Le pape Benoît XVI avait

---

41. http://Benoît-et-moi.fr/2010-I/0455009cf20864101/0455009d3a0bca311.html
42. http://www.croire.com/Definitions/Mots-de-la-foi/Vocation/Homosexualite-et-vocation

ainsi convoqué une commission de trois cardinaux : Julián Herranz, Josef Tomko et Salvatore De Giorgi pour découvrir l'origine des fuites concernant les scandales financiers. Les trois cardinaux auraient évoqué auprès du pape l'existence d'un très influent « lobby gay ». Des lieux de rencontres homosexuelles fréquentés par des ecclésiastiques sont signalés. Il est fait référence à des prélats soumis à des chantages pour leur non-respect du vœu de chasteté (sic). François poursuit la même orientation lorsqu'il déclare en juillet 2013 qu'existe bien un « lobby gay » au sein du Vatican. Une fraction de l'Église, pas seulement celle constituée de prêtres homosexuels, a bien compris comment Rome et notamment François sont en train de (re)construire une machine de guerre contre les homosexuels, à la fois pour laver l'Église des accusations de protection des pédophiles, mais aussi comme contre-feu à tous les scandales financiers à répétition, tout en empochant le bénéfice d'apparaître plus convenable que les autres, plus intègre que tous ceux qui pactisent avec la modernité.

C'est pourquoi le prêtre polonais Krzysztof Charamsa, théologien à la Congrégation pour la doctrine de la foi, réputé pour être proche du conservatisme ratzingérien, a choisi, à la veille du synode d'octobre 2015 sur la famille, de révéler bruyamment son homosexualité et sa relation de couple avec un Catalan, prenant ainsi le risque d'être condamné par l'Église et de se trouver isolé. Les médias ont choisi de ne retenir qu'une partie de son témoignage : « L'Église est en retard par rapport aux connaissances auxquelles est parvenue l'humanité [...]. Je souhaite que le synode affronte la question des fidèles gays et de leurs familles. Si j'ai choisi de parler maintenant c'est que je craignais que ce ne soit pas le cas. La question avait disparu de toutes les déclarations officielles. » Le prêtre Krzysztof Charamsa a en effet fustigé « l'homophobie institutionnelle » de l'Église, évoquant même une majorité d'homosexuels homophobes. Une analyse confirmée lors d'une émission diffusée sur France Culture le 8 septembre 2015 au cours de laquelle un autre prêtre revient sur sa propre expérience : il explique avoir avoué son homosexualité au directeur du séminaire de Nancy qui l'accepta de bonnes grâces. Il découvre alors un milieu ecclésial très largement « homosexualisé » : selon lui, la moitié des séminaristes, professeurs, prêtres et évêques passaient leur temps à « mater » et il eut des relations avec plusieurs d'entre eux dont un évêque connu. Ce même milieu considère qu'avoir des relations entre hommes (religieux ou pas) ne constituerait pas une transgression du principe de chasteté (sic).

J'aimerais m'arrêter pour finir sur l'affaire qui a opposé en 2011 le Vatican au premier ministre irlandais, Enda Kenny, membre du Fine Gael, parti catholique de centre droit, après la publication du rapport Cloyne sur la maltraitance des enfants au sein du diocèse de l'évêque John Magee, qui fut secrétaire personnel de trois papes (Paul VI (1897-1978), Jean-Paul Ier (1912-1978) et Jean-Paul II (1920-2005)). S'exprimant devant le Parlement, le premier ministre a déclaré : « Le viol et la torture d'enfants ont été minimisés ou "gérés" afin de faire respecter la primauté de l'institution, sa puissance, sa solidité et sa réputation. » Le Vatican n'a bien sûr pas réagi mais... Massimo Introvigne est aussitôt monté au filet : tout en reconnaissant que la majorité des députés et 72 % de la population seraient favorables à la rupture des relations diplomatiques avec le Vatican, il explique que, dans ces affaires de pédophilie, l'essentiel serait ailleurs : « L'aspect le plus grave de l'histoire est un projet de loi qui, s'il est approuvé, obligerait les prêtres à rapporter les informations d'abus de mineurs, même apprises en confession : s'ils ne le faisaient pas, ils risqueraient cinq ans de prison. Sur cette dernière proposition, il faut avant tout être très clair. Il s'agit d'une violation très grave et sans précédent de la liberté religieuse. Pas même les pires des gouvernements anticléricaux des xixe et xxe siècles en France n'ont jamais osé attaquer le secret de la confession. » Le système de défense est particulièrement retors car il appelle à faire bloc derrière l'Église au nom des libertés religieuses. Introvigne oublie une seule chose : si l'Église irlandaise avait respecté ses propres règles en la matière telles que définies en 1996 dans le *Framework for a church response*, les victimes ne se seraient pas comptées par dizaines. Mais le Vatican est passé par-dessus la conférence des évêques irlandais, à travers une lettre confidentielle adressée par le nonce apostolique aux évêques d'Irlande, un an après leur adoption du *Framework*. Dans cette lettre le Vatican fait état des distances prises par la Congrégation pour le clergé, alors dirigée par le cardinal Darío Castrillón Hoyos, à l'égard des recommandations irlandaises, et indique que l'obligation de signaler des abus sexuels aux autorités irlandaises est sujette à de « vives réserves morales tout autant que canoniques ». Il recommandait aux évêques de s'en tenir strictement aux procédures du droit canon. Ce cardinal originaire de Colombie, alors patron de la commission pontificale Ecclesia Dei, était notamment chargé des relations avec les communautés traditionalistes. Il considérait notamment que les fidèles de la Fraternité saint Pie X n'étaient pas eux-mêmes schismatiques. Il considérait que s'il avait eu connaissance des propos négationnistes de Mgr Williamson (« Je crois qu'il n'y a pas eu de chambres à gaz »), il n'aurait pas demandé pour autant sa rétractation avant la levée de l'excommunication. Ce cardinal figure aussi sur le site de l'Opus Dei où il témoigne de la sainteté de son fondateur.

Quand l'Église joue les victimes...

Les conséquences de ce durcissement ne se sont pas fait attendre. L'Église de François choisit de se donner des allures de victime face à la modernité. Cette posture va bien au-delà du massacre des chrétiens d'Orient et de la répression des minorités religieuses (par exemple en Chine ou dans la Russie de Poutine) qui loin d'appeler au renforcement du religieux montre toute l'actualité de défendre et d'étendre la sphère de la laïcité au sein de la sphère publique. Le cardinal français Jean-Louis Tauran, président du Conseil pontifical pour le dialogue interreligieux, est intervenu lors du dernier meeting pour l'amitié entre les peuples à Rimini, organisé chaque année par Communion et Libération, pour expliquer que 200 millions de chrétiens dans le monde risquent la persécution. Il a bien sûr appelé à défendre « la liberté religieuse selon le sens donné par Massimo Introvigne et son CESNUR » (cf. *supra*). Un rapport de 2015 de la fondation internationale Aide à l'Église en détresse établit que le christianisme est menacé de disparition dans des régions entières du monde.

Les choses deviennent problématiques lorsque l'Église, se disant minoritaire en France et à ce titre menacée et réprimée, appelle ses fidèles les plus intégristes à serrer les coudes. La diva de la Manif pour tous, en offrant un tee-shirt au pape, n'a-t-elle pas été jusqu'à déclarer que ceux qui portaient ce symbole se retrouvaient en prison ! Les princes de l'Église en profitent au passage pour traiter d'hérétiques ceux et celles qui osent parfois la qualifier d'intolérante et d'obscurantiste.

L'Église a besoin de se sentir isolée, mal aimée pour faire de ses fidèles de nouveaux moines-soldats prêts à en découdre avec des adversaires diaboliques. Ce syndrome du camp retranché apparaît systématiquement dans les thèses que développe le Vatican car il lui permet de lancer ses troupes au combat, d'où l'insistance mise sur le sacrifice, sur l'acceptation d'être des martyrs de la foi. Nous assistons ainsi aux prolégomènes d'un retour à la guerre sainte. Un document du 16 janvier 2015 de la Commission théologique internationale soutient que ce ne sont pas les religions monothéistes qui sont violentes, mais la dictature du relativisme qui prétendrait chasser la foi de la sphère publique ! Une certaine Église répond donc à l'obligation faite aux musulmans de prier dans la rue, faute de mosquées en nombre suffisant, par des prières de rue, y compris avec haut-parleur alors qu'elle dispose d'églises en grand nombre. Ce document dit aussi que le terrorisme islamiste ne serait qu'une conséquence dialectique de la laïcité parce qu'elle implique le refoulement du religieux dans la sphère privée. On entend souvent dire que l'Église serait une secte qui aurait réussi. Cette thèse est absurde : l'Église est une secte qui a échoué car elle a été obligée de s'ouvrir au monde, elle a été contrainte de renoncer à sa toute-puissance.

... pour justifier son agressivité

Le début du pontificat de François restera dans l'histoire comme celui qui a vu dans le monde des dizaines de millions de fidèles descendre dans la rue, occuper l'espace public, non pas pour se mêler aux combats des autres citoyens, mais pour reconquérir, à coup de provocation, le terrain politique. L'Église mobilise ici contre l'égalité des droits devant le mariage, ailleurs contre la légalisation de la contraception, ailleurs encore contre le droit à l'avortement. Ce catholicisme militant est un catholicisme belliqueux et identitaire. La Manif pour tous, les attaques contre la laïcité et la question écologique ne sont que des têtes de pont dans le cadre d'une stratégie globale de *reconquista*. Ce n'est pas par hasard qu'à cette occasion ce sont les courants les plus intransigeants, les plus fondamentalistes, les plus intégristes qui font surface ! Les égéries de la Manif pour tous – comme, nous le verrons, les activistes de l'écologie à la sauce vaticane – ont un sacré passif religieux et même politique.

Ce retour au politique n'est pas sans évoquer le « politique d'abord ! » de l'Action française dont les membres actuels investissent les nouveaux fronts (notamment écologistes). Le pape Pie XI avait, certes, condamné l'Action française le 29 décembre 1926, mettant ainsi à l'Index son quotidien, de nombreux livres, interdisant même à ses adhérents de bénéficier des sacrements, mais son successeur, Pie XII, lèvera l'interdit, en 1936, dans le cadre de sa lutte prioritaire contre le communisme. Rome reprochait à l'Action française de subordonner la religion à la politique, en raison de son « nationalisme intégral » (Charles Maurras). François n'est pas de cette veine, puisqu'il appelle à subordonner le politique au religieux, au nom d'une conception intransigeante, « intégraliste » du catholicisme. Il prend appui sur l'expérience de l'Opus Dei mais surtout sur celle du mouvement Communion et Libération (cf. *supra*).

L'Église serait donc seule porteuse des solutions à la crise systémique actuelle, car elle serait porteuse de la vérité (divine et naturelle) face aux mensonges. Cette nouvelle pratique politique de l'Église est fondée sur un texte voulu par le cardinal Ratzinger et approuvé par Jean-Paul II dès novembre 2002. Cette note doctrinale intitulée « Question sur l'engagement et le comportement des catholiques dans la vie politique » vaut véritablement qu'on s'y arrête. L'époque ne serait plus à fonder des partis catholiques en raison de l'extrême faiblesse de l'Église dans la société, mais elle ne serait plus également à participer aux mouvements sociaux au risque de dilution du dogme catholique. Les catholiques sont donc invités à refaire de la politique mais non plus à égalité avec les autres citoyens et en défendant des valeurs communes, car le « relativisme des valeurs » interdirait désormais de prendre le risque de « brouiller les consciences avec des compromis hasardeux » (sic). Cette nouvelle stratégie est à l'opposé de celle des prêtres ouvriers qui combattaient aux côtés des salariés et de leurs syndicats à partir des seules revendications sociales. Cette note doctrinale du Vatican soutient aussi que le relativisme culturel et le pluralisme éthique seraient en soi favorables « à la décadence » (sic) ; que le pluralisme éthique (la liberté du choix des valeurs) n'est pas la condition de la démocratie ; que les citoyens n'ont pas à revendiquer la liberté de leurs choix moraux, ni une plus grande autonomie dans ce domaine ; que les législateurs n'ont pas à oublier les principes de l'éthique naturelle ; que les conceptions de l'homme, du bien commun, de l'État doivent être soumises au jugement de cette norme morale (que seule l'Église peut bien sûr définir) ; que la liberté politique n'a pas à être fondée sur l'idée relativiste selon laquelle toutes les conceptions du bien de l'homme ont la même vérité et la même valeur ; que la démocratie n'est possible que dans la mesure où elle se fonde sur une juste conception de la personne (que seule l'Église détient) ; que la laïcité doit être comprise comme une autonomie de la sphère civile et politique par rapport à la sphère religieuse et ecclésiastique, mais non pas par rapport à la sphère morale (telle que la définit l'Église) ; que les chrétiens sont certes libres d'adhérer aux partis de leurs choix mais que ces mouvements doivent défendre la vérité révélée que détient l'Église, etc.

François a même officialisé ce retour de l'Église en politique, le 30 avril 2015, en recevant les membres des Communautés de vie chrétienne italiennes et ceux de la Ligue missionnaire des étudiants italiens, dépendante des jésuites. Les choses sont claires : les chrétiens ont le devoir de s'engager en politique mais ils ne doivent plus le faire en fondant un parti catholique (compte tenu de la sécularisation), mais en s'impliquant dans les mouvements sociaux et politiques, mais en mettant en avant leur foi et le dogme de l'Église. Autrement dit : il ne s'agit plus d'être présents aux côtés de ceux qui souffrent et luttent, comme l'ont toujours pratiqué les chrétiens progressistes et les théologiens de la libération, mais de porter, au sein de ces mouvements, le dogme de l'Église. Cette nouvelle croisade, à laquelle appelle François, se trouve donc à la croisée des chemins entre une politique conçue à la façon de Communion et Libération et des mobilisations type Manif pour tous que l'Église a exportées dans de nombreux pays afin de réaffirmer la présence de Dieu dans la rue. François rappelle que Paul VI soutenait que faire de la politique constitue la forme la plus haute de la charité, c'est pourquoi il faut accepter de se salir les mains et les chrétiens engagés en politique doivent être considérés comme des martyrs, car ils acceptent « le martyr quotidien de l'imperfection » (sic). Se salir les mains pour ces chrétiens, est-ce accepter de pactiser avec l'extrême droite ? Le pape François choisit un jeu très dangereux car cette nouvelle façon de faire de la politique (qui était celle du XIXe siècle) va réveiller les vieux démons de l'Église et les conflits entre religion et laïcité, républicains et antirépublicains.

Cette conception de la vie politique est antirépublicaine et doit être combattue. Personne n'entend obliger les catholiques à avorter ni à développer une sexualité riche mais qu'ils ne prétendent pas régenter nos propres vies ! La vraie démocratie c'est toujours de postuler la compétence des incompétents, c'est donc de refuser toute idée de Vérité à majuscule, de dogme apporté de l'extérieur. L'Église considère que la vraie démocratie serait de laisser ouverte la façon d'appliquer ses propres valeurs et non pas de les définir ensemble. Non, la vraie démocratie, c'est toujours de mettre la vérité aux suffrages !

Pourquoi le pape François lit-il le roman
Le Maître de la Terre ?

Les catholiques, principale cible de la polémique antireligieuse actuelle, seraient aussi, selon le Vatican, les seuls à pouvoir résister à la décadence. Le pape François ne cesse ainsi, depuis des mois, de se revendiquer du roman d'anticipation *Le Maître de la Terre* (*Lord of the World*), publié en 1907, à Londres, par Robert-Hugh Benson, jeune pasteur anglican, ordonné par son propre père, l'archevêque de Cantorbéry, mais converti au catholicisme romain en 1903 (sans quoi François n'en parlerait probablement pas). François explique que ce roman d'anticipation permet de comprendre, mieux que ses propres discours, la « colonisation idéologique » dont souffre aujourd'hui l'humanité. Ce roman met en scène la lutte du bien contre le mal, de Dieu contre le diable, de l'Église contre les socialistes et francs-maçons dans un contexte d'apocalypse. Il montre une Église catholique résistante aux œuvres diaboliques que sont le progrès technique, un humanitarisme sans Dieu, la chosification de l'homme, la suppression des frontières, l'idolâtrie du pouvoir et la victoire de la laïcité, l'idée d'un gouvernement mondial, etc. : bref, ce dont parle François. Le héros du livre est, bien sûr, un prêtre catholique : « [Percy] voyait devant lui, s'offrant à son choix, les deux cités de saint Augustin. L'une était celle d'un monde né de soi-même, s'organisant soi-même et se suffisant à soi-même, d'un monde interprété par des forces socialistes, matérialistes, hédonistes [...]. Et quant à l'autre monde, Percy le voyait déployé sous ses yeux, lui parlant d'un Créateur, d'une Création, d'un but divin, d'une rédemption, d'une réalité transcendante et éternelle, dont tout avait jailli et où tout aboutissait. L'un de ces deux hommes était le vicaire de Dieu, et l'autre un imposteur, l'ennemi de Dieu... »

L'Église aime se présenter comme persécutée et en proie à la violence. Cette vision apocalyptique et eschatologique est toujours grosse de dangers dès lors que l'apocalypse est confondue, hier comme aujourd'hui, avec l'antéchrist. L'abbé Benson, auteur du roman fétiche de François, ne confiait-il pas, en 1905 : « L'antéchrist commence à m'obséder », à la façon du pape François redécouvrant le diable, personne véritable, dans les caves du Vatican. Cette façon de faire de la politique est particulièrement dangereuse dès lors qu'elle n'oppose plus des valeurs, des conceptions de la société, mais le bien et le mal.

Nous en avons malheureusement une série d'illustrations récentes avec le rappel que l'Église n'a pas à dialoguer à égalité avec les autres mouvements et avec la récente affaire de Mgr Luc Ravel, évêque aux armées françaises depuis 2009. Cet évêque, qui entend parler en soldat du combat chrétien, a publié un texte sous le titre « La guerre compliquée » dans le numéro de février 2014 du *Bulletin mensuel de l'aumônerie militaire*, dans lequel, cherchant qui est l'ennemi véritable, il explique à quoi bon lutter contre le « mal manifeste » (le terrorisme islamiste) si on soutient le « mal sournois », cette « idéologie de la bien-pensance » qui fait de l'IVG une « arme de destruction massive » de l'humanité : « Le chrétien se sent pris en tenaille entre deux idéologies. D'un côté, l'idéologie qui caricature Dieu au mépris de l'homme. De l'autre, l'idéologie qui manipule l'homme au mépris de Dieu. D'un côté, des adversaires déclarés et reconnus : les terroristes de la bombe, vengeurs du Prophète. De l'autre côté, des adversaires non déclarés mais bien connus : les terroristes de la pensée, prescripteurs de la laïcité, adorateurs de la république. Dans quel camp se situer comme chrétien ? Nous ne voulons pas être pris en otage par des islamistes. Mais nous ne souhaitons pas être pris en otage par des bien-pensants. L'idéologie islamique vient de faire 17 victimes en France. Mais l'idéologie de la bien-pensance fait chaque année 200 000 victimes dans le sein de leur mère. L'IVG devenue droit fondamental est une arme de destruction massive » [...]. Nous voulons nous opposer au terrorisme islamique sans donner raison au terrorisme contre Dieu. »

L'évêque assimile donc les républicains aux islamistes assassins et compare les morts, 200 000 du côté de la république, 17 du côté des islamistes. A-t-il été condamné par l'Église de France et par Rome pour ses propos ? Non pas ! Il est même systématiquement défendu. Ainsi Radio Notre-Dame explique : « Rappeler la doctrine d'une religion, quand on est sous l'égide de la République, cela ne passe pas. L'évêque ne faisait pourtant que rappeler la doctrine catholique en vigueur. Il semble ainsi étonnant de concevoir que le gouvernement autorise des représentants religieux à exercer les fonctions d'aumôniers au sein de ses institutions, mais qu'il refuse pour autant que soient rappelées les doctrines religieuses en question... » [43]. *La Vie* lui ouvre ses colonnes pour expliquer la conception qu'a François de la troisième guerre mondiale : « Dans cette "troisième guerre mondiale combattue par morceaux", nous avons

---

43. http://radionotredame.net/2015/vie-de-leglise/monseigneur-ravel-logo-ministere-defense-35070/

à diffuser d'une nouvelle manière l'Évangile éternel. C'est pour cela que je pense que nous sommes, dans les armées, en pointe de la nouvelle évangélisation car nous n'avons pas la possibilité de nous raccrocher à des habitudes passées, encore moins qu'ailleurs. »

Faut-il rappeler que plus de 200 aumôniers assurent la présence de l'Église auprès des 420 000 militaires et civils de la Défense et leurs familles ? La sanction du ministère a, certes, été immédiate, puisque cette publication ne pourra plus porter le logo du ministère de la Défense mais elle est insuffisante. L'Église a un long passé et un lourd passif dans ce domaine, même si elle ne bénéficie plus, aujourd'hui comme hier, de l'alliance du trône et de l'autel, qui a toujours débouché sur celle du sabre et du goupillon contre le peuple.

Le pape François croit (vraiment) au diable

Le pape François rejette les fondements de l'anticapitalisme et de l'altermondialisme puisqu'il condamne toute idée de lutte des classes et prône la collaboration entre les 99 % qui subissent le joug de la minorité et le 1 % qui domine et détruit le monde. Il ne faudrait cependant pas faire du nouveau pape un amoureux du dialogue. Déjà parce que les nouveaux catholiques identitaires sont convaincus que la vérité n'est pas en partage et qu'ils ne portent pas seulement une part de vérité, comme tout un chacun, mais la vérité absolue. Ensuite parce que la croyance dans le diable fait que les adversaires de l'Église ne sont pas seulement des individus dans l'erreur mais des suppôts de Satan avec lesquels il convient de ne plus dialoguer – jamais, dit l'Opus Dei. Les vaticanistes ont noté que le pape François se différencie de la prédication actuellement dominante dans l'Église par ses références continuelles au diable. En quoi cette croyance gêne-t-elle l'athée que je suis ? Je reste convaincu de la validité de l'analyse que j'avais produite dans un ouvrage intitulé *Le retour du diable* (*op. cit.*) et dans lequel je montrais comment diablerie et droitisation dans/de l'Église vont toujours de pair.

Cette Église du pape François que l'on dit « progressiste » renoue avec les vieilles tentations en associant, comme au XIXe siècle, anticléricalisme, antichristianisme, maçonnerie et satanisme et en y ajoutant pour faire bonne mesure courants libertaires, islamisme, unions homosexuelles, Planning familial, etc. Le cardinal Robert Sarah, préfet de la Congrégation pour le culte divin et la discipline des sacrements, a même renvoyé dos à dos « deux menaces inattendues (comme deux "bêtes de l'Apocalypse") sur des pôles opposés : d'une part, l'idolâtrie de la liberté de l'Occident ; de l'autre, l'intégrisme islamique, le sécularisme athée contre le fanatisme religieux. Pour utiliser un slogan, nous nous trouvons entre "l'idéologie du genre et Isis". » Le cardinal Sarah précise que « les massacres islamiques et les exigences libertaires occupent régulièrement la une des journaux. (Rappelons-nous ce qui est arrivé le 26 juin dernier !) Ces radicalisations proviennent des deux principales menaces pour la famille : sa désintégration subjectiviste dans l'Occident sécularisé par le divorce rapide et facile, l'avortement, les unions homosexuelles, l'euthanasie, etc. (cf. la théorie du genre, les Femen, le lobby LGBT, le Planning familial...) D'autre part, la pseudo-famille de l'islam idéologique qui légitime la polygamie, la soumission des femmes, l'esclavage sexuel, le mariage des enfants, etc. (cf. Al-Qaïda, Isis, Boko Haram...) [...]. Plusieurs indices nous permettent de deviner la même origine démoniaque de ces deux mouvements. »[44]

L'Église de Vatican II ne parlait pas du diable ou seulement de façon métaphorique. Le pape François, en citant sans cesse le diable, renoue avec un lointain passé. Ce retour du diable dans l'Église est d'abord le fait des milieux charismatiques, même si, il fait également le délice de l'Opus Dei et des traditionalistes. Les courants de la théologie de la libération, que l'Église fait semblant de cajoler, n'ont, en revanche, jamais parlé de la réalité du diable et n'y ont sans doute jamais cru. D'autres théologiens progressistes comme le protestant Paul Tillich (1886-1965) considéraient que les démons étaient des structures mentales.

Le pape croit donc au diable, certes, mais croit-il au diable comme au Moyen Âge ? À lire ses déclarations, la réponse est malheureusement sans aucune équivoque : « Mais à cette génération, et à tant d'autres, on a fait croire que le diable est un mythe, une image, une idée, l'idée du mal. Mais le diable existe et nous devons lutter contre lui. » Cette position de François est conforme à celles de Jean-Paul II et de Benoît XVI même si, on peut considérer que c'est Paul VI qui a relancé cette croyance au diable.

Le père Gabriele Amorth, exorciste officiel du Vatican, soutient que le démon n'est pas une entité impersonnelle, qu'il n'est pas un simple mot servant à désigner ce que les psychanalystes désignent comme un mal abstrait existant dans la société, c'est une personne concrète et, comme le dit saint Pierre dans sa première Lettre, il est « comme un lion rugissant

---

44. Dans *Liberté politique* du 16 octobre 2015.

[qui] rode, cherchant à dévorer »[45]. Jean-Paul II profitera d'un voyage à Turin (considéré comme une des capitales du satanisme) pour alerter à son tour la chrétienté mais ce retour du diable dans la pensée de l'Église va connaître son heure de gloire lors du voyage du pape à Lyon (autre capitale de l'ésotérisme et du satanisme) pour canoniser un petit curé de campagne, le curé d'Ars, qui fut un véritable champion des rencontres avec le diable au XIXe siècle. François reprend donc une tradition qui n'est pas spécifiquement sud-américaine.

L'Église est parvenue à faire en sorte que les gens croient davantage au diable. Une étude récente montre qu'aux Pays-Bas, par exemple, 60 % des jeunes croyants disent croire au diable et à l'enfer alors qu'il y a trente ans cette proportion était de moins de un sur trois. Les exorcismes sont légion : plus de 1 000 par an en Belgique, et la France possède près de 120 prêtres exorcistes. Jean-Paul II avait d'ailleurs approuvé en 1999 un nouveau *Rituel de l'exorcisme*. Benoît XVI n'a fait bien sûr que précipiter la diabolisation des troubles mentaux marquant ainsi un virage antiscientifique, visant notamment la psychanalyse.

Je n'engagerai pas le débat sur le plan théologique mais sur les effets de ces croyances. L'Église a suffisamment prouvé au cours des siècles en quoi la chasse aux sorcières conduit à la mort de dizaines de milliers de femmes populaires. Croire au diable à la façon du pape François est la meilleure façon de développer une pastorale de la peur en rappelant que « la porte est étroite ». La conséquence est bien connue car comme l'a écrit Flaubert : « Il ne faut jamais penser au bonheur ; cela attire le diable, car c'est lui qui a inventé cette idée-là pour faire enrager le genre humain. »[46] Nous avons pourtant besoin pour réussir la transition écologique d'une conception de la vie bonne, au sens du *buen vivir* sud-américain et du « plus vivre » de la philosophie négro-africaine de l'existence, ou de la vie pleine de « l'écologisme des pauvres ». Tous ces courants ne sont pas du côté d'« un moins à jouir » mais d'un « plus à jouir », y compris charnellement, y compris sexuellement. Croire au diable à la façon du pape François c'est dénoncer les passions de la chair, « le démon, le monde et la chair », autrement dit, c'est soutenir que les passions humaines « sont les blessures du péché originel » (sic). J'aimerais répondre en reprenant les mots de Robert Escarpit dans sa *Lettre ouverte à Dieu* : « Quant à

---

45. Dans le magazine *30 Jours*, n° 1, janvier 1996.
46. Gustave FLAUBERT, « lettre à Louise Colet », 21 mai 1853, dans *Correspondance*, choix et présentation de Bernard Masson, Paris, « Folio », Gallimard, 1998, p. 227.

l'affaire de la pomme, il fallait le planter ailleurs, votre arbre, ou ne pas créer Adam à votre image. En l'occurrence l'interdiction équivalait à un encouragement, n'importe quel pédagogue vous le dira. Ce n'est pas le diable qui a tenté notre ancêtre, c'est vous qui avez tenté le diable. »[47]

Croire au diable à la façon du pape François c'est aussi immanquablement dire que nous devons lutter contre lui avec « l'armature » de la Vérité à majuscule, c'est-à-dire avec le dogme dont l'Église et le pape seraient les seuls interprètes. Le pape ne dit pas d'ailleurs que certains devraient parfois affronter le diable : il explique que ce « combat continu » nous concerne tous à chaque instant : « Nous avons besoin de ce bouclier de la foi » car « le diable ne nous lance pas des fleurs mais bien des flèches enflammées », il faut donc prendre « le bouclier du Salut et l'épée de l'Esprit qui est la Parole de Dieu », il faut constamment veiller « dans la prière et les suppliques ».

Croire au diable à la façon du pape François, c'est reprendre cette détestable tradition qui explique tous les méfaits, y compris sociaux et écologiques, par le péché originel, c'est donc s'engager sur un mauvais terrain, c'est désarmer les humains face aux catastrophes.

Croire au diable à la façon de François n'est jamais la meilleure façon pour entamer un dialogue car cette croyance est grosse de dangers. François voit le diable partout notamment chez ses adversaires politico-religieux qui seraient naturellement des envoyés du diable... Curieuse façon de prêcher l'entente aux « personnes de bonne volonté », aux fidèles des autres religions, aux sans-Dieu comme moi et même aux bouffeurs de curés ! Le pape affirme que non seulement existe une haine du monde envers Jésus et l'Église, mais que, derrière cet esprit du monde, il y a « le prince de ce monde » : « Par sa mort et sa résurrection, Jésus nous a libérés du pouvoir du monde, du pouvoir du diable, du pouvoir du prince de ce monde. L'origine de la haine, c'est ceci : nous sommes sauvés et ce prince du monde, qui ne veut pas que nous soyons sauvés, nous hait et il fait naître la persécution, qui a commencé dès les premiers temps de Jésus et qui continue encore aujourd'hui. »

Croire au diable à la façon du pape François, c'est rappeler que puisque le diable, qui se trouve derrière les mauvaises pensées, est « un menteur, le père des menteurs, le père du mensonge », il ne convient plus de chercher le dialogue avec les adversaires. Face au diable, il faut – soutient le pape – réagir comme l'a fait Jésus, qui « a répondu avec la parole de Dieu. On ne

---

47. Robert ESCARPIT, *Lettre ouverte à Dieu*, Paris, Albin Michel, 1966.

peut pas dialoguer avec le prince de ce monde. Le dialogue est nécessaire entre nous, il est nécessaire pour la paix, c'est une attitude que nous devons avoir entre nous, pour nous écouter, pour nous comprendre. Et il faut qu'il soit constamment maintenu. Le dialogue naît de la charité, de l'amour. Mais on ne peut pas dialoguer avec ce prince ; on peut seulement répondre avec la parole de Dieu qui nous défend ». Je laisserai le mot de la fin à Albert Jacquard : « Il me semble que les religions manifestent déjà une forme de totalitarisme lorsque, au-delà d'un individu, elles veulent débusquer le démon qui agit en lui, et ce, au nom d'une doctrine qui s'intéresse au "tout" et non pas aux éléments qui le composent. Les Inquisiteurs n'étaient-ils pas totalitaires lorsqu'ils torturaient un pauvre diable dans l'idée de lutter contre ce Tout partout présent et agissant qu'est le Diable ? »[48]

Ce retour du diable dans la pastorale permet en revanche un retour en force des courants les plus à droite comme les légionnaires du Christ[49], Communion et Libération, l'Opus Dei mais aussi un pas de géant en direction des courants traditionalistes.

Le bon pape François pouvait-il canoniser un prêtre génocidaire ?

Le pape François a profité de son voyage aux États-Unis en septembre 2015 pour canoniser le prêtre Junípero Serra (1713-1784), évangélisateur de la Californie, considéré comme l'un des « pères fondateurs » des États-Unis mais accusé, par les peuples amérindiens nord-américains et mexicains, d'être responsable de la destruction de leur culture, voire d'être un génocidaire.

Ce prêtre franciscain, théologien important puisqu'il enseignait dans les plus grandes universités catholiques espagnoles, avant de s'embarquer pour le Nouveau Monde en 1769, est le fondateur de la première des neuf missions créées en Californie pour convertir les Indiens au catholicisme romain. Les travaux des historiens ont depuis longtemps établi le réquisitoire : interdiction de parler les langues autochtones, obligation

---

48. Albert JACQUARD, *Petite philosophie à l'usage des non-philosophes*, Paris, Calmann-Lévy, 1997.
49. http://www.regnumchristi.fr/meditations/je-sais-qui-tu-es

d'abandonner les coutumes notamment vestimentaires, assignation à résidence dans des camps, travail forcé, sous-alimentation chronique, mauvais traitements, etc. Certains historiens parlent même de « camps de la mort » et estiment que la population autochtone est passée en un siècle de 300 000 habitants à 62 000. Nous disposons également de travaux universitaires qui établissent la responsabilité de ce prêtre dont ceux des historiens Steven Hackel et Elias Castillo. Junípero Serra est bien celui qui décida qu'il fallait créer des enclaves, non pas pour protéger les Indiens comme le clament aujourd'hui ses défenseurs mais pour les soumettre et en faire de « bons chrétiens » obéissants et... productifs.

Ce maudit prêtre, comme disent les Amérindiens, avait cependant déjà été béatifié en 1988 par Jean-Paul II comme symbole de l'évangélisation de l'Ouest. J'étais de ceux qui espéraient que le pape François ferait machine arrière et n'oserait pas canoniser ce religieux, ne serait-ce que pour ne pas aggraver les tensions, notamment religieuses, entre les peuples. Comment l'Église de Rome a-t-elle pu canoniser cet homme qui cristallise contre lui l'hostilité d'une partie des peuples amérindiens ? La question mérite d'autant plus d'être posée que l'Église de Rome savait ce qu'elle faisait et que sa décision provoquerait une vague de protestations. Cette affaire crée en effet des tensions depuis presque un siècle, puisque la Cause pour la béatification de ce prêtre a débuté en 1934. François a précisé que Serra serait canonisé de façon « équipollente », une voie qui « est utilisée quand un homme ou une femme sont bienheureux depuis très longtemps, et qu'il existe une vénération du peuple de Dieu : on ne fait pas de procès sur le miracle » ; autrement dit, il fallait le canoniser à tout prix.

Les Amérindiens se sont mobilisés aussitôt contre ce projet. Ainsi Valentin Lopez, président du peuple Amah Mutsun (qui occupait la vallée de San Juan bien avant les Espagnols) déclarait-il : « La période des missions a été brutale pour nos peuples [...]. Il ne peut y avoir aucun doute que Junípero Serra est personnellement responsable de la destruction de notre culture. » Le mouvement Mexica (qui regroupe des membres des peuples indiens des deux côtés de la frontière mexicaine considérée comme une frontière artificielle voulue et pensée dans l'intérêt des seuls Blancs), et son leader Tezcatlipoca (qui signifie « miroir fumant » en langue mahuasi), est plus vif : « Il a planifié le génocide » et le pape « prolonge ce génocide ». Toypurina Carac, porte-parole de la nation Kizh Gabrieleno, peuple autochtone de la région de Los Angeles, tient des propos comparables : « Nous dénonçons vivement la canonisation de celui qui a été le meurtrier de notre peuple et de notre culture. » Ron Andrade, directeur de la commission indienne du comté de Los Angeles, accuse également ce prêtre d'être responsable du génocide des Amérindiens en Californie, etc. Manifestations, appels solennels des divers peuples et de leurs leaders et pétitions se sont donc multipliés dans l'espoir que François entende raison et renonce à son projet. Mais le pape est resté sourd à tous les appels. Aussi, au lendemain de la canonisation, le journal *Huffington Post* titrait : « Encore une fois réduits au silence, les Amérindiens insultés par la décision du pape François de canoniser Serra ».

Face aux nombreuses protestations, François a rétorqué maladroitement que si cette canonisation « ravivait des souvenirs amers du traitement des Indiens pendant la période missionnaire et coloniale », il fallait aussi tenir compte du fait que Jean-Paul II avait demandé pardon en 1992 aux peuples amérindiens pour tous les massacres commis lors de l'évangélisation. Comme si demander pardon autorisait ensuite à canoniser un prêtre génocidaire ? Il a également ajouté que ce saint serait « le patron des personnes d'origine hispanique du pays ». Saint pour les uns, diable pour les autres ?

Pourquoi diable François a-t-il tenu à canoniser ce prêtre contesté ? C'est déjà indéniablement le signe d'une Église qui entend assumer son identité (cette fameuse Église identitaire) pour mieux évangéliser (et « réévangéliser »). Ce prêtre est donc bien le symbole de l'évangélisation, comme le soutenait déjà Jean-Paul II, une *reconquista* dont l'Église de François entend faire la gloriole ! Le pape explique ainsi : « Je préfère une Église accidentée, blessée et sale pour être sortie par les chemins, plutôt qu'une Église malade de la fermeture et du confort de s'accrocher à ses propres sécurités » (*Lettres pastorales* de 2013). Le pape semble seulement « oublier » que, comme dans les affaires de pédophilie, ce n'est pas d'abord l'Église qui souffre, mais les peuples qui ont été massacrés !

Cette affaire est malheureusement l'occasion de constater que l'Église n'est toujours pas au clair sur ces questions. En 2007, Benoît XVI avait déjà provoqué une polémique lors d'un voyage au Brésil en niant que l'évangélisation des Amériques « ait comporté une aliénation des cultures précolombiennes » car disait-il : « Sans le savoir, les Amérindiens cherchaient le Christ dans leurs riches traditions religieuses. Avec l'eau du baptême, l'Esprit saint est venu féconder leurs cultures, les purifiant. » Le pape François est bien meilleur communiquant que son prédécesseur car s'il demande (de nouveau) pardon aux populations autochtones, il précise curieusement « pas seulement pour les offenses de l'Église » (sic), il ajoute également, à la façon de Benoît XVI, que le bilan serait globalement positif : « Je demande humblement un pardon, non seulement pour les offenses de l'Église même, mais pour les crimes contre les peuples autochtones durant ce que l'on appelle la conquête de l'Amérique. [...] Je demande aussi à vous tous, croyants et non-croyants, de vous souvenir de tant d'évêques, prêtres et laïques qui ont annoncé et annoncent la bonne nouvelle de Jésus avec courage et douceur, respect et dans la paix ; qui sur leur passage en cette vie ont laissé des œuvres émouvantes de promotion humaine et d'amour, souvent auprès des peuples indigènes ou en accompagnant les mouvements populaires de ceux-ci, y compris jusqu'au martyre. »

Comment ne pas retourner contre François ce qui se disait contre Benoît XVI ? Felipe Quispe, leader du mouvement indigène Pachakuti, ancien secrétaire général de la Confédération syndicale unifiée des travailleurs paysans de Bolivie, ancien candidat à la présidentielle bolivienne, déclarait ainsi : « Le pape est ignorant de l'histoire » ; Luis Evelis Andrade, philosophe, ancien prêtre, dirigeant de l'Organisation nationale indigène de Colombie, sénateur, ajoutait : « Nier que l'imposition de la religion catholique a été utilisée comme un mécanisme de domination sur les peuples indigènes, c'est vouloir occulter l'histoire. En tant que peuples indigènes, si nous sommes bien croyants, nous ne pouvons accepter que l'Église nie sa responsabilité dans l'anéantissement de notre identité et de notre culture », etc. Nombreux furent alors les militants et les historiens à presser le pape de relire Bartolomé de Las Casas (1474-1566), ce dominicain espagnol qui avait dénoncé les atrocités commises par les conquistadors et qui avait déclaré face à l'Église : « Un Indien païen vivant est toujours préférable à un Indien chrétien mort » !

Comment on retrouve les Chevaliers de Colomb
à la manœuvre

La canonisation de Junípero Serra est un cadeau fait par François à l'ordre des Chevaliers de Colomb dont l'Église a tant besoin. On retrouve donc Carl Anderson à la manœuvre, puisque non seulement il sera chargé de prononcer l'éloge de ce prêtre génocidaire mais il en profita, avec le soutien de nombreux réseaux de l'Église, pour réécrire totalement l'histoire. Carl Anderson explique ainsi que les récits des massacres seraient une « légende noire » inventée par les ennemis du catholicisme romain. La légende, dit-il, a été fabriquée pour calomnier les franciscains espagnols qui ont établi les missions de Californie pour le bien des Indiens et propagé avec amour le christianisme parmi les indigènes. Son discours prononcé à l'occasion de cette canonisation s'intitulait sobrement « Notre-Dame de Guadalupe, Mère et Guide de Fra Junípero Serra, président d'honneur de l'Amérique », signe que pour lui il ne s'agissait pas seulement de donner un saint patron aux descendants des Espagnols puisque Notre-Dame de Guadalupe célèbre justement la conversion des Indigènes par la grâce de la Vierge Marie. La canonisation a été coparrainé par la Commission pontificale pour l'Amérique latine (la même qui a vaincu les théologies de la libération), sous le patronage de l'archidiocèse de Los Angeles. Carl Anderson ajoute que « nous ne devrions plus laisser calomnier l'honorable histoire de l'un de nos grands saints, Junípero Serra ; [...] La présomption de la légende noire est que les Indiens – les peuples autochtones – ont été traités cruellement, peut-être torturés, ont été exploités ; [...] Ce qui a poussé et motivé Junípero Serra et les autres missionnaires était le message de Notre-Dame de Guadalupe, que ces gens ont de la dignité. Quand elle est apparue à Juan Diego, elle a dit : "Ne suis-je pas ta mère ?" [...] Les disciples de Notre-Dame de Guadalupe doivent comprendre que [...] l'évangélisation ne signifie pas la domination ni l'exploitation. Cela signifie apporter l'Évangile aux peuples [...]. Les choses horribles qui se sont produites sont survenues après que les missionnaires espagnols ont été chassés de Californie [...] » Les Chevaliers de Colomb accordaient donc une très grande importance à la canonisation de Serra par François car « nous avons toujours été soucieux de défendre l'Église contre les préjugés et le sectarisme [...]. Il est temps de remettre les pendules à l'heure, [...] il est temps de consacrer plus d'attention à l'histoire catholique [...]. Dès le début des années 1900, les

Chevaliers de Colomb ont fondé la première chaire d'histoire catholique à l'université catholique d'Amérique à Washington, pour commencer ce travail et remettre en cause les préjugés ». Le pape François est « le porte-parole le plus important dans le monde entier sur ce sujet. Je suis sûr qu'il va parler de la liberté religieuse quand il viendra aux États-Unis. Et j'espère qu'il va engendrer un nouvel esprit de solidarité entre les chrétiens du monde entier ».

Les 30 000 participants à la messe de canonisation ont donc reçu un livret co-rédigé par Carl Anderson et Vincenzo Criscuolo, rapporteur général de la Congrégation pour les causes des saints au Vatican. Le texte d'Anderson entendait prouver que l'extermination directe des peuples indigènes de la Californie était en réalité le fait des Anglo-Saxons après la guerre entre les États-Unis et le Mexique et la « ruée vers l'or » au milieu du XIXe siècle, c'est-à-dire des protestants. Cette opération de propagande a été savamment préparée lors d'une réunion organisée en mai au Collège pontifical nord-américain de Rome, par la Commission pontificale pour l'Amérique latine, le Collège pontifical nord-américain et l'archidiocèse de Los Angeles, en présence, bien sûr, du chevalier suprême Carl Anderson... Comment s'étonner que depuis cette canonisation les incidents se multiplient : des statues de Junípero Serra et plusieurs pierres tombales du cimetière où il est enterré ont été vandalisées, les portes de la basilique abîmées, etc.

Le bon pape François peut-il béatifier un prêtre antisémite ?

Les cathos de choc aiment le pape François qui aime le prêtre Léon Dehon au point de souhaiter le béatifier alors que la procédure engagée par Jean-Paul II avait été bloquée par Benoît XVI en raison des propos antisémites du chanoine. Le pape François aime raconter cette blague : « C'est l'histoire d'un prêtre profondément antisémite. À la messe dominicale, il entame son homélie en attaquant violemment les juifs. Soudain, l'Église tremble, le prêche s'interrompt... Jésus descend de la Croix. Se tournant vers Marie, il dit : "Viens, maman. On ne veut pas de nous ici". »

Léon Dehon (1843-1925) est le fondateur de la Congrégation des prêtres du Sacré-Cœur de Jésus qui symbolise la volonté de pouvoir politique de l'Église. Le Sacré-Cœur n'est jamais bien loin de la guerre juste et sainte contre les infidèles. Léon Dehon a contribué pendant des décennies par ses écrits à la spiritualité du Sacré-Cœur et à l'étude des questions dites « sociales » dans l'Église. Le pape Pie X parlait déjà de lui comme d'un saint mais sa béatification avait été bloquée en 1952. Le bon pape François n'ignore donc rien de ses écrits antisémites. Il a tenté de justifier sa décision en expliquant que ces propos devaient être replacés dans leur contexte historique. J'entends bien car on peut parfois admettre qu'un texte soit pollué par des scories qui relèvent de l'air du temps (en l'espèce celui nauséabond d'une Église catholique encore antisémite). Mais les propos antisémites de Dehon sont conformes à sa pensée et au cœur à son système ! Ses ouvrages litigieux et notamment son fameux *Catéchisme social* rédigé par la commission d'études sociales du diocèse de Soissons sous sa présidence avaient été publiés avec l'approbation de « sa grandeur Monseigneur l'évêque de Soissons », autant dire que ce livre engageait bien l'Église du XIXe siècle, aussi en béatifiant Léon Dehon, il engagerait maintenant l'Église pour l'éternité. Ce n'est pas moi qui le dit mais les textes mêmes des béatifications. Je citerai seulement un extrait d'un chapitre intitulé « La réaction antisémite » : « Eh oui ! C'est encore là un signe d'espérance. Il peut y avoir un peu d'exagération dans ce mouvement, il y en a toujours quand la force ou une liberté comprimées réagissent et se relèvent. Il est certain que le juif et le chrétien ne sont pas à armes égales puisque le talmud met au large la conscience des juifs vis-à-vis des chrétiens. Il faut donc, pour rétablir l'équilibre, quelques restrictions aux libertés des juifs, les États chrétiens l'ont toujours compris. La France a même encore quelques lois existantes pour les contenir, mais elle ne les applique plus. Ce peuple a des instincts inéluctables. Il a la soif de l'or, il a le Christ pour ennemi. Laissé libre et doué d'un grand talent pour la spéculation, il a conquis notre or et il nous tient asservis. Il tient la presse et fait l'opinion [...]. Nos gouvernements sont esclaves de la Haute Banque. Ils ne peuvent plus prendre une mesure qui déplaise aux milliardaires, sans que ceux-ci élèvent la voix et menacent de provoquer une crise à la Bourse. Nous sommes les esclaves, c'est entendu. »

Cette béatification serait d'autant plus troublante dans le contexte actuel où le pape François ne cesse à nouveau de dénoncer le Veau d'or et dans lequel on assiste à une montée de l'extrême droite et à un retour de l'antisémitisme. Je n'aurai pas la méchanceté de généraliser le cas polonais mais tout de même ! L'antisémitisme catholique n'a pas cessé après la fin de la guerre : « Le père rédemptoriste Tadeusz Rydzyk, directeur de la station ultraconservatrice Radio Maryja, pourra poursuivre son œuvre en toute impunité. Lundi 23 juillet, son supérieur, le père Zdzislaw Klafka, l'a ouvertement soutenu et blanchi des récentes accusations d'antisémitisme. La controverse était née deux semaines plus tôt, après la publication par l'hebdomadaire *Wprost* de la retranscription d'un cours magistral donné par le père Rydzyk, dans son école de culture sociale et médiatique, au printemps. Il avait tancé le président polonais, l'accusant d'être sous l'emprise d'un lobby juif. »[50] Ce prêtre, dirigeant d'un groupe de presse, est aussi connu pour sa défense du créationnisme et du nationalisme.

Il a été reçu par le pape Benoît XVI en 2007 malgré les protestations[51]. Beaucoup plus proche géographiquement, on trouve l'abbé Guy Pagès, ancien aumônier des armées, aujourd'hui prêtre sans ministère, et qui a choisi l'apostolat par Internet, avec un certain succès d'audience. Guy Pagès est un antisémite et un antimusulman particulièrement féroce. Le vicaire général de Paris explique qu'il n'existe pas d'imprimatur concernant les vidéos et que le prêtre Guy Pagès peut donc poursuivre ses provocations. Rien n'interdirait cependant à l'Église d'instruire un procès comme elle l'a fait des centaines de fois contre des prêtres prônant les théologies de la libération. L'Église n'est pas responsable des propos de Guy Pagès mais pourquoi le retrouve-t-on régulièrement invité dans des mouvements d'Église, sur TV Liberté, aux Journées chouannes de Chiré en 2015, au camp d'été pour devenir un bon soldat de Jésus-Christ, au colloque du SIEL et, pire, au sein de l'OSCE ? L'Organisation pour la sécurité et la coopération en Europe est la seule organisation à vocation généraliste accueillant la totalité des États du continent européen. Est-il normal que l'Église catholique soit représentée, à cette occasion, par un prêtre vomissant la haine[52] ? (Faut-il rappeler que Massimo Introvigne, l'avocat de toutes les mauvaises affaires de l'Église, est le représentant personnel du président de l'OSCE concernant la lutte contre le racisme, la xénophobie et la discrimination ?) L'abbé Pagès fait, pour la télé en ligne ripoublik.com (sic), l'éloge de la légitime défense : les bons chrétiens ne doivent pas tendre l'autre joue mais user de la violence[53].

---

50. http://www.cicad.ch/fr/le-p%C3%A8re-tadeusz-rydzyk-et-lantis%C3%A9mitisme.ht-ml#sthash.LOKxfOev.dpuf
51. http://www.liberation.fr/planete/2007/08/09/le-baisemain-au-pape-qui-choque-la-communaute-juive_10632
52. https://www.youtube.com/watch?v=BhIKAq375aA
53. http://www.islam-et-verite.com/pages/pages-cachees/verite/les-interventions-publiques/l-abbe-pages-evoque-la-legitime-defense.html

Le pape François en choisissant de béatifier le prêtre Léon Dehon commettrait une quadruple faute morale, au regard des juifs, au regard des pauvres, au regard des francs-maçons et au regard des courants socialistes et émancipateurs. Léon Dehon n'était pas seulement un antisémite mais un réactionnaire absolu. Il aimait certes beaucoup ses pauvres mais à sa façon bien spéciale : « L'Église et le peuple sont faits pour s'aimer [...]. l'Église aime les petits parce qu'elle est compatissante. Les petits aiment l'Église parce qu'ils sont reconnaissants. » Traduction : les « bons » pauvres ne doivent surtout pas envier les riches conformément à toute une tradition théologique ! Est-ce là l'image de la théologie des pauvres que François souhaite donner ? Dehon était aussi un curieux démocrate (je ne parle même pas d'être républicain) puisqu'il ne cache pas son amour pour le Moyen Âge chrétien : « Si l'on donne ce nom (de démocratie) à la domination arbitraire de la foule, l'Église ne peut pas favoriser la démocratie qui méconnaît les lois divines ». Il aime donc la démocratie sous condition de bonne chrétienté, et, face aux dictatures, il invite les peuples à se soumettre sauf si les lois de Dieu sont trahies : « La constitution politique de chaque peuple dépend des circonstances historiques. Les sujets sont tenus d'accepter les gouvernements et de ne rien faire pour les renverser, les révolutions sont un mal immense qu'on n'a pas le droit de provoquer [...] » Est-ce là la leçon que François a conservé de sa longue et troublante expérience de la dictature des militaires en Argentine ?

Le prêtre Léon Dehon n'aime donc pas les juifs, ni les socialistes, ni les athées, ni les francs-maçons et il rappelle que Léon XIII et plusieurs de ses prédécesseurs ont stigmatisé la perversité de leurs doctrines et l'infamie de leurs actes. Les ennemis du prêtre Dehon sont au service de Satan, l'ennemi de Dieu.

**Deuxième partie :
François sauvera-t-il la planète ?**

L'Église a réussi un sacré coup médiatique avec l'encyclique *Laudato si'*. Cette lettre publiée par François en juin 2015 enregistre 1 680 000 réponses sur Google contre seulement 327 000 pour le rapport du GIEC (Groupe d'experts intergouvernemental sur l'évolution du climat) qui existe pourtant depuis 1988. L'Église de François a donc réussi son opération de *greenwashing*. Elle n'a pas dépensé inutilement le denier de culte pour ses consultants en communication. Mais qu'en est-il en revanche sur le plan religieux et politique ?

Ce texte, loin d'être révolutionnaire et progressiste, rappelle en fait les grands dogmes de l'Église en matière de péché, de sexualité, d'économie, de politique. Sous prétexte de défendre les écosystèmes et une « Terre-pour-l'humanité », François rappelle que l'Église seule détiendrait la vérité absolue et entend nous imposer ses dogmes dans des domaines qui ne concernent pas l'écologie. François dénonce la légalisation de la contraception et de l'avortement, il s'en prend à ceux qui « falsifient » le mariage avec le divorce et le mariage homo. Son écologie ressemble aussi étrangement aux politiques d'austérité. François n'est pas du côté d'un « plus à jouir » mais d'un « moins à jouir » castrateur. Ce n'est donc pas moi qui ai choisi de revenir aux terrains de chasse préférés des bouffeurs de curés, mais François qui ne peut s'empêcher d'instrumentaliser l'écologie pour en faire un domaine d'application d'une religion répressive. Curieuse encyclique qui, à l'exception de quelques courants « cathos de gauche » mais aussi de courants cathos-libéraux, est encensée par tous ceux qui se trouvent à l'extrême droite de Dieu. De l'Opus Dei à Communion et Libération, chacun se félicite de ce coup de génie pontifical. Ainsi l'Opus Dei, dont le thème de l'université 2014 était « Écologie de la personne et de son environnement », après avoir participé à l'Audience générale du Saint-Père, a fait la promesse de porter son appel en faveur de l'écologie.

La face cachée de l'encyclique *Laudato si'*

Cette encyclique signée par François est bien sûr une œuvre collective même si son nom restera durablement attaché à cette nouvelle théologie de l'écologie. Une encyclique est techniquement une lettre adressée par le pape à l'ensemble des évêques, et parfois des fidèles, mais elle n'engage pas l'infaillibilité papale.

Chaque mot d'une encyclique est longuement pesé, si bien que le lecteur lambda passe souvent à côté des enjeux réels qui n'apparaissent qu'au terme d'une longue période et aux lecteurs initiés. Les gauches et les milieux écolos sont victimes d'une intoxication sémantique, car ce n'est pas parce que l'évêque de Rome fait les mêmes constats qu'eux sur la situation planétaire et qu'il utilise les mêmes mots... qu'il dit la même chose. L'essentiel des thèses de l'encyclique écolo se trouve déjà dans les déclarations d'Aparecida qui actait la défaite des théologies de la libération et donc la possibilité d'une nouvelle option préférentielle pour les pauvres... L'écologie à la sauce vaticane n'est pas plus émancipatrice que sa théologie populaire. Nous ne campons pas du même côté du désir et de la jouissance !

Nous serons donc obligés de déconstruire le texte de l'encyclique puisqu'il a été savamment élaboré pour permettre le ralliement du plus grand nombre, en reportant au milieu et à la fin du texte les sujets qui fâchent (comme le dogme du péché originel), mais surtout ce qui en donne la véritable clef de lecture. C'est ce que nous apprend Mario Toso, un évêque qui a largement travaillé à son élaboration collective et qui fut, jusqu'en janvier 2015, secrétaire du Conseil pontifical Justice et Paix : « L'encyclique, telle qu'elle nous est présentée aujourd'hui, montre un visage qui est différent de celui de la première ébauche. Celle-ci prévoyait une longue introduction à caractère théologique, liturgique et sacramentel, spirituel. Si la structure initiale avait été conservée, l'encyclique se serait adressée de manière plus immédiate au monde catholique. Au contraire, le pape François a préféré modifier cette structure, en déplaçant vers le milieu et vers la fin du texte la partie théologique. »[54]

Cette obligation de lire entre les lignes pour ne pas être dupe est également soulignée par une autre sommité catholique, grand connaisseur de l'écriture des encycliques, puisqu'il a lui-même participé à la rédaction de l'encyclique *Caritas in veritate* de Benoît XVI en tant que (ancien) président de l'IOR : Gotti Tedeschi explique, dans une interview accordée à *La Repubblica* et dans un commentaire publié par un autre journal, *Il Foglio*, que l'on ne comprend le sens profond de l'encyclique que lorsqu'on ajoute à l'expression *Laudato si'* (« Loué sois-tu ») les mots *mi Signore* [« mon Seigneur »]. Ce besoin de préciser est doublement étrange, car dans un contexte catholique l'expression « Loué sois-tu » renvoie systématiquement au Seigneur et « Loué sois-tu, mon Seigneur » est d'ailleurs la véritable première phrase de l'encyclique. Gotti Tedeschi n'insiste donc que pour contrecarrer ceux qui feraient une lecture profane du texte. Parce que la cause ultime du comportement qui aboutit à la dégradation de l'environnement, « c'est le péché, la perte de Dieu », alors que la cause proche c'est « le consumérisme ». Ce « consumérisme excessif » ne serait d'ailleurs pas la conséquence des modes de vie capitalistes ni même de l'agression publicitaire mais celle d'« une volonté de compenser la chute des naissances dans les pays occidentaux »[55]. Traduction de cette mise au point théologique : combattons d'abord les causes profondes de l'effondrement écologique comme la contraception ou l'IVG plutôt que les causes superficielles comme le capitalisme et le productivisme ! Comme on ne pourrait en finir avec la destruction des écosystèmes qu'en rétablissant les lois dites naturelles, c'est-à-dire celles de Dieu, la priorité serait à l'évangélisation des « idiots utiles » de l'écologie profane. Ce texte n'est donc pas aussi consensuel que les médias ont souhaité le croire !

Chacun accède cependant au message pontifical dès qu'il est traduit par ses propres ouailles dans des revues moins grand public donc moins œcuménique. Certains se sont souvenus que François est un jésuite, donc parfaitement habitué à ce système d'écriture qui ne se laisse pas immédiatement percer et permet des lectures multiples, bien que sa vérité soit totalement univoque. Cette stratégie de brouillage n'est pas spécifique au pape, tant s'en faut. On peut même soutenir que plus on considère la prose des soldats de Dieu impliqués dans l'écologie, plus

---

54. www.standelarminat.com/les2ailes/index.php?...
55. http://chiesa.espresso.repubblica.it/articolo/1351074?fr=y

leur littérature est diaboliquement trompeuse. Ainsi les écolos-cathos de droite (très à droite même) sont doués pour avancer masqués n'hésitant pas, par exemple, à citer des auteurs de gauche comme Cornelius Castoriadis, Antonio Gramsci, André Gorz, dans la bonne vieille tradition de la Nouvelle Droite païenne d'Alain de Benoist qu'ils vomissaient avant que ce dernier ne proclame sa sympathie pour ce pape si particulier[56]. Alain de Benoist soutient que pour « le pape François le capitalisme est un système intrinsèquement mauvais »[57]. Mais qui pourrait croire que l'anticapitalisme du « pape de la Nouvelle Droite » ressemblerait d'une quelconque façon au nôtre ?

Cette stratégie de confusion est revendiquée avec le fameux « tout est lié ». Ainsi de la confusion entretenue entre PMA (procréation médicalement assistée), GPA (gestation pour autrui) et OGM (organisme génétiquement modifié). Notons ensuite l'équivoque sur la notion de « doctrine sociale de l'Église », puisque par « sociale » il ne faut pas comprendre justice sociale comme nous l'entendons spontanément mais conception catholique de la société, c'est-à-dire admiration pour le Moyen Âge et défense de la propriété privée. Relevons enfin l'équivoque qui consiste à parler de « culture du déchet ». L'Église passe en effet insensiblement du constat établi depuis des décennies sur le caractère insoutenable de notre mode de développement à autre chose. La grande thèse de François, c'est que la culture du déchet (la pollution matérielle pour faire simple) ne serait qu'un élément d'une pollution beaucoup plus importante, celle des cœurs, celle de l'esprit, celle de l'homme entier, dès que celui-ci ne croit plus en Dieu, dès lors qu'il ne se soumet plus aux lois dites naturelles. La culture du déchet serait la conséquence de la perte des repères entre le bien et le mal, entre le haut et le bas, bref entre Dieu et le diable. Cette critique de la culture du déchet incite donc très vite à passer à l'essentiel, non pas le combat contre le nucléaire et les incinérateurs, non pas la lutte contre l'obsolescence programmée, puisque tous ces déchets ne sont que des symptômes importants certes, mais secondaires, en comparaison de la lutte contre la pornographie, contre l'art moderne dégénéré, contre la

---

56. J'avoue que j'ai aussi eu la désagréable surprise de me trouver également donné en référence sur le site de l'AF : http://www.actionfrancaise.net/2007/01/30/le-pari-de-la-decroissance/

57. http://www.bvoltaire.fr/alaindebenoist/pape-francois-systeme-capitaliste-intrinse-quement-mauvais, 196913

contraception, contre l'avortement, contre la falsification du mariage par la concupiscence, etc.

Cette stratégie de la confusion ne peut qu'engendrer des dérives scandaleuses. Ainsi l'abbé Hervé Benoît a osé comparer les victimes des attentats du Bataclan avec les terroristes en publiant sur le site Riposte catholique un texte intitulé « Les aigles (déplumés) de la mort aiment le diable » dans lequel il dénonce la génération bobo : « Même déracinement, même amnésie, même infantilisme, même inculture [...]. Les uns se gavaient de valeurs chrétiennes devenues folles : tolérance, relativisme, universalisme, hédonisme... Les autres, de valeurs musulmanes devenues encore plus folles au contact de la modernité : intolérance, dogmatisme, cosmopolitisme de la haine. » Ce prêtre décrit les spectateurs du Bataclan comme de « pauvres enfants de la génération bobo, en transe extatique, "jeunes, festifs, ouverts, cosmopolite" comme dit le quotidien de référence (sic)... mais ce sont des morts vivants. Leurs assassins, ces zombis hashashin, sont leurs frères siamois. » L'abbé Benoît établit ensuite un rapprochement entre le nombre des victimes de ces attentats et les 130 ou 160 avortements pratiqués, selon lui, chaque jour, en France. Il conclut en s'interrogeant : « Où est l'horreur, la vraie ? » Évoquant une chanson du groupe Eagles of Death Metal qui se produisait ce soir-là au Bataclan où il est question du diable : « Vous invoquez le diable en rigolant ? Lui vous prend au sérieux. Un exorciste extraordinaire me le disait le jour même des attentats : « Si vous lui ouvrez la porte, il se fait une joie d'entrer. ». Cher lecteur, n'oubliez jamais que la cause ultime du comportement qui aboutit au terrorisme et à l'écocide, « c'est le péché, la perte de Dieu » ! À la suite des protestations envoyées à l'évêché, le cardinal Barbarin, qui avait d'abord simplement qualifié ses propos de « blessants pour les victimes » l'a démis de ses fonctions de chapelain de la basilique de Fourvière à Lyon. L'abbé Benoît publie régulièrement dans des revues catholiques d'extrême droite comme *La Nef* (aux côtés des écolos-cathos Jacques de Guillebon ou Falk van Gaver, cf. *infra*). Hervé Benoît cite le romancier anarchiste George Orwell précisant qu'un ecclésiastique peut se le permettre sans rougir (sic). Ces positions scandaleuses ne sont possibles que parce que ce type de croyants se croit porteur d'une Vérité à majuscule, d'une véritable science chrétienne.

La « science chrétienne » contre la science

Les médias ont tellement fait la promotion de cette encyclique *Laudato si'* que chacun croit la connaître sans même avoir besoin de se plonger dans le texte. Ce document vaut pourtant le détour car le voyage réserve quelques surprises. Non seulement le pape considère que notre écologie profane en ne s'attaquant pas aux « racines éthiques et spirituelles des problèmes environnementaux » (c'est-à-dire en ne se soumettant pas à sa Vérité à majuscule) affronterait seulement les « symptômes » et donc que les combats contre le capitalisme, le productivisme, l'extractivisme, l'économie pétrolière seraient vains, sinon contre-productifs, mais il ajoute que « la violence qu'il y a dans le cœur humain blessé par le péché se manifeste aussi à travers les symptômes de maladie que nous observons dans le sol, dans l'eau, dans l'air et dans les êtres vivants ». La destruction des écosystèmes serait la conséquence du péché originel, et les écologistes profanes seraient des idiots utiles du système. De qui se moque François lorsqu'il accuse les non-croyants de considérer les religions comme une « sous-culture » alors que c'est lui qui nous diabolise ? Non seulement nos enfants seraient encore coupables du péché originel, responsables selon lui de la crise environnementale comme de tout le reste, mais ce serait encore le péché qui empêcherait de reconnaître que l'Église a raison lorsqu'elle considère les mobilisations écologistes comme dérisoires. Le pape, sous le titre « L'Évangile de la Création » (*Laudato si'*, 2), semble, par exemple, prôner une nouvelle alliance entre la science et la religion et entre la raison et la foi, mais c'est pour mieux défendre les dogmes et l'idée d'une science chrétienne[58].

Science chrétienne puisque c'est bien toujours la notion de « révélation primitive », développée par les tenants de la science chrétienne du XIXe siècle, qui peut conduire à établir un lien aussi étroit entre pollution et péché originel. On rappellera que la notion de « révélation primitive » concerne ce qui a été donné par Dieu à Adam avec/par le langage et contre quoi la science profane ne peut aller, car il n'y a pas de connaissance possible sans le secours de Dieu. Cette science chrétienne est marquée par un anticartésianisme absolu, puisqu'elle considère le rationalisme comme l'origine de tous les maux. L'Église n'affiche plus aussi nettement

---

58. Par science chrétienne, je ne désigne pas ici le mouvement éponyme (Christian Science) fondé par Mary Baker Eddy et dont j'ai rendu compte dans mon ouvrage *Les sectes à l'assaut de la santé*, Paris, Éd. Golias, 2000.

ses positions qu'au XIXe siècle, mais le cœur y est toujours : les scientifiques doivent avoir la vérité révélée comme guide de leurs recherches. Cette « science chrétienne » n'est pas seulement celle qui brûla Giordano Bruno et censura Galilée et Copernic (parmi beaucoup d'autres), c'est aussi celle qui conduit, aujourd'hui, à nier les théories sur l'évolution des espèces, ou à bricoler (comme nous le verrons après) de pseudo-thèses en matière de « dessein intelligent » ou d'« évolution guidée », c'est encore elle qui, au nom de l'essentialisme, refuse de reconnaître les droits égaux des LGBT[59], c'est toujours elle qui combat la contraception « non naturelle » et l'avortement, le désir dans le couple et s'oppose au droit de mourir dans la dignité.

Cette « science chrétienne » est celle que revendique par exemple Fabrice Hadjadj, un des inspirateurs de la revue écolo-catho *Limite*, directeur de l'institut européen d'études anthropologiques Philanthropos, à Fribourg (Suisse), lorsqu'il écrit dans *La Croix* du 10 février 2009 : « Le croyant doit tenir que toute vérité scientifique est compatible avec le dogme chrétien, puisque c'est le même Dieu qui est l'auteur de la raison et le donateur de la foi. Aussi la question de la compatibilité du darwinisme avec le christianisme revient-elle à celle de la scientificité du darwinisme lui-même. »

J'entends dénoncer aussi bien la science sans conscience que la foi sans raison. Le pape François oblige à rappeler que la religion (et notamment la sienne) s'est toujours opposée au développement scientifique de la connaissance. L'Église fut historiquement la championne du crime contre le raisonnement, par l'interdiction de la vérification des faits, par la manipulation des textes, par la censure et l'autocensure pour ne pas finir enfermé, torturé, assassiné. Faut-il rappeler ce qu'il en fut des autodafés, étymologiquement « actes de foi » ? Faut-il rappeler le principe de l'Index qui fixe la liste des livres interdits ? L'Église a détruit l'essentiel des œuvres des penseurs matérialistes de l'Antiquité dont nous aurions tant besoin pour penser une société du bien vivre. Il ne reste ainsi que 5 % environ des textes de Démocrite, le père du matérialisme, l'Église n'a épargné que quelques dizaines de pages d'Épicure. Elle continue à soumettre à la censure et au silence ses propres théologiens.

Le grand mathématicien et philosophe Bertrand Russel (1872-1970) est donc toujours vivant lorsqu'il dénonce la guerre de la religion contre la science. L'écologie a besoin de « décroyants » qui aient « toujours plus » d'esprit critique ! Nous verrons que ce n'est pas par hasard si les jésuites

---

59. LGBT : lesbiennes, gays, bisexuels et transexuels.

du Québec défendent, en cet automne 2015, la science qu'ils disent menacée (cf. *infra*). Nous ne sommes pas des scientistes et nous savons que d'autres approches sont nécessaires dès lors qu'elles sont ouvertes et ne nous claquemurent pas. Nous sommes du côté de l'imaginaire et de la symbolique dans laquelle nous serons prêts à faire une place, aux côtés des arts, aux diverses spiritualités. Nous sommes pour la poétisation de la pensée et des existences car jamais les poètes ne prétendront parler au nom d'une vérité révélée à imposer à tous. L'écologie qui appelle à décoloniser l'imaginaire n'entend pas le recoloniser. L'Église peut croire ce qu'elle veut dans ses murs mais dans la cité nous devons dénoncer l'imposture dès qu'elle prétend être plus qu'une métaphore. L'Église a vraiment cru (et surtout imposé de croire aux non-croyants) pendant longtemps à la création du monde en six jours, certains y croient encore. Toutes les approches de Dieu ont en effet le même gros défaut qui est de passer arbitrairement de la définition de la chose à l'existence de la chose. L'Église c'est le retour au Moyen Âge chaque fois qu'elle prétend mettre la raison au service des vérités révélées, cette « rationalisation » des vérités révélées à un nom, la scolastique, elle a une réalité, l'absurdité et l'intolérance. L'encyclique de François est, comme l'avoue l'évêque Mario Toso, une œuvre scolastique dans son intuition mais aussi dans sa construction. Elle instrumentalise la cause de l'écologie qu'elle entend mettre au service de son pouvoir, au service du Christ-Époux et de sa seule et unique Épouse-l'Église. Ce texte est donc faussement adressé aux « personnes de bonne volonté » car la volonté secrète du pape est de les ramener à ses dogmes. *Nein Danke !*

Les écolos-cathos au service du néocréationnisme ?

L'Église avance masquée dans son combat contre la science et la raison car elle doit tenir compte de l'augmentation du niveau de la scolarisation. C'est pourquoi son positionnement semble évoluer sans cesse sur ces questions. Les médias aiment opposer le pape François et Benoît XVI en matière scientifique tout simplement parce que François a déclaré que les théories de l'évolution et du créationnisme se rejoignent et que Dieu n'est pas « un magicien avec une baguette magique » : « Quand on lit ce qui est dit sur la création dans la Genèse, on prend le risque d'imaginer que Dieu est un magicien, avec une baguette magique capable de tout faire. Mais ce n'est pas le cas. Il a créé les êtres humains et les a laissés se développer selon des lois internes qu'il a données à chacun pour qu'ils puissent pleinement s'accomplir [...] Le Big Bang, que nous pensons être à l'origine du monde, n'annule pas l'intervention d'un créateur divin. L'évolution dans la nature n'est pas contradictoire avec la notion de création car l'évolution nécessite la création d'êtres qui évoluent. »

François n'est pas devenu pourtant matérialiste et darwinien mais il a bien compris que l'Église ne vaincrait pas la science en reprenant les récits des créationnistes américains principalement protestants, convaincus que la Terre a été créée en six jours il y a moins de 10 000 ans... Selon un sondage CBS de novembre 2004, 55 % des Américains croient que « Dieu a créé les humains dans leur forme actuelle » (67 % des républicains contre 47 % des démocrates). Faire de François un révolutionnaire dans ce domaine serait aussi aberrant que de croire qu'il va effectivement libérer la sexualité ! Ses propos devant l'Académie pontificale des sciences en octobre 2014 ne sont pas si différents de ceux de Pie XII, qui accueillait déjà favorablement la théorie du Big Bang ou de ceux de Jean-Paul II qui soutenait que la théorie de l'évolution était « plus qu'une hypothèse »... On ne se réjouit devant François que parce qu'on ignore que l'Église admet depuis longtemps que « l'évolution dans le sens d'ancêtre commun peut être vraie mais l'évolution au sens de celle de Darwin – un procédé non guidé et non planifié – n'est pas exacte »[60]. On ne s'émerveille devant François que parce qu'on ne comprend pas qu'il met en œuvre la stratégie définie par Benoît XVI lors d'un séminaire à huis clos tenu du 1er au 3 septembre 2006 dans la résidence d'été du pape, après la publication d'un article du cardinal Schönborn dans le *New York Times*, lequel incitait à repenser l'explication darwinienne de l'évolution. Cet article avait été jugé providentiel par Benoît XVI car il cherchait à « récupérer sous une forme nouvelle une dimension de la raison que nous avions perdue. Sans elle, la foi se trouverait exilée dans un ghetto et ainsi perdrait son sens pour la totalité de la réalité de l'être humain »[61].

Cette stratégie est celle de ces catholiques comme Patrice de Plunkett ou Jean Staune auxquels je suis opposé depuis quelques années. Ils se disent massivement adeptes, certes non pas du créationnisme à la sauce nord-américaine, mais d'une « évolution guidée » ou d'un « dessein

---

60. Propos tenus en 2005 par le cardinal Schönborn.
61. http://benoit-et-moi.fr/2014-II-1/benoit/creation-et-evolution-la-reflexion-de-benoit-xvi.html

intelligent »[62]. Ces pseudo-théories, si elles semblent moins grotesques que celles des créationnistes classiques, engendrent en revanche les mêmes effets politiques, car une fois postulée l'existence d'un concepteur à l'origine du monde, il devient très facile de faire adopter des lois contre la contraception, l'IVG, etc. Le chevalier pontifical Patrice de Plunkett a le grand mérite de la cohérence doctrinale. Faisant mine de s'interroger (« Le créationnisme est-il un délit ? ») et de s'offusquer que les médias puissent accuser le pape d'adopter l'*Intelligent Design* (ID) après la réunion organisée à huis clos du 1er au 3 septembre 2006, il explique qu'il ne faut pas confondre le néocréationnisme avec l'ID : « L'*Intelligent Design* est une hypothèse scientifique de paléontologues : ils estiment, dans l'état actuel des connaissances que la théorie de l'évolution "hasard" n'explique pas certains phénomènes constatés, lesquels semblent les signes d'une logique interne qui serait au travail dans les mécanismes de l'évolution. » Patrice de Plunkett, fidèle en cela à la nouvelle tentation de l'Église, joue les victimes : il clame que les tenants des thèses scientifiques non officielles seraient considérés comme des hérétiques et calomniés. Il explique au sujet de l'ID que « les scientifiques envisageant cette hypothèse sont injuriés par les matérialistes "durs". Les chrétiens catholiques croient que l'homme n'est pas un « produit accidentel privé de sens » (Benoît XVI)... et que la vie et l'univers sont une création de Dieu : notion compatible avec les phénomènes d'évolution constatés [...]. On fait comme si les scientifiques de l'Académie Pontificale et les Texans fous pensaient la même chose [...]. On peut refuser l'idée que la vie soit l'œuvre de Dieu, Mais de quel droit imposer cette idée à autrui ? De quel droit disqualifier une paléontologue sur le plan scientifique, sous le prétexte qu'elle est membre de la fondation Teilhard de Chardin ? Peut-être parce qu'une course de vitesse est engagée, le lobby biotechnologique a beaucoup d'argent à gagner : il a donc intérêt, avant certaines échéances scientifiques, à réduire au silence ceux qui protègent la dignité de la personne humaine. L'idée que celle-ci soit l'œuvre de Dieu est le garant absolu de cette dignité. Il faut donc déconsidérer cette idée. »

Ainsi, la théorie du complot (diabolique ?) est avancée comme argument massue. Ceux qui s'opposent au « dessein intelligent » seraient des suppôts de l'industrie biotechnologique qui voudrait en finir avec

---

62. Cyrille BAUDOUIN et Olivier BROSSEAU, *Les créationnismes*, Paris, Syllepse, 2008. Et des mêmes auteurs, *Enquête sur les créationnismes. Réseaux, stratégies et objectifs politiques*, Paris, « Regard », Belin, 2013.

la dignité humaine. Rappelons que ce dogme du « dessein intelligent » est une version édulcorée du créationnisme né dans les réseaux ultra-conservateurs nord-américains et que, dans de nombreux États, les créationnistes essaient de faire introduire dans les programmes scolaires la théorie dite de la « conception intelligente » (sic).

Jean Staune, l'un de mes contradicteurs lors d'une émission de télévision en novembre 2015[63], est un converti récent au catholicisme, qui, comme tout converti, est particulièrement fougueux ; il est fondateur de l'association mal nommée « Université interdisciplinaire de Paris » (UIP), souvent dénoncée comme un des principaux outils du néocréationnisme en France et en Europe. Ce collaborateur du Conseil pontifical de la culture est aussi un grand adepte du « capitalisme vert » et des entreprises privées. Cet antidarwinien et antimatérialiste de choc est adepte d'une « évolution guidée ». Sous ce joli sobriquet se dissimule un courant, qui refuse d'être confondu avec les fous furieux nord-américains du créationnisme (la Terre créée en six jours) et même avec les tenants du « dessein intelligent », mais ses thèses manient tout autant le brouillage sans doute avec davantage de talent. L'objectif de Jean Staune et des courants antimatérialistes est de réintroduire de la spiritualité dans le champ scientifique, peu importe comment. Cette prétendue « Université interdisciplinaire de Paris » (car elle n'est bien sûr pas reconnue par le ministère de l'Enseignement supérieur et de la Recherche) est devenue un vecteur essentiel de la science « religieusement correcte ». Cette fameuse UIP est naturellement promue par des institutions religieuses comme l'émission *Le Jour du Seigneur*, ou Radio Notre-Dame et soutenue et financée (à hauteur de un million d'euros environ par an selon *Le Monde*) par la fondation nord-américaine John Templeton (cf. *infra*), elle semble, en revanche, avoir perdu bon nombre de ses sponsors comme L'Oréal, Auchan, EDF, Air France et quelques autres multinationales « écolos ». Parmi ses partenaires on croise l'université pontificale Regina Apostolorum, l'université pontificale grégorienne, l'université pontificale du Latran, etc.

Ces thèses ne sont pas seulement chimériques mais dangereuses à l'heure des changements climatiques et des bonnes décisions à prendre Elles interdisent de comprendre la nature profonde du vivant et réduisent la biologie à un vitalisme qui nie l'émergence du vivant à partir de structures inanimées. Cette téléologie n'a qu'un seul but : non pas sauver la planète mais la confession de foi chrétienne : « Je crois en

---

63. http://www.francetv.fr/evenements/cop-21/diffusions/13-11-2015_434056

Dieu, créateur du Ciel et de la Terre », quitte à ne rien comprendre à l'évolution des espèces et à passer à côté des enjeux planétaires. L'Église, tout en maintenant son fond doctrinal, navigue ainsi à vue comme le prouvent ses positionnements tactiques successifs. On découvre grâce aux travaux de Guillaume Lecointre, professeur au Muséum national d'histoire naturelle, que l'Église suit les évolutions de la fondation Templeton : « Si l'UIP en France et la John Templeton Foundation (JFT) aux États-Unis d'Amérique sont explicitement sur la même ligne, toutes deux se démarquent haut et fort du mouvement du dessein intelligent (ID). Pourtant, il a existé des liens entre l'ID et la JFT. Une information datée du 1er septembre 2000 disponible sur le site américain Science & Theology News, évoque une conférence intitulée *The Nature of Nature* sponsorisée conjointement par la JTF et le Discovery Institute. Le thème principal du colloque de quatre jours était l'*Intelligent Design.* Cette collaboration claire entre les deux institutions complète les conclusions de l'enquête de Philippe Boulet-Gercourt concernant les rapports entre JTF et l'ID : "La fondation Templeton, qui encourage la réconciliation de la science et de la religion, a proposé de financer des projets de recherche dans le domaine de l'ID". Les travaux de ces deux structures n'ont pas toujours été si différents que la JTF le prétend aujourd'hui. Rappelons que les partisans de l'ID ont perdu un procès très médiatisé en décembre 2005. Cette mauvaise publicité a amené des structures comme l'UIP et la JTF à tenter de se démarquer d'un mouvement spiritualiste qui aurait perdu du crédit aux yeux de l'opinion publique, après avoir fait de par le passé un bout de chemin avec les idées ou les promoteurs de l'ID. La fondation Templeton prend aujourd'hui clairement appui sur l'UIP pour étendre sa vision du monde sur l'Europe, mais a changé son fusil d'épaule concernant l'ID lorsqu'elle comprit que l'ID était médiatique-ment discréditée. »

Notons le paradoxe qui veut que l'Église semble marcher dans les pas d'une fondation directement liée à la mouvance fondamentaliste… protestante. À tel point que le Discovery Institute (maison mère des tenants du « Dessein intelligent ») a accusé, en mars 2009, la fondation Templeton de bloquer son implication dans un soutien du Vatican. Nous pouvons peut-être résoudre ce paradoxe en ouvrant l'Annuaire officiel des fondations du Vatican. La dernière fondation citée est la fondation Science et Foi (STOQ), constituée le 10 janvier 2012 sur proposition du cardinal Gianfranco Ravasi, président du Conseil pontifical pour la culture. L'acronyme STOQ signifie « Science, Theology and the Ontological Quest », un programme ayant pour objectif le dialogue entre la science, la philosophie et la théologie, mis en œuvre dans certaines universités pontificales de Rome sous le patronage du Vatican et avec le soutien de la Templeton Foundation... J'ajoute que la fondation Templeton, qui finance, à hauteur de plus de 60 millions de dollars par an des recherches « scientifiques » sur les big *questions* dont l'avenir de la planète, fait naturellement partie, est dénoncée aux États-Unis pour ses positions très à droite et ultraconservatrices. Son fondateur John Templeton, fut membre dirigeant toute sa vie de l'Église presbytérienne, il compte parmi les plus riches de la planète (cent vingt-neuvième place en 2006) après avoir fait fortune grâce à son fonds d'investissement. Ce grand « philanthrope » chrétien a renoncé en 1968 à la nationalité américaine pour ne pas avoir à payer d'impôt sur le revenu et a terminé sa vie aux Bahamas...

Les scientifiques accusent donc, avec raison, les néocréationnistes de saper le scepticisme nécessaire à toute démarche scientifique digne de ce nom, en souhaitant soit réintroduire de la foi dans la démarche scientifique, ou réaliser une mise en compatibilité forcée des résultats de la science avec leurs dogmes. J'ajouterai que les écolos-cathos, en remettant en cause ce qu'ils nomment « le relativisme des valeurs », sapent la conception même d'une société ouverte et démocratique dans laquelle la vérité est en partage.

Les écolos-cathos contre la liberté de pensée

Les écolos-cathos sont devenus, au nom de la défense de la planète, les chantres du combat contre ce que l'Église a choisi de nommer « le relativisme ». Cette thèse a longtemps été le propre des courants les plus conservateurs comme Ichtus (connu aussi sous le nom de Centre de formation à l'action civique selon le droit naturel et chrétien) qui estime que le libéralisme conduit automatiquement au relativisme des valeurs, donc à la perte de Dieu. Ce mouvement, longtemps marginalisé au sein d'une église travaillée par la gauche, a repris récemment des couleurs puisque son délégué général, Guillaume Dumouchel de Prémare, fut le premier président de la Manif pour tous. Cette thèse est reprise également ment par les idéologues de l'écologie catholique (dont nous dresserons les portraits dans un prochain chapitre). Ainsi Tugdual Derville, délégué général de l'association Alliance VITA (contre les droits des femmes), porte-parole de la « Manif pour tous, co-initiateur du courant pour une écologie humaine, rappelle que si « tout se vaut, rien ne vaut », ce qui lui permet de dénoncer la faillite intellectuelle de la « bioéthique relativiste » ; Vincent Cheynet, le rédacteur en chef catholique du mensuel *La Décroissance*, s'oppose à Serge Latouche, économiste athée et l'un des pères du courant de la décroissance, qu'il accuse d'ouvrir « la voie à un relativisme total des valeurs » ; Gaultier Bès de Berc, coauteur de la bible de l'écologie intégrale, dénonce aussi cette « tyrannie du relativisme » pour reprendre la formule du collectif Jean Ousset (du nom d'un intellectuel catholique maurrassien). Pour cette Église, la franc-maçonnerie continue, comme au XIXe siècle, à être le symbole de ce relativisme des valeurs. Ainsi Mgr Rey, l'évêque du diocèse de Fréjus-Toulon, explique qu'on ne peut être franc-maçon et catholique car « l'appartenance à la franc-maçonnerie, c'est l'adhésion à un système de pensée qui s'inscrit dans le relativisme, dans une négation de la place de la grâce de Dieu. » Le même estimait au sujet des attentats contre *Charlie Hebdo* : « Quand on représente Mahomet sous la forme d'une crotte enturbannée, Benoît XVI en train de sodomiser des enfants, la Vierge Marie les jambes écartées de façon suggestive ; quand on s'adonne à la provocation, à l'obscénité sur ce qui touche la conscience la plus intime, celle de la foi, du sacré, de la symbolique religieuse..., ce nouvel iconoclasme engendre inévitablement par ricochet, et bien sûr, sans jamais les justifier, la revanche, la vengeance, d'autres violences encore plus insoutenables dans un engrenage quasi mécanique, et dont l'actualité nous offre l'horrible spectacle. La sacralisation de la dérision et de l'injure ne peut produire en retour que de la haine. » Marion Maréchal Le Pen donne la version politique de cette thèse : « Pour moi, l'égalité ne prime pas sur la liberté, et les enfants ne priment pas sur les parents. Je rejette le logiciel de Mai 68, qui, lui-même, rejette les mots valeur, identité, principe, ou maître. »

Jean-Paul II rappelle que face à une « société qui perd ses références traditionnelles et qui favorise volontairement un relativisme généralisé », notre « premier devoir est de faire connaître le Christ et l'Évangile ». Il dénonce dans un discours prononcé la veille de son élection « une dictature du relativisme qui ne reconnaît rien comme définitif et qui donne comme mesure ultime uniquement son propre ego et ses désirs. » Le pape François, recevant le 22 mars 2013 le corps diplomatique accrédité auprès du Vatican, s'en prenait aussi vivement au relativisme des valeurs...

La messe est donc dite : nous aurions perdu tout repère en perdant la foi ! Nous serions incapables de construire nos propres définitions du bien et du mal depuis que nous aurions choisi les droits de l'homme contre les droits de Dieu. La crise écologique, avant même d'être le fait de l'extractivisme productiviste, serait la conséquence de la liberté accordée indûment à l'humanité... La société ne pourrait être fondée sous le symbole des libertés à conquérir, car cette posture des Lumières entretiendrait l'illusion que l'homme est tout-puissant, alors que, dit François, seuls Dieu et son épouse, l'Église, seraient tout-puissants.

L'écologie se doit pourtant de prôner la liberté absolue de pensée car elle ne peut que faire l'éloge du doute, que remettre en cause tous les dogmes, ceux du « socialisme réellement existant », c'est-à-dire du stalinisme, ceux du capitalisme et du productivisme ou ceux des grandes idéologies et religions. Je me moquerai pourtant de ce dogme s'il n'avait des conséquences tangibles. Ainsi dans son testament spirituel, *Mémoire et identité : conversations au passage entre deux millénaires* (Flammarion, 2005), Jean-Paul II écrit : « La loi établie par l'homme a des limites précises que l'on ne peut franchir. Ce sont les limites fixées par la loi naturelle, par laquelle c'est Dieu lui-même qui protège les biens fondamentaux de l'homme ». François, s'exprimant au sujet des caricatures publiées dans la presse considère qu'en matière religieuse la liberté d'expression a des limites : « On ne peut pas insulter la foi des autres, on ne peut la tourner en dérision »[64]. Ce même pape qui reconnaît que tuer au nom de Dieu ou imposer une religion est une aberration ne trouve pas aberrant d'insulter des milliards d'humains en mettant sur le même plan l'antisémitisme qui est un délit et l'athéisme qui est un droit fondamental... Le pape François parle beaucoup du refus d'offenser son prochain mais il a une conception à géométrie variable de ce qu'est une offense !

Mgr Jean-Pierre Batut estime que « la culture de la dérision a montré ses limites : les sociétés occidentales se déshonorent si elles la présentent comme le *nec plus ultra* de la pensée et si elles mettent le monde entier en demeure d'y adhérer ». J'avoue considérer comme un signe de bonne santé républicaine que de revendiquer le droit au blasphème. Encore faut-il préciser que pour l'Église le blasphème n'est pas seulement et simplement le fait de se moquer de Dieu car « nier l'existence de Dieu ou sa Providence, nier le mystère de la sainte Trinité ou de l'Incarnation

---

64. http://www.la-croix.com/Religion/Actualite/Le-pape-Francois-on-ne-peut-insulter-la-foi-des-autres-2015-01-15-1267821

rédemptrice, sont des blasphèmes ; et ils le sont autant et davantage encore qu'injurier Dieu, l'insulter ou le déshonorer ». L'abbé Hervé Belmont poursuit : « Nous sommes dans une société dans laquelle le blasphème est devenu institutionnel (en France, il est même constitutionnel) ; il est permanent, il contamine toute la vie publique et devient pour chacun des membres de la société un redoutable péril qui s'insinue dans les cœurs comme à leur insu. L'ordre social apostat est donc une forme particulièrement grave de blasphème. Là aussi, il ne faut pas s'arrêter à l'éclat extérieur : le blasphème larvé est plus grave et plus périlleux. »[65] François comme Jean-Paul II considère que « le péché contre l'Esprit saint est impardonnable ».

Le pape François parle doctement de respect et de la possibilité de parler librement mais sans provoquer et ceci pour tous les terrains religieux ou pas, mais certains dogmes sont une provocation pour des milliards d'humains. Je ne sais pas si ce livre blasphématoire insulte la foi de François mais son dogme qui fait d'un enfant à peine né un pécheur, du fait d'Adam et d'Ève, est une insulte à l'humanité ; sa vision du mariage dans laquelle il suffit de regarder son conjoint avec désir pour être accusé d'être un falsificateur est inhumaine, son assimilation de l'athéisme et de l'antisémitisme est scandaleuse, etc. Que penser de la fameuse boutade de François lors de son voyage en avion entre Colombo et Manille en janvier 2015 lorsqu'il explique à des journalistes : « Il est vrai qu'il ne faut pas réagir violemment, mais si M. Gasbarri [responsable du voyage, debout à ses côtés] qui est un grand ami dit un gros mot sur ma mère, il doit s'attendre à recevoir un coup de poing ! C'est normal... On ne peut pas provoquer, on ne peut pas insulter la foi des autres, on ne peut pas se moquer de la foi ! »[66] Propos tout de même assez irresponsables alors qu'on assiste à la montée des violences religieuses ! Propos assez révélateurs par ailleurs de l'inconscient papal qui passe de l'insulte à la mère, digne des cours de récréation, à l'insulte aux croyances !

La question n'est pas d'interdire à l'Église qu'elle réaffirme des valeurs, mais qu'elle prétende toujours interdire aux humains de choisir leurs valeurs. C'est pourquoi avant même d'être antilibéral sur le plan économique, Rome a d'abord condamné le libéralisme religieux, philosophique et politique. Certes l'Église a mis depuis de l'eau républicaine dans son

---

65. http://www.quicumque.com/article-les-catholiques-face-au-blaspheme-101276513.html
66. https://www.youtube.com/watch?v=FAvASiHXyeQ

---

vin de messe mais attention cependant au retour du refoulé comme l'attestent certaines affirmations : « On ne peut pas provoquer, on ne peut pas insulter la foi des autres, on ne peut pas se moquer de la foi ! » disait François au sujet de *Charlie Hebdo*[67].

L'Église parle aujourd'hui de « relativisme des valeurs » comme le font également tous les champions de la révolution conservatrice mondiale[68] (ce qui montre une fois de plus quels sont ses alliés sur le plan politique), elle parlait au XIXe siècle d'« indifférentisme » (autre mot mais même contenu), qui était, selon le pape Léon XIII, la cause de tous les maux : « L'indifférentisme [est] cette opinion perverse qui s'est propagée par suite de la tromperie des méchants, selon laquelle l'âme peut obtenir le Salut éternel en professant n'importe quelle croyance. » Léon XIII qualifiait la liberté de conscience d'« erreur pestilentielle » et Pie IX de « mal absolu » qui corrompt la jeunesse « lui versant à pleine coupe le fiel du dragon de Babylone », avec d'abord le rationalisme qui « ne cesse d'exalter la force et la suréminence de la raison humaine », avec ensuite « la croyance dans le progrès de l'humanité qui est exalté avec pas moins d'audace et d'artifice par ces ennemis de la révélation. » La solution fut « l'autorité infaillible du pape ». Suprême aveu que ce dogme : proclamation de l'impuissance de tous et de la toute-puissance d'un seul ! Le vocabulaire a changé : on n'ose plus s'en prendre aussi ouvertement à la raison, alors on dénonce la toute-puissance de l'homme, l'homme qui se prend pour Dieu, la « jouissance sans entrave », Mai 68 et Cohn-Bendit, etc. Les solutions sont toujours les mêmes : en rabattre sur la conception de la « vie bonne », prôner l'austérité au nom de l'écologie et de la décroissance, comme autrefois les dames patronnesses prêchaient l'abstinence aux pauvres, et toujours affirmer l'obéissance aux autorités comme principe absolu, à moins que ne soit commandé quelque chose contraire aux lois de Dieu. Faut-il rappeler les paroles de Grégoire XVI se référant au verset de l'Épître aux Romains (Rom. 13.2.) : « Celui qui se rebelle contre l'autorité, se rebelle contre l'ordre établi par Dieu » ? L'Église est naturellement du côté de l'autorité alors que les objecteurs de croissance sont spontanément du côté des foules sans chef. Les écologistes conséquents sont en effet convaincus qu'existe un lien intime entre la destruction de la planète et l'existence d'un pouvoir fort et incontesté ! Il ne s'agit donc

---

67. Voir aussi *supra* l'enseignement que retenait Mgr Rey des attentats contre *Charlie Hebdo*.
68. Paul ARIÈS, *Misère du sarkozysme. Cette droite qui n'aime pas la France*, Lyon, Parangon, 2005.

pas de remplacer le pouvoir de l'État et des firmes par celui des religions. Ils sont du côté de l'objection au pouvoir quel qu'il soit. Nous ne devons pas par ailleurs accepter les accusations papales sans réagir car ce n'est pas parce que nous n'adhérons pas aux dogmes de l'Église (qui ont fortement changé au cours des siècles) que nous ne possédons pas de valeurs aussi fortes. L'Église n'a pas le monopole des valeurs, pas plus que celui de la morale ! Les catholiques identitaires aiment citer la formule de Léo Strauss : « Si tout se vaut, le cannibalisme n'est qu'une question de goût culinaire. » François soutient aussi que « Sans vérité tout est permis » et que « La culture du relativisme est la même pathologie qui pousse une personne à exploiter son prochain et à le traiter comme un pur objet, l'obligeant aux travaux forcés, ou en faisant de lui un esclave à cause d'une dette. C'est la même logique qui pousse à l'exploitation sexuelle des enfants ou à l'abandon des personnes âgées qui ne servent pas des intérêts personnels. » Cette thèse est inacceptable car elle enferme les humains dans un choix cornélien, soit se soumettre aux lois divines, naturelles et de l'Église, soit se reconnaître comme des salauds.

Or nous savons pouvoir créer, par-delà nos convictions philosophiques, politiques et religieuses, une société humaine, c'est-à-dire une société qui se donne à elle-même ses propres lois... sans enfanter le monstre que François dénonce avec raison en parlant de pédophilie, d'abandon des personnes âgées, de destruction des écosystèmes, d'esclavagisme, de transhumanisme, etc. J'accepte volontiers qu'il y ait un lien entre toutes les facettes du mal. J'avais même commis, en 1997, trois livres dans ce sens que *Le Monde diplomatique* avait recensés en soulignant l'intérêt et l'originalité de cette thèse[69]. Nous sommes bien face à une crise systémique (économique, écologique, sociale, politique, anthropologique, culturelle) mais ce qui fait lien, ce n'est pas la mort de Dieu, mais la mort de l'homme en raison de la toute-puissance capitaliste. Je suis prêt à admettre que notre époque connaît une inversion du sacré et du profane : elle ne cesse de sacraliser le plus profane (l'argent, la croissance, la technoscience, l'esprit de gagne) et profane le plus sacré (le vivant, les valeurs que nous nous sommes données comme la liberté, l'égalité, la fraternité). Ce sont les logiques du capitalisme et du productivisme qui conduisent au mal, trop vite confondues avec les logiques de l'athéisme et du matérialisme philosophique ! Je reste convaincu qu'une écologie politique émancipatrice doit se prémunir contre toute prétention à la totalisation

---

69. http://www.monde-diplomatique.fr/1998/05/BIHR/3742

a priori comme a posteriori. Nous savons trop bien également qu'il ne peut exister de vérité absolue sans interprètes autorisés de cette vérité, donc sans appareil religieux absolutiste. Le chemin (écologique) se fera en marchant comme le clame le poète Antonio Machado.

L'Église de François a vocation à participer à la construction des valeurs collectives mais à égalité avec les autres… C'est justement ce que refusent les soldats de Dieu qui ont aujourd'hui le vent en poupe, contrairement aux vieux courants de l'Action catholique plus ouverts au débat démocratique. Ainsi François-Xavier Bellamy, un des fondateurs des Veilleurs, engagé naturellement politiquement à droite mais souhaitant que la droite ne soit plus « une version plus lente de la gauche »[70], explique que les catholiques n'ont pas à participer au débat démocratique sur les valeurs, car les idées de l'Église ne seraient pas des valeurs parmi d'autres mais le bien en soi : il y aurait une seule et unique vérité qui serait la leur. François-Xavier Bellamy va même plus loin en expliquant religieusement que les chrétiens ne constitueraient pas une famille de pensée parmi d'autres. Conséquence : le jeu démocratique sur les valeurs ne les concernerait pas ! Comment ne pas lui opposer ce que disait Leonardo Bof, le grand théologien de la libération, qui considérait au contraire que l'Église « devra renoncer au statut d'exclusivité et ne plus faire comme si elle était la seule gardienne de la vérité. L'Église doit entendre d'autres voix, se faire plus humble et ne plus avoir peur. Ce qui s'oppose à la foi, ce n'est pas l'athéisme, mais la peur ».[71]

François-Xavier Bellamy explique également qu'il ne suffit pas de se croire chrétien car il n'existerait qu'une seule et unique bonne raison d'adhérer au christianisme et cette seule raison serait la certitude que le Christ dit la vérité (sic), toute la vérité mais rien que la vérité concernant la conception de la société, celle de la personne humaine, de la sexualité, de l'argent, de l'écologie, etc.[72] Méfions-nous de ces illuminés qui viennent en proclamant détenir la vérité et qui considèrent que leurs valeurs sont de nature différente. Lorsqu'ils clament qu'ils ne défendent pas des convictions mais le bien de la société, c'est une façon de renvoyer leurs adversaires au mal donc au Malin !

---

70. http://www.lefigaro.fr/vox/politique/2015/05/30/31001-20150530ARTFIG00001-francois-xavier-bellamy-la-droite-ne-doit-plus-etre-une-version-plus-lente-de-la-gauche.php
71. http://www.lemonde.fr/international/article/2013/05/23/leonardo-boff-Benoît-xvi-a-ete-un-eminent-theologien-mais-un-pape-qui-a-decu_3415869_3210.html
72. https://www.youtube.com/watch?v=PIcpZL2uRkw

Les écolos-cathos, moines-soldats de l'austérité

L'écologie catho trahit le mieux son caractère réactionnaire lorsqu'elle confond la décroissance (la sobriété) avec l'austérité. L'idée n'est pas nouvelle : Léon XIII expliquait que la loi de la justice naturelle veut que « le salaire ne doit pas être insuffisant à faire subsister l'ouvrier sobre et honnête » et qu'exiger plus d'un patron serait « une violence contre laquelle la justice proteste » (sic). Les dames patronnesses, y compris celles du mensuel austéritaire *La Décroissance*, ne cesseront donc jamais de traquer l'objet inutile du mois (sic) et d'expliquer aux gens de peu comment se passer des plaisirs qu'ils ne peuvent pas s'offrir. Un dessin du mensuel *La Décroissance* vend la mèche : on voit un salarié quémander une augmentation de salaire et son patron lui répond : « Prenez plutôt ce livre qui vous expliquera comment vous en passer » (sic)[73]. La philosophe catholique Émilie Tardivel, habituée de l'Académie catholique de France, chroniqueuse sur Radio Notre-Dame (auteure de *Parole dans l'air : 40 chroniques d'écologie intégrale*, Cerf, novembre 2015) explique (avec raison) que la décroissance de François n'a rien de commun avec celle des objecteurs de croissance, car pour le pape elle concerne la décroissance matérielle des existences (vivre simplement) et non pas de la décroissance économique globale, celle du PIB[74]. La décroissance catho a eu son maître : le dictateur portugais Salazar qui a imposé au nom de l'Église catholique l'austérité et la répression au peuple. Ce bon Salazar, qui entendait mettre en œuvre la doctrine sociale de l'Église, se serait fait volontiers écologiste si l'écologie avait été en vogue et si cela lui avait permis de réprimer davantage les « bas instincts » consuméristes du peuple. Nous avons vu l'organisation Tradition Famille Propriété tenir les mêmes discours au Brésil, et les Chiliens se souviennent de son apostolat de l'austérité.

Paul Ryan, devenu *Speaker* de la Chambre des représentants après avoir été président de sa commission budgétaire, député républicain situé à la droite du parti, tête d'affiche des catholiques conservateurs, revendique, au nom de saint Thomas d'Aquin, de Friedrich Hayek et de Ronald Reagan qu'il cite comme ses trois principales références, un programme économique fondé sur l'austérité jusqu'en 2040 ! Paul Ryan apparaît, aux yeux des cathos américains, comme le bon antidote à Barack Obama puisqu'il

---

73. http://confusionnisme.info/2015/10/26/dans-la-decroissance-une-bd-qui-fait-fuhrer/
74. https://www.youtube.com/watch?v=AJlGGw3jPsI

---

prévoit l'annulation de la réforme de la santé que l'Église a combattue avec fureur, la refonte des services fédéraux essentiels comme Medicare, la couverture médicale des personnes âgées dont il promet la privatisation au moins partielle, et de Medicaid, celle des personnes démunies, qui deviendrait une prérogative des États fédérés... Bon catholique, il promet une réforme fiscale en faveur des plus riches. Bon catholique, il s'oppose à l'avortement, même en cas de viol de la mère ou d'inceste. Bon catholique, il explique que sa volonté de réduire toutes les dépenses publiques lui a été inspirée par le pape : « Le Saint-Père, Benoît XVI, a accusé les gouvernements, les collectivités et les personnes privées endettées à des niveaux élevés de vivre aux dépens des futures générations et de ne pas vivre dans la vérité »[75].

Nous avons donc de bonnes raisons d'être prudents lorsque l'Église parle de simplicité ou de décroissance matérielle et fait l'éloge de la sobriété. François écrit qu'« il est important d'assimiler un vieil enseignement, présent dans diverses traditions religieuses, et aussi dans la Bible. Il s'agit de la conviction que "moins est plus". En effet, l'accumulation constante de possibilités de consommer distrait le cœur et empêche d'évaluer chaque chose et chaque moment. En revanche, le fait d'être sereinement présent à chaque réalité, aussi petite soit-elle, nous ouvre beaucoup plus de possibilités de compréhension et d'épanouissement personnel. La spiritualité chrétienne propose une croissance par la sobriété, et une capacité de jouir avec peu. C'est un retour à la simplicité qui nous permet de nous arrêter pour apprécier ce qui est petit, pour remercier des possibilités que la vie offre, sans nous attacher à ce que nous avons ni nous attrister de ce que nous ne possédons pas. Cela suppose d'éviter la dynamique de la domination et de la simple accumulation de plaisirs ».

Nous, qui ne cessons de répéter que la décroissance c'est tout, sauf faire la même chose en moins, que le programme de l'écologie politique n'est surtout pas d'inviter les gens à se serrer la ceinture un peu, beaucoup, passionnément ou à la folie, nous ne pouvons qu'être heurtés, dans nos convictions écologistes, lorsque nous lisons que le projet de François se résume à la formule « moins est mieux ». Ce principe n'a jamais été celui de l'écologie qui prône « moins mais mieux », car ce n'est pas « moins » en soi qui est « mieux » (allez demander notamment aux Grecs et aux pauvres si « moins est mieux » !) mais de faire autre chose, autrement,

---

75. http://www.rfi.fr/ameriques/20120829-paul-ryan-atout-choc-charme-republicains-presidentielle-americaine-romney/

c'est-à-dire de multiplier les pas de côté. Les objecteurs de croissance ont toujours dit qu'ils ne voulaient pas seulement répartir autrement le même gâteau (PIB) mais d'abord changer sa recette, car il ne s'agit pas de mieux répartir des produits de l'obsolescence programmée. Nous ne voulons pas que les enfants dans les cantines scolaires aient « moins », nous souhaitons qu'ils aient une alimentation relocalisée, re-saisonnalisée, moins gourmande en eau, assurant la biodiversité, faite sur place, servie à table, etc. Nous ne disons pas seulement aux usagers du service public de l'eau qu'il faudra apprendre à fermer le robinet (« moins est mieux »), nous prônons la gratuité du bon usage (l'eau pour faire son ménage) face au renchérissement ou à l'interdiction du mésusage (l'eau pour remplir sa piscine privée). Nous ne disons pas aux citoyens qu'il faudra apprendre à rester enfermés dans leur banlieue, nous disons qu'on peut avoir, en même temps, le droit au déplacement et la transition écologique, avec, par exemple, la généralisation de la gratuité des transports collectifs comme le pratiquent déjà des villes. Dire que « moins est mieux » c'est manquer sacrément d'imagination et banaliser le mode de vie capitaliste, car c'est être incapable de penser une autre société, c'est appeler les peuples à accepter l'austérité au nom de Dieu et de l'Église ! Non François, la planète ne meurt pas de la soif déraisonnable des humains déchus, elle crève du fait que le capitalisme impose des modes de vie impossibles. Nous pouvons gagner en France beaucoup plus que ce que la planète ne pourrait supporter, si huit milliards d'humains vivaient comme nous, mais ce pouvoir d'achat ne permet même pas de vivre bien et d'être heureux ! C'est pourquoi nous ne voulons pas « vivre moins » mais « vivre autrement », c'est-à-dire inventer collectivement d'autres styles, d'autres genres, d'autres modes de vie, bref nous voulons en finir avec l'imaginaire capitaliste, sans sombrer dans la récession, sans faire du renoncement à la vie notre religion !

Ce « moins est mieux » prouve que l'écologie catholique reste antipopulaire, qu'elle n'est, en fait, qu'une version du malthusianisme, grossesses exceptées. Cette Église catholique ne peut que savourer cette perspective austéritaire, car cela lui permettrait de légitimer à nouveau son amour bimillénaire du sacrifice. Cette Église oublie seulement une chose (à moins qu'elle ne s'en souvienne que trop) c'est qu'il ne peut exister de sacrifice sans appareil idéologique et répressif. L'Église a promis pendant des siècles le paradis céleste et a donné l'Inquisition, l'intégrisme, le fonda-mentalisme, les atteintes aux droits humains. Le stalinisme promettait le paradis terrestre pour demain et a engendré le goulag. Nous échangeons vos lendemains qui chantent pour des petits matins heureux. Ce dogme du « moins est mieux » représente un danger pour la démocratie, car il justifie toutes les « tyrannies éclairées » comme le propose Hans Jonas dans son livre *Le Principe responsabilité* (*Das Prinzip verantwortung* [1979], trad. fr. Jean Greisch, « Champs Essais », Flammarion, 2013) et tous les « gouvernements des sages » comme le suggère Dominique Bourg (philosophe chrétien écologiste en vogue). Les objecteurs de croissance amoureux du bien vivre clament qu'ils ne croient plus aux lendemains qui chantent parce qu'ils veulent chanter au présent et s'ils veulent chanter au présent c'est parce qu'ils savent que cette bonne nouvelle écologique et sociale a des fondements objectifs et idéologiques.

Nous pouvons chanter au présent car la planète est déjà bien assez riche pour permettre à huit milliards d'humains de vivre bien sans se soumettre à ces dogmes. L'ONU rappelle qu'il suffirait de mobiliser, pendant vingt-cinq ans, 30 milliards de dollars par an, pour régler le problème de la faim dans le monde et que 80 milliards de dollars par an, toujours pendant vingt-cinq ans, résoudraient la « grande pauvreté ». Le budget militaire mondial atteint 1 600 milliards de dollars par an. Le PIC (produit international criminel) est de 1 000 milliards de dollars soit 10 à 15 % du PIB mondial à comparer au (même pas) 1 % concédé pour l'aide au développement. Le gaspillage alimentaire nord-américain représente 100 milliards de dollars par an, soit trois fois ce dont nous avons besoin. Nous pouvons surtout chanter au présent, car existent déjà d'autres modes de vie, d'autres façons de penser, de rêver et d'agir que ceux des enrichis. En Amérique du Sud, on parle de *buen vivir* (« bien vivre »), dans la philosophie négro-africaine de l'existence de « plus vivre », en Inde de « vie pleine »... autant de façons de dire que la solution n'est pas dans une moindre jouissance, mais dans un « plus à jouir » rendu possible par l'existence de modes de vie populaires, par ce que Joan Martínez Alier appelle l'écologisme des pauvres[76]. L'écologie catholique ne peut croire foncièrement à ce « déjà-là » pré et postcapitaliste, qu'il nous faudrait « simplement » développer, car elle reste prisonnière de son anthropologie pessimiste, de son dogme du péché originel. J'ai la tristesse de devoir dire que par sa devise « moins est mieux » François fait un sale boulot et se range sous la bannière de l'écologie des riches.

---

76. Joan MARTÍNEZ ALIER, *L'écologisme des pauvres. Une étude des conflits environnementaux dans le monde*, Paris, Éd. Les Petits matins, 2014.

François ne pourrait se convertir à l'écologisme des pauvres que s'il faisait siennes les thèses des théologies de la libération car l'option préférentielle pour les pauvres ne consiste pas à parler au nom et à la place des pauvres, mais à reconnaître qu'ils sont déjà porteurs d'un morceau de la réponse, non pas justement parce qu'ils sont pauvres économiquement, mais parce qu'ils ont d'autres cultures. Les adeptes de la théologie de la libération expliquent que c'est justement en cheminant aux côtés des pauvres que l'on peut espérer rencontrer Dieu, c'est pourquoi, bien que n'appartenant pas à la même chapelle (ni même à aucune), je peux me retrouver en pleine fraternité humaine avec ces chrétiens. L'Église de François prône l'austérité. Avec la parution de l'exhortation apostolique *Evangelii gaudium* (la joie de l'Évangile), on découvre avec tristesse que pour le nouvel évêque de Rome « la crise financière a son origine dans une crise anthropologique », dans l'oubli de Dieu, dans le retour du diable, et non pas dans le capitalisme et le productivisme. Nous savons déjà que ce n'est pas par hasard que François avait nommé, en 2013, Mgr Filippo Santoro, égérie du mouvement Communion et Libération pour réfléchir à ce que pourraient être ces nouveaux modes de vie « religieusement corrects »[77]. Comment ne pas être inquiet car si les écologistes populaires sont du côté d'un « plus à jouir », puisque ce n'est qu'en donnant envie, qu'en suscitant le désir qu'on peut mettre la société en mouvement, la conception de la « vie bonne » que développe l'Église, depuis la nuit des temps, campe du côté du sacrifice !

Les écolos-cathos instrumentalisent l'anthropologie

L'Église se congratule en se définissant elle-même comme experte en humanité. Le pire est que ce label honorable ne lui est contesté par aucun média. Les faits sont pourtant assez têtus pour qu'on puisse lui demander un peu de modestie au regard des crimes contre l'humanité qu'elle a commis dans l'histoire, et pour lesquels quelques papes ont même dû demander pardon. Souvent, aujourd'hui, l'Église avance masquée, préférant parler d'anthropologie, de symbolique que de lois naturelles et de lois divines. Les déclarations au moment de la Manif pour tous sur la supposée transgression d'hypothétiques invariants symboliques consti-

---

77. http://www.zenit.org/fr/articles/italie-promouvoir-des-styles-de-vie-durables

tutifs de la famille, de l'individu et de la société donnent un bon éclairage de ce fonctionnement, ce qui a contraint le psychanalyste Roland Gori, initiateur de l'Appel des appels, à rappeler que la psychanalyse n'est pas un guide des mœurs et un ensemble de prescriptions morales et l'anthropologue Maurice Godelier à expliquer que ce n'est pas la fin de la famille mais « les métamorphose de la parenté ».

Ce qui est en jeu derrière ce jeu de dupes autour de l'anthropologie et du symbolique, c'est le retour d'une Église revancharde, c'est l'idée d'une société chrétienne, c'est parfois le choix entre le courant traditionaliste de *La Nef* et celui monarchiste de l'Action française, mais c'est, dans tous les cas, sous couvert d'un « Mai 68 chrétien », c'est-à-dire d'un « Mai 68 à l'envers », la promotion d'un système autoritaire, moralisateur et castrateur[78].

Les enjeux écologiques ne sont qu'un prétexte pour conduire un combat anthropologique contre ce qui est présenté comme une décadence généralisée. On dénonce ainsi pêle-mêle les OGM, la PMA, l'IVG, le mariage pour tous... Yvan Blot, sociétaire de l'Académie catholique de France, engagé à l'extrême droite durant toute sa carrière politique (Groupement de recherche et d'études pour la civilisation européenne (GRECE), Club de l'Horloge, Front national, Mouvement national (le MN de Bruno Mégret), la Droite forte, etc.) fustige ainsi la décadence de l'Occident américanisé... Il explique dans un texte que ne renieraient pas beaucoup d'écolos-cathos que quatre idoles auraient conduit à la décadence : l'utilitarisme c'est-à-dire l'idéologie de la domination de la technique sur nous-mêmes, l'argent ou Mammon, les masses comme matières premières et l'ego contre la transcendance... Mgr André Vingt-Trois, cardinal et archevêque de Paris estime que « la société française n'est "pas encore tout à fait" décadente mais le risque existe... » L'Observatoire sociopolitique du diocèse de Fréjus-Toulon, celui de Mgr Rey, défend sous la plume de Falk van Gaver, le livre *Décroissance ou décadence* et son auteur Vincent Cheynet, parlant d'une « alliance objective des partisans de la nature et des disciples de la grâce contre la société de l'illimité, contre le cancer de la croissance, contre la démesure de l'homme, son hybris, sa volonté de puissance. ».

Minute, sous le titre « Chouanneries », dresse l'argumentaire anti-décadence pour les militants d'extrême droite mobilisés sur le front de l'écologie : « Quand le désordre règne au sommet de l'État, il est logique qu'il y ait aussi du désordre dans les rues et dans les campagnes. Ce n'est pas une nouveauté. Il y a eu ces derniers mois l'épisode de Notre-Dame

---

78. Cf. *infra* les développements consacrés à la famille, à l'amour, à la contraception, à l'IVG.

des Landes et de son "Ayraultport" inutile. Il y a eu également la ferme des "1 000 vaches" en Picardie, assez indécente au moment où les petits éleveurs vont être victimes en France de la réforme de la politique agricole commune (PAC). Avec sa vision productiviste et sa soumission au lobby des grandes surfaces, le ministère de l'Agriculture, dont le portefeuille est aujourd'hui détenu par un proche de François Hollande, Stéphane Le Foll, poursuit sa politique planiste héritée des années 1950 (où elle eut son utilité) alors qu'il faudrait redescendre au niveau des réalités du terrain et privilégier les circuits courts, ceux qui vont directement du producteur au consommateur. »[79]

L'Action française, adepte du « ni gauche ni droite » mais royaliste, appelle à faire de ces nouveaux fronts le tombeau de la... république : « Le "Printemps français" est un exemple, mais il existe de nombreuses organisations, comme les Veilleurs, les mères veilleuses, mais aussi les mouvements et groupes patriotiques que l'on voit renaissants aujourd'hui, des associations laïques et confessionnelles, tous semblent converger vers le même but : combattre le totalitarisme rampant et redresser le pays par la primauté des valeurs constitutives de l'humain [...]. Nos sectateurs ne voient toujours pas qu'ils ont réveillé une force française qui coulait comme la lave dans les profondeurs de la terre et qui pourrait bien se muer en volcan furieux. Avec les cadres de l'Action française d'abord, et nos partenaires les plus constructifs ensuite, nous allons proposer une réflexion cet été et à la rentrée, dans la perspective d'une mise en place d'un dispositif capable de fédérer cette force. Un genre de "conseil national de la résistance" s'appuyant sur la révolte spontanée de ceux qui sont le sel de la terre de France. La république se meurt d'avoir renié la France, débranchons les tuyaux. »[80]

Le soldat de Dieu Bès de Berc, champion de l'écologie intégrale, justifie son engagement au sein de la Manif pour tous puis du mouvement des Veilleurs, en expliquant : « Nous sommes la génération pape François » ; interrogé par Philippe de Saint-Germain, il explique que la loi Taubira ou les questions écologiques ne sont que différents fronts d'une même « guerre » anthropologique et civilisationnelle[81] : « Nous savons qu'il s'agit

---

79. Antoine CINEY, *Minute* du 28 octobre 2014.
80. Olivier Perceval, secrétaire général de l'Action française.
81. L'association « Liberté politique » qui campe à la droite de Dieu et qui était partenaire de l'université catholique de Fréjus-Toulon avec Marion Maréchal Le Pen, se revendique de l'amitié de grands patrons comme François Michelin.

d'une guerre de longue durée, une guerre anthropologique et civilisationnelle, qui pour n'être pas militaire n'en est pas moins une question de vie et de mort. De la procréation artificielle à l'euthanasie, les Veilleurs sont là, discrets mais résolus, pour veiller sur la vie fragile et belle. » *La Vie* (catholique) du 27 juin 2014 cite Gaultier Bès de Berc évoquant « les écologistes radicaux s'opposant à la PMA-GPA dans la continuité et la logique de leurs luttes environnementales ».

Axel Rokvam, coauteur avec Bès de Berc de la bible des écolos-cathos, chargé de mission auprès de l'association Liberté politique, membre fondateur des Veilleurs prendra la parole du haut de la tribune de la Manif pour tous au nom des Veilleurs pour dénoncer la marchandisation de tout avec la PMA et la GPA. Cet activiste de l'écologie intégrale sera chargé d'apostropher violemment la ministre Christiane Taubira lors d'une conférence à la Sorbonne : « Mais qui êtes-vous, Madame, pour changer ma civilisation ? Appartient-il au garde des Sceaux de supprimer juridiquement la filiation biologique ? Appartient-il au législateur de me dire qui sont mes parents ? N'abusez pas de votre pouvoir, Madame, vous risqueriez de faire de nous des marchandises, rétablissant un esclavage dont je me ferai éternellement l'ennemi. Vous savez bien que ce projet ne rend service qu'à vous. Vous occupez ainsi les Français en utilisant une communauté homosexuelle peu encline à se marier et encore moins à "avoir des enfants". Vous vous honorerez donc de le retirer dès maintenant, car il n'y a que l'orgueil qui puisse nous retenir à la raison. »

Cette haine contre Christiane Taubira est commune aux cathos de droite et d'extrême droite. Ainsi l'abbé traditionaliste Beauvais lance lors d'une manifestation organisée par le mouvement Civitas contre la prétendue christianophobie : « Y'a bon Banania, y'a pas bon Taubira ! »... Ce bon père a été relaxé par les tribunaux de la République qui ont accepté son système de défense : il n'aurait ni téléphone portable ni ordinateur, ne lirait pas les journaux et ne regarderait pas la télévision, il n'était donc pas « nécessairement informé que la formulation retenue est non seulement critiquée depuis quelques années par plusieurs associations en raison de ses relents colonialistes et des stéréotypes racistes qu'elle véhiculerait, mais interdite depuis un arrêt de la cour d'appel de Versailles du 19 mai 2011 ». Cet abbé retranché du monde est pourtant celui qui négociait avec la police la libération d'un autre religieux lors des incidents violents intervenus lors de la Manif pour tous aux Invalides.

Un autre ami de Bès de Berc, le catholique de droite Vincent Cheynet psalmodie également le nouveau dogme : « La décroissance soulève d'abord un enjeu anthropologique ». Son adversaire, ou plutôt rival de toujours, Nicolas Hulot, « envoyé spécial » de Hollande, qui multiplie lui aussi les voyages à Rome et en appelle aux religions pour sauver la planète, récite, dans sa préface à l'encyclique *Laudato si'*, aux côtés du cardinal Philippe Barbarin, archevêque de Lyon (personnalité dite « amie » de l'association Liberté politique et qu'on retrouve aussi aux côtés de l'ordre des Chevaliers de Colomb le 5 août 2015[82]), le catéchisme : « La crise climatique n'est pas une simple crise environnementale. Elle est le symptôme visible d'une profonde crise anthropologique. ». Guillaume le Carbonnel, activiste du mouvement des identitaires, tout en confiant, malgré tout, sa tendresse pour le mensuel *La Décroissance*[83] et en se revendiquant du « Ni droite ni gauche » explique aussi que « L'ancrage anthropologique de l'*homo economicus* doit disparaître au profit d'une société plus humaine, [...] l'écologie radicale et le mouvement de la décroissance s'intègrent parfaitement aux enjeux identitaires. Par son souci de relocaliser, de redistribuer et de retrouver le sens des limites, l'écologie politique est d'essence profondément ethno-culturelle. »

Samuel Maréchal, le père de Marion Maréchal Le Pen, ancien responsable du FNJ, dirigeant aujourd'hui d'Europe Finance et Industrie, auteur d'un ouvrage intitulé *Ni droite ni gauche*, se faisait théoricien de l'écologie vue de l'extrême droite (à l'occasion de l'université d'été de 1997 consacrée au thème « Écologie, dépolluons les esprits ») : « La réelle écologie c'est le respect de l'ordre naturel du monde, le respect des hiérarchies implicites qu'il comporte, le respect de l'homme, de son patrimoine et de son environnement », il ajoutait au sujet de la question de l'identité et de l'immigration : « Il n'est pas question ici de savoir qui paiera un jour les retraites des générations futures, mais simplement de

---

82. http://www.leprogres.fr/lyon/2015/08/13/l-infernal-agenda-de-mgr-barbarin-en-aout-interroge-certains-fideles

83. « Le mensuel, dirigé par Vincent Cheynet, en est à sa dixième année d'existence et a su garder un ton et une approche critique totalement vivifiants. Cheynet a fait paraître en mars dernier un petit opuscule intitulé *Décroissance ou décadence* dans lequel il revenait sur tous les thèmes liés à l'hybris (la démesure) que nous connaissons actuellement. S'il ne peut être raisonnablement classé parmi nos amis, Cheynet en homme soucieux du débat, n'a pas jugé utile de cracher sur Alain de Benoist, ce qui n'est déjà pas si mal. Par ailleurs, il se montre admirateur de Jean-Claude Michéa, ce qui n'est pas pour nous déplaire. Bref, le bonhomme mérite qu'on s'y attarde. » http://fr.novopress.info/novopress-actu/decroissance/

constater que l'homme européen est une espèce qu'il nous faudra bien protéger de près un jour ou l'autre [...]. Être écologiste, c'est protéger notre cadre de vie, notre environnement, lequel est d'abord culturel, humain, social ou familial. »

Première remarque : on peut donc parler de (crise du) symbolique en désignant des choses très différentes et en tirant des conclusions totalement opposées... S'agit-il de penser le « nouveau sujet du capitalisme », sa symbolique et sa religiosité (avec la centralité de l'argent comme symbole primaire, avec ses nouveaux dogmes (le culte du marché et de la croissance), ses grands prêtres (publicitaires et économistes), ses objets de culte (le grand magasin), ses rituels (les soldes), ses excommunications (le peuple des « sans »), ses actions de grâce (les compensations carbone), comme nous sommes nombreux à tenter de le faire. S'agit-il au contraire de déplorer le déclin des religions mais aussi des identités (nous ne sommes plus dans un monde gréco-romain, ni européen, ni même indo-européen), ce qui motive les durcissements identitaires (ceux nationalistes du Front national et des identitaires ou ceux religieux des nouveaux cathos). Pour ma part, je me définis comme citoyen du monde, c'est pourquoi le mensuel *Les Zindigné(e)s* est partenaire d'Emmaüs International, de la fondation Danielle-Mitterrand et du mouvement Utopia pour revendiquer, avec l'Organisation pour une citoyenneté universelle, le passeport universel[84]. La crise du symbolique n'est pas une banale « désymbolisation » (reprise du vieux thème catholique de droite du XIXe siècle de la décadence) mais, comme l'analyse avec brio Christian Laval, une mutation du symbolique. Le capitalisme tend à produire une nouvelle construction proprement symbolique dans laquelle l'équivalent général argent joue le rôle de médiateur des relations sociales. Tant que nous n'en aurons pas fini avec cet équivalent général, avec cette construction symbolique, nous continuerons à aller dans le mur. J'ai même très peur que l'anthropologie chrétienne ne soit de peu de secours car (comme nous le verrons) elle pactise assez facilement avec l'anthropologie capitaliste.

Deuxième remarque : les convictions – religieuses ou athées – ne sont pas en cause, car ce que nous refusons, c'est la volonté d'opposer les droits de Dieu aux droits humains. Ces cathos ont même inventé un nouveau sigle : les DHSD, c'est-à-dire les droits de l'homme sans Dieu[85] !

---

84. http://www.o-c-u.org/fr/
85. http://www.chire.fr/A-154268-les-droits-de-l-homme-sans-dieu-dhsd.aspx

Les écolos-cathos au service
d'une anthropologie pessimiste

Les objecteurs de croissance ne cessent de dire qu'on n'échappera pas à l'effondrement climatique tant qu'on misera sur la culpabilité ou l'appel à la responsabilité (car savoir ne suffit pas pour croire ce qu'on sait et même croire ce qu'on sait n'est jamais une condition suffisante pour agir). Nous ne pourrons changer de société qu'en donnant envie de changer. C'est pourquoi Gilles Deleuze disait que seul le désir (de vivre) est révolutionnaire. Le choix de l'Église est à l'opposé, même si Jean-Paul II appelait à ne plus avoir peur. Pourquoi les sondages montrent-ils d'ailleurs que ce sont les catholiques qui ont le plus peur, qui regardent davantage de travers ceux qui perçoivent des minima sociaux, pourquoi les catholiques votent-ils plus à droite ? Le catholicisme reste une machine à effrayer ses ouailles à force de répéter que « la porte est étroite » et qu'il faut gagner de haute lutte sa place au paradis. Les nouveaux visages réactionnaires de l'Église réveillent davantage encore cette dimension pessimiste qui lui colle à la peau et que ne parvient même plus à canaliser sa « bonne nouvelle » de la résurrection prochaine des morts... Ne faut-il pas craindre un accouplement entre ce vieux fond catholique pessimiste apocalyptique et les discours sur la fin des temps qui travaillent son écologie ? Nous avons besoin au contraire que les gens aient moins peur pour consommer moins mais mieux, car l'hyperconsommation est aussi un opium du peuple. C'est pourquoi nous revendiquons un « revenu pour tous même sans emploi » ! La force du capitalisme et des religions c'est au contraire d'entretenir la peur. Nous ne sommes pas, nous, objecteurs de croissance amoureux du bien vivre, écolos parce qu'il y a le feu à la planète, mais tout simplement pour vivre bien.

L'écologie catholique ne parvient pas à être positive malgré les efforts de ses ouailles qui, comme le mensuel austéritaire *La Décroissance*, n'ont que la formule « joie de vivre » à la bouche, histoire de masquer leur peur, car leur vision de l'homme est salie par le dogme fondamental du péché originel. L'écologie catholique ne peut être positive puisque son anthropologie repose sur une représentation d'un monde intrinsèquement corrompu par la femme. La façon d'échapper à cette mauvaise part est de s'en remettre à une conception théocratique de l'autorité d'où sa volonté d'imposer son ordre. Cette vision pessimiste de la « nature » humaine (si « nature » il y a) est mobilisée pour justifier ses choix de société et corseter l'individu. Paul VI condamnait ainsi les moyens anticonceptionnels non pas en eux-mêmes mais par l'effet fatal qu'aurait pour la faiblesse humaine une position laxiste : « On peut craindre [...] que l'homme, en s'habituant à l'usage des pratiques anticonceptionnelles, ne finisse par perdre le respect de la femme et, sans plus se soucier de l'équilibre physique et psychologique de celle-ci, n'en vienne à la considérer comme un simple instrument de la jouissance égoïste »[86]. On découvre que c'est la peur de l'humain dans l'homme et la femme, que c'est l'absence de confiance dans l'humanité qui fonde son choix de la répression. Certes, l'église a le droit d'évoluer (et ses principaux dogmes sont assez récents) mais je ne crois pas qu'il faille comprendre les propos de François comme une incitation à la libération sexuelle, lorsqu'il écrit qu'il ne faut pas en venir à considérer la femme « comme un simple instrument égoïste et non plus comme sa compagne respectée et aimée ». Remarquons déjà que la construction de la phrase pourrait laisser à penser que la situation des femmes était mieux avant (avant le droit à la contraception et à l'IVG) et rien ne nous permet surtout de penser que l'église a revu (sinon en pire) sa théologie du couple et de l'amour[87]. C'est donc tout à fait logiquement que les papes n'ont jamais cessé de lancer des appels aux gouvernants pour qu'ils imposent des législations liberticides, il reviendrait aux princes d'appliquer les lois rétrogrades de Dieu et de l'Église. Comment cette Église austéritaire et liberticide dans le domaine des mœurs pourrait-elle être du côté de l'émancipation humaine ?

Les écolos-cathos contre l'émancipation

L'écologie catho entend nous mobiliser pour défendre les lois dites naturelles car ce serait leur transgression qui conduirait l'humanité droit dans le mur. Nous devons prendre le temps de ne pas nous laisser abuser par des formules qui ne disent pas ce que chacun de nous est en droit de comprendre spontanément. Les lois de la nature, dont parle François, ne sont pas les lois du vivant qui conduisent à choisir, par exemple, la permaculture contre l'agriculture productiviste ou à défendre les semences paysannes contre la volonté de breveter le vivant ou à souhaiter

---

86. Dans l'encyclique *Humanae vitae*.
87. Cf. *infra*, « Guérir le couple pour soigner la planète ».

Deuxième partie : François sauvera-t-il la planète ?

développer l'économie circulaire (où comme dans la nature tout se transforme). Les lois de la nature, selon François, ce n'est pas la défense des écosystèmes contre le dérèglement climatique ou la sixième grande extinction des espèces. Les lois de la nature, dont parlent les écolos-cathos et qu'ils utilisent comme rideau de fumée, ce sont la différence des sexes et les inégalités sociales. J'avoue ne pas avoir envie d'être embrigadé au nom de la défense de la planète dans la croisade contre le mariage homo et la défense des stéréotypes sexuels. François considère que la différence sexuelle constitue une loi de la nature : « L'écologie humaine implique aussi quelque chose de très profond : la relation de la vie de l'être humain avec la loi morale inscrite dans sa propre nature, relation nécessaire pour pouvoir créer un environnement plus digne. Benoît XVI affirmait qu'il existe une "écologie de l'homme" parce que "l'homme aussi possède une nature qu'il doit respecter et qu'il ne peut manipuler à volonté". La valorisation de son propre corps dans sa féminité ou sa masculinité est aussi nécessaire pour pouvoir se reconnaître soi-même dans la rencontre avec celui qui est différent. De cette manière, il est possible d'accepter joyeusement le don spécifique de l'autre, homme ou femme, œuvre du Dieu créateur, et de s'enrichir réciproquement. Par conséquent, l'attitude qui prétend "effacer la différence sexuelle parce qu'elle ne sait plus s'y confronter", n'est pas saine. » Serais-je donc un mauvais écolo si je refuse les clichés sexistes au sein de la société et de l'école ? Serais-je un bon écolo si j'accepte de marcher contre l'égalité des droits ? Nous voyons comment l'Église, qui, malgré son histoire terrible, s'autoqualifie d'experte en humanité, tente de s'approprier aussi la notion d'écologie humaine... Faut-il rappeler aux écolos-cathos que la première écologie humaine a été fondée au début du XXᵉ siècle par des sociologues de l'université de Chicago qui entendaient procéder au transfert des modèles de l'écologie biologique au genre humain, produisant ainsi une naturalisation des phénomènes sociaux, histoire de mieux faire de l'écologie un non-enjeu de luttes sociales ?

Mon écologisme des pauvres est nourri au contraire de la lutte des classes, y compris concernant la définition de la vie bonne et des dissolvants d'angoisse existentielle écosocialistes qu'il faudra bien opposer à ceux du capitalisme/catholicisme ! Nous avons besoin de dissolvants d'angoisse existentielle car la fuite en avant dans le productivisme et le consumérisme est aussi une mauvaise réponse à notre propre finitude, nous avons donc besoin de transmettre à l'humanité des raisons de vivre et d'espérer ailleurs que dans la course au « toujours plus ». Ces nouveaux dissolvants ne sont pas un produit de notre imagination car nous les reconnaissons dans les usages et les luttes des appauvris contre les enrichis, c'est la primauté des biens communs contre la propriété privée lucrative, c'est la construction de communs contre l'enfermement dans des structures, c'est l'importance accordée au temps libre (donc à la réduction du temps de travail) et à la fête permettant le passage de l'*homo economicus* à l'*homo ludens*, c'est la reconnaissance du droit au beau face à l'enlaidissement de nos existences (« pubtréfaction » des paysages, urbanisme coercitif, bétonisation à outrance), ce sont des « exercices spirituels » (pour utiliser un jargon cher aux jésuites) permettant de développer l'esprit de solidarité, de coopération, de jouissance d'être, en refusant, par exemple, la « sportivation » de l'existence par la suppression de l'esprit de compétition à l'école, en développant des jeux coopératifs (on gagne ou on perd tous ensemble, pas les uns contre les autres), ce sont des méthodes de gestion des conflits, de désescalade de la violence, c'est le refus des nouveaux modes de management, du flicage généralisé, etc. On le voit, nous sommes, avec ces quelques propositions très loin de la culpabilisation et de la repentance et de son cortège de privations. Écologie morale ? Bien sûr ! Il faut être au moins catho de droite pour s'imaginer que la morale d'un enseignant ne puisse pas valoir celle d'un prêtre ou d'un imam comme le soutenait Sarkozy[88]. Notre morale est non seulement athée, mais elle aussi celle des passions joyeuses contre les passions tristes que cultivent les religions en entretenant la peur. Il est indispensable de penser la morale de façon incarnée (pour parler comme l'Église) en libérant le corps des contraintes des institutions et notamment du travail et aussi de la répression sexuelle (deux thèmes chers à l'Église). Nous campons très loin du moralisme moyenâgeux religieux qui condamne la libération sexuelle et prône la frustration et le sacrifice comme modèle de vie. Nous sommes du côté d'une écologie populaire eutopique, sachant que l'eutopie est le bon lieu, le pays du bonheur, et qu'il n'est pas besoin pour cela de croire à une nature humaine inchangée, celle des lois de Dieu, de la nature et de l'Église. Quelles sont ces lois de la nature ? Celles qui justifient que les gros mangent les petits ? Celles qui ont servi à l'Église durant des siècles à justifier l'esclavagisme, présenté comme une loi de la nature et une volonté de Dieu ? Celles qui ont si

---

88. Paul Ariès, *Misère du sarkozysme. Cette droite qui n'aime pas la France*, Lyon, Parangon, 2006.

longtemps justifié la domination des femmes par les hommes ? Celles qui justifient aujourd'hui encore le maintien des inégalités sociales voulues par Dieu, celles qui ordonnent certaines bonnes positions sexuelles et en condamnent d'autres, celles qui définissent quel serait le but de la sexualité ? Faut-il rappeler ces fortes paroles prêtées à l'évêque Bergoglio à propos de la candidature de Christina Kirchner à la présidence de la République d'Argentine : « Les femmes sont naturellement impropres pour les tâches politiques, l'ordre naturel et les faits nous enseignent que seulement l'homme est un être politique par excellence, les Écritures nous montrent que les femmes ont toujours soutenu la réflexion et la création de l'homme, mais rien de plus que cela. »[89]

Guérir le couple pour soigner la planète

On s'imagine généralement que l'Église est simplement nataliste. Il suffit pourtant de reprendre les interventions lors du dernier synode consacré à la famille pour entrevoir l'arrière-plan idéologique : le docteur Anca-Maria Cernea déclarait par exemple au nom de l'Association des médecins catholiques de Bucarest : « La pauvreté matérielle et le consumérisme ne sont pas la première cause de la crise de la famille. La première cause de la révolution sexuelle et culturelle est idéologique. Notre Dame de Fatima a dit que les erreurs de la Russie se répandraient à travers le monde entier. Cela s'est fait d'abord sous une forme violente, le marxisme classique, qui a tué des dizaines de millions de personnes. Aujourd'hui cela se fait la plupart du temps à travers le marxisme culturel. Il y a continuité entre la révolution sexuelle de Lénine, à travers Gramsci et l'École de Francfort, et l'idéologie contemporaine des droits gay et du genre. Le marxisme classique avait la prétention de redessiner la société par le biais de la spoliation violente de la propriété. Aujourd'hui la révolution va plus profond ; elle prétend redéfinir la famille, l'identité sexuelle et la nature humaine. Cette idéologie se qualifie elle-même de progressiste. Mais elle n'est rien d'autre que la vieille proposition du

---

89. http://www.gauchemip.org/spip.php?article20490 ; l'église conteste aujourd'hui la paternité de ces paroles. Sont-elles symptomatiques de ce que la gauche pensait de l'évêque de Buenos Aires ? Nous voyons alors qu'il était très loin de passer pour un pape de gauche, progressiste, féministe, etc. L'idée de charisme spécifique aux hommes et aux femmes peut cependant expliquer cette provocation.

serpent, pour que l'homme prenne le contrôle, que Dieu soit remplacé, que la rédemption soit organisée ici-bas, dans ce monde. C'est une erreur de nature religieuse, c'est la gnose. »

L'écologie que j'aime est du côté du « plus à jouir », seule condition pour passer de la jouissance d'avoir à la jouissance d'être. L'Église propose certes sa propre forme de jouissance d'être avec la spiritualité, mais j'avoue préférer l'amour, l'amitié et le lien social. Je me trouve donc du côté des libérateurs de l'amour, pas des censeurs. Or, selon François, la planète serait malade en raison du péché originel et donc aussi à cause de la « falsification » de l'amour conjugal, qu'il s'agisse de la contraception, de l'avortement, du mariage homo et de la fornication, donc de la « tyrannie du désir », y compris entre époux[90]. Le pape François reprend ainsi en toute chose la « théologie du corps » fondée par Jean-Paul II et sous laquelle il rangea les quelque 130 catéchèses prononcées sur ce thème entre 1979 et 1989. Cette théologie du corps, « cadeau de Jean-Paul II à l'Église », véritable « trésor qui n'est pas encore assez connu en France » révélerait le véritable « plan de Dieu sur la sexualité humaine »[91]. L'Église n'est pas en effet de plus en plus tolérante dans ce domaine, comme on le croit, mais de plus en plus intolérante et dogmatique. C'est pourquoi le fameux synode sur la famille de septembre 2015, que certains ont considéré être une chance perdue n'était qu'un cache-sexe. En effet, la seule solution avancée par François pour permettre aux divorcés remariés de pouvoir de nouveau communier c'était, dans la foulée de Jean-Paul II et de Benoît XVI, et en conformité de la tradition religieuse, de faire annuler leur premier mariage par un tribunal ecclésiastique sous le prétexte mensonger que les époux n'avaient pas fait un vrai mariage devant Dieu car ils n'étaient pas prêts, car ils n'en mesuraient pas toutes les conséquences. Cette solution est immorale car elle repose sur la négation de l'histoire véritable des personnes réelles, elle les oblige à mentir en niant la réalité de leur premier mariage, elle les conduit à penser (ou à laisser croire) qu'ils auraient vécu durant des années dans le mensonge. L'objectif de François n'était pas d'aider (d'aimer ?) ceux qui souffrent mais de sauver le dogme chrétien face à la modernité. C'est pourquoi l'Église

90. La notion de péché originel a été créée par saint Augustin vers 397 pour désigner l'état de péché dans lequel tout homme se trouve du fait de son origine à partir d'une race pécheresse. Elle n'a été qu'ultérieurement étendue (puis réduite ?) au péché d'Adam.
91. Yves Semen, auteur de nombreux ouvrages sur ces questions sera notre guide pour ce chapitre, particulièrement son livre *La Sexualité selon Jean-Paul II*, Paris, Presses de la Renaissance, 2004.

tient, depuis seulement quelques décennies, à canoniser des couples en tant que couples, non pas par souci de « démocratiser » le caractère de sainteté en le conférant à de simples laïques, mais pour rappeler ce que devrait être le mariage chrétien : Jean-Paul II a ouvert le bal en 2001 en canonisant Luigi Beltrame, vice-avocat général de l'État italien, et son épouse Maria Corsini, mère au foyer, couple modèle qui assistait à la messe tous les jours ; les parents de sainte Thérèse de l'Enfant Jésus (Louis Martin et Zélie Guérin en 2008) furent le second couple canonisé ; le troisième couple qui devrait bientôt l'être est celui de Paquita Dominguez et Thomas Alvira, tous deux membres de l'Opus Dei.

Yves Semen, président de l'institut de théologie du corps, membre de l'institut Philanthropos (comme Patrice de Plunkett), auteur de nombreux ouvrages sur la sexualité et le mariage est reconnu par les médias cathos comme le grand spécialiste de la théologie du corps (de Radio Notre-Dame à KTOTV en passant par *La Croix* ou *La Vie*). Lui-même sait choisir ses préfaciers puisque son livre, *La Sexualité selon Jean-Paul II*, a été préfacé par Mgr Dominique Rey, le fameux évêque de Fréjus-Toulon, celui qui fait la courte échelle à Marion Maréchal Le Pen.

Les citoyens (même ceux qui sont catholiques) connaissent très mal la véritable pensée de l'Église en matière de couple et de sexualité. Conséquence : on croit que le mariage catho serait simplement un peu plus solennel, obligerait simplement à ne pas se remarier après un divorce, inciterait simplement à faire davantage d'enfants, etc. Cette présentation des choses passe totalement à côté de l'essentiel. Le sacrement du mariage n'est pas une façon de dire que la famille serait importante aux yeux de l'Église en tant que fondement de la société puisqu'il introduirait une véritable dimension surnaturelle : l'homme et la femme mariée ne seraient plus des humains comme les autres mais davantage comparables aux prêtres et religieuses. Ce n'est que lorsque nous comprenons que le mariage catholique est conçu comme la répétition du mariage entre le Christ-Époux et l'Église-Épouse que nous pourrons comprendre pourquoi le mariage doit être interdit aux homosexuels, pourquoi divorcer doit rester illégal, car si l'Église reconnaissait ne serait-ce que la possibilité du divorce, ce serait admettre que Dieu pourrait divorcer d'elle... Ce n'est que lorsque nous comprenons que, pour l'Église, l'adultère ne concerne pas seulement et d'abord les relations entre un homme et une femme qui n'est pas son épouse mais les relations entre un époux et une épouse, dès que le regard qu'ils portent l'un sur l'autre est fait de désir, que nous pourrons comprendre pourquoi la chasteté, entre époux, devrait être le meilleur principe de cohabitation, sinon le couple ne serait pas la croix qu'il doit être pour chacun de ses deux composants et rien ne justifierait que le Christ soit mort en croix pour son Église. Ce n'est que lorsque nous comprenons que pour l'Église les hommes et les femmes possèdent des « charismes différents » qui font des hommes des « êtres de raison » et des femmes des « êtres d'amour » que nous pourrons comprendre pourquoi Jean-Paul II ne dit plus seulement que les femmes doivent être dominées par les hommes, mais qu'ils doivent se dominer mutuellement, puisque les hommes doivent obéir à leurs épouses en matière d'amour et les femmes à leurs époux en matière de raisonnement, car si les femmes et les hommes étaient à égalité, non seulement le Christ-Époux serait à égalité avec l'Église-Épouse, mais les simples humains, des prêtres. Ce n'est que lorsque nous comprenons que pour un couple le plus grand geste de pauvreté et de charité est de « faire un enfant de plus » que ce que la raison commande et non pas de se dessaisir de ses biens (sauf au profit de ses enfants), car la loi de Dieu impose à chacun de se constituer un patrimoine et de défendre sa propriété privée, qu'on peut aussi comprendre pourquoi l'Église, épouse du Christ, doit, elle aussi, accroître sa propre richesse et ses propriétés privées. Ce n'est enfin que si on établit une analogie entre le couple chrétien qui doit enfanter et le couple Église/Christ qui doit convertir que l'on comprend les enjeux de la nouvelle évangélisation (la *reconquista*).

Toutes les positions de l'Église dérivent de cet arrière-plan dogmatique. Ainsi sa mobilisation contre ce qu'elle nomme la théorie du genre, qui la pousse à défendre les clichés sexistes (du type « papa lit, maman coud ») n'est qu'une conséquence de sa croyance dans le péché originel. Le premier effet de ce péché serait la « honte sexuelle », qui ne conduit pas tant au besoin de cacher ses organes sexuels qu'à « cacher tout ce qui a trait à la sensibilité, la psychologie et l'affectivité propres à la masculinité et à la féminité »[92]. Cette incapacité à communiquer dans la différence serait le signe que l'humanité est déchue, car l'homme d'avant le péché était différencié. Les époux devraient, dit le patron de l'institut de théologie du corps, envisager leurs relations dans le mariage « dans la lumière des rapports nuptiaux du Christ et de l'Église ». On peut donc déjà en déduire le principe de soumission de la femme à l'homme à l'image de la soumission de l'Église à Dieu.

---

92. Yves SEMEN, *La Sexualité selon Jean-Paul II, op cit.*, p. 154.

Jean-Paul II modernise certes la thèse de l'Église en parlant de soumission réciproque des deux époux, au sens où le mariage serait la croix qui consisterait déjà à « immoler sans cesse sa volonté propre ». Chacun des deux époux devrait obéissance à l'autre en fonction des charismes propres à l'homme et à la femme : « La psychologie masculine est plutôt marquée par la rationalité, la soumission de l'épouse doit tenir compte de ce signe de la vocation masculine [...]. Si la psychologie féminine est plutôt dominée par le cœur qui, selon le mot de Pascal "a des raisons que la raison ne connaît pas", cela signifie que le mari doit reconnaître en sa femme cette autorité du cœur qui est son privilège [...]. Ces différences de mentalité et de psychologie qui caractérisent la féminité et la masculinité sont inscrites dans la vocation même du corps fait pour le don et cette obéissance que se doivent mutuellement les époux est une exigence du don mutuel auquel ils sont appelés par leur mariage. »[93]

François ainsi que Jean-Paul II ne remettent donc nullement en cause l'enseignement de Pie XI mais ils l'expriment de façon plus moderne : « Le mari est la tête, la femme est le cœur, et comme le premier possède la primauté du gouvernement, celle-ci peut et doit revendiquer comme sienne cette primauté de l'amour. »[94]

Le deuxième effet du péché originel selon l'Église serait que l'homme et la femme ne voient plus leur sexualité que dans une similitude avec la sexualité animale, seul le mariage chrétien qui n'est pas, contrairement à une idée reçue, le lieu de la connexion du plaisir et de la procréation mais « la voie de la rédemption du corps » (Jean-Paul II) permettrait de rendre l'homme et la femme plus parfaits qu'avant le péché originel (puisqu'il est une réalité sacramentelle). Relevons déjà que ce dogme repose sur une absurdité puisque la sexualité humaine est la plus différente des cycles hormonaux (des périodes de gestation) qui caractérisent la sexualité animale. Proclamer avec l'Église que la contraception est « intrinsèquement mauvaise »[95], c'est justement ne pas voir que la contraception débestialise/humanise la sexualité ! Le troisième effet, toujours selon l'Église, du péché originel serait que les désirs de la femme se porteront vers son mari, mais il dominera sur elle (cf. Gen. 3.16.). Autrement dit, la domination du mari sur sa femme serait inévitable dès que les époux se regardent avec désir, avec passion. La seule façon de se sauver de cette

---

93. *Id. ibid.,* p. 418-419.
94. *Encyclique Casti connubii.*
95. Dans le Catéchisme de l'Église catholique.

tyrannie du désir et de la domination serait que les époux reproduisent dans leur vie de couple l'attitude du Christ-Époux à l'égard de l'Église-Épouse ; donc les époux doivent accepter de « crucifier leur chair avec ses passions et ses convoitises », il s'agit de « brûler en nous les racines de la concupiscence ». Les épousailles humaines, à l'image des épousailles du Christ avec l'Église, doivent répéter « les épousailles d'immolation du Christ et de l'Église ». C'est pourquoi, comme le soutient Semen, « la célébration du sacrement du mariage ne s'achève que sur la couche nuptiale comme le consentement du Christ à l'Église dans l'offrande de lui-même ne se confirme que par l'offrande rédemptrice de son corps sur la Croix ». « La Croix se révèle ainsi comme la couche nuptiale du Christ-Époux et de l'Église-Épouse. » L'indissolubilité du couple, le refus de la contraception et de l'IVG, la soumission aux clichés sexistes, le refus de la « tyrannie du désir » ne sont donc pas pensés dans l'intérêt supérieur des conjoints et de leurs enfants mais dans celui du salut éternel... et de l'Église. Le mariage chrétien est enfin une façon de rappeler qu'existe un peuple élu : l'humanité-épouse a trahi son époux divin par le péché mais Dieu marque la reprise de son alliance avec le peuple élu (l'Église). L'Église insiste d'ailleurs sur le fait que le couple chrétien n'est pas un couple comme les autres, il a Dieu avec lui, pour garantir son salut. Les nouveaux catholiques identitaires ont donc raison à cet égard de rappeler que l'Église ne réduit pas la femme à son ventre contrairement à la tradition manichéenne qui oppose corps et esprit. Ainsi s'expliquerait la fameuse réplique de François qui a fait la joie de certaines féministes : « Certains pensent que pour être de bons catholiques, il faut se comporter comme des lapins, mais ce n'est pas le cas »[96]. Yves Semen a raison : « Cette sortie pontificale ne constitue pas une modification de l'enseignement de l'Église. » Dont acte. Mais ce que l'Église dit de l'humanité est-il meilleur pour autant ? Ainsi lorsqu'elle rappelle que la vraie pauvreté évangélique serait atteinte « en ayant un enfant de plus qu'il serait raisonnable » car, à ses yeux, la vraie charité c'est d'« accroître le nombre des élus de la Jérusalem céleste pour l'étendre à la mesure du cœur de Dieu. » Les couples chrétiens sont donc bien chargés de multiplier le nombre de chrétiens, c'est à ce titre qu'ils sont « les missionnaires de la vie » complémentaires à la mission apostolique des prêtres.

---

96. Le pape François lors de la conférence de presse tenue dans l'avion qui le ramenait de son voyage apostolique aux Philippines.

La famille, pour ces écolos-cathos, ce n'est pas vous ni moi, dès lors que nous choisissons de ne pas nous soumettre aux critères de la « bonne famille » catholique qui n'ont strictement rien (et heureusement) à voir avec l'écologie ! L'idée d'une famille menacée ne date pas de la prolifération des divorces. Déjà au XIX siècle, l'Église proclamait la famille en danger et ne dénonçait pas encore la télévision ou le « mariage pour tous » mais l'école publique et les aides sociales : « En substituant à la providence paternelle, la providence de l'État, les socialistes vont contre la justice naturelle et brisent les liens de la famille. » François, dans son éloge de la famille catholique, oublie également de préciser que sa conception de la famille n'est celle que d'une petite partie de l'humanité : nos frères humains ont, dans l'histoire, vécu bien autrement.

Les écolos-cathos contre les droits des femmes

Les écolos-cathos expliquent qu'on ne pourrait être écologiste et accepter de remettre en cause la conception chrétienne de la famille ni admettre la liberté de contraception, ni, bien sûr, le droit à l'interruption volontaire de grossesse. Ce n'est donc pas un hasard si la revue d'écologie intégrale *Limite* a consacré son premier numéro à « Décroissez et multipliez-vous... » Je serais donc selon l'Église de François un mauvais écologiste et les traditionalistes de la Fraternité saint Pie X ou les adeptes de l'Opus Dei en feraient d'excellents.

L'Église n'a jamais totalement renoncé (le peut-elle sans se nier ?) à réaliser ce que Diderot nommait « l'empire », c'est-à-dire le pouvoir absolu sur chacun. La religion ne veut le pouvoir spirituel que pour exercer le pouvoir temporel. Son dogme fondamental n'est pas la distinction des pouvoirs (le fameux « rendre à César ce qui est à César et à Dieu ce qui est à Dieu ») mais la pleine puissance pontificale, selon la formule de Thomas d'Aquin. Conséquence pratique : la loi des hommes doit toujours s'inspirer de la loi de Dieu interprétée par l'Église. Le domaine de la sexualité est celui où l'Église exerce encore le plus son pouvoir. Il ne faudrait pas grand-chose pour qu'elle prétende à nouveau créer « l'empire ». L'Église est coincée par ses dogmes et ne peut être du bon côté des luttes. Les objecteurs de croissance amoureux du bien vivre sont convaincus que « la femme est l'avenir de l'homme » (selon la formule d'Aragon), non seulement parce que la domination sur les femmes (comme celle sur les animaux) est intrinsèquement liée à la domination de la nature et à l'exploitation humaine, mais aussi parce que la solution passe par le développement en chacun de nous de sa part féminine, par la reconnaissance de sa bisexualité.

Beaucoup se sont laissé abuser par les dernières déclarations de François (septembre 2015) dans lesquelles il semble prendre la défense d'Ève contre Adam, osant même dire « la femme tentatrice ? Voilà une idée blessante », comme si cette thèse n'avait pas été celle de son Église depuis 2 000 ans ! Le nouveau dogme de François n'est, dans ce domaine, pas si nouveau que cela puisqu'il rappelle simplement qu'« à travers les mots adressés au serpent, Dieu entoure la femme d'une barrière protectrice contre le mal, à laquelle elle peut avoir recours – si elle le souhaite – à chaque étape de son existence. » Autrement dit, Dieu peut sauver les femmes autant que les hommes mais seulement dans la mesure où elles se soumettent, elles aussi, à la volonté divine. L'Église peut alors, avec François, se mettre en tête du mouvement d'émancipation des femmes mais une émancipation qui les ramène au bercail. François peut dès lors dénoncer « le machisme dont le but a toujours été de dominer la femme. Nous risquons de commettre la même bévue qu'Adam lorsque Dieu lui a dit : « Mais pourquoi as-tu mangé la pomme ? » et qu'il a répondu : « C'est la femme qui me l'a donnée ». C'est toujours la faute de la femme. Pauvres femmes ! Nous devons les défendre ! »[97]

Cette nouvelle théologie n'innove que de façon formelle, car les femmes dans la doctrine dominante ont toujours pu être sauvées à égalité avec les hommes, ce qui implique qu'elles acceptent de se soumettre aux lois pseudo-naturelles et divines. Le coup de génie de François est de nature rhétorique : présenter l'émancipation des femmes, non pas comme opposée à l'institution du mariage, mais au désir de l'homme, y compris – nous le verrons – au regard désirant de son conjoint.

Nous devons opposer au pape le droit des femmes à disposer d'elles-mêmes et déjà pour cela rappeler que rien ne sera possible sur le plan écologique sans reprendre et approfondir le mouvement pour la libération des femmes ! L'Église a été, est et restera profondément misogyne tant qu'elle continuera à professer que l'homme est fait à l'image de Dieu et que la femme procède d'une partie de l'homme, car la partie est toujours inférieure au tout. Saint Paul renforcera cette inégalité, présente dans

---

97. http://www.huffingtonpost.fr/2015/09/17/pape-francois-eve-adam-bible_n_8152988.html

l'Ancien Testament, en expliquant que la femme a été faite pour la gloire de l'homme et l'homme pour celle de Dieu. Chaque saint (ou presque) ajoutera sa part à ce florilège machiste et misogyne. Saint Ambroise définira « la femme comme la source du mal », saint Jérôme dira que « la femme est le principe de tous les maux », saint Jean-Paul II osait « la vocation de la femme est la maternité : hier, aujourd'hui et toujours ».

Ne croyons surtout pas que ces déclarations sexistes furent sans conséquences : dans l'histoire, y compris l'histoire de France, tant que l'Église resta dominante, on connut l'inexistence civique des femmes et leur éternelle minorité civile. L'Église ne pourra s'ouvrir véritablement à l'écologie que le jour où elle en finira avec le dogme selon lequel la femme serait la porte du démon (sic) et qu'elle serait responsable d'avoir perdu le genre humain en corrompant Adam (sic). Elle ne pourra véritablement parler d'écologie humaine que le jour où elle en tirera les conséquences pour elle-même (la place des femmes dans l'Église). Tant que l'Église n'accomplira pas cette révolution copernicienne, les écolos-cathos continueront à appeler à décroître économiquement pour faire plus d'enfants et appelleront à « baiser sans niquer la planète » (cf. *infra*). L'Église n'a pas changé dans son discours nataliste car elle ne le peut pas, sauf à se changer elle-même, car la famille est construite sur son propre modèle, avec le mariage du Christ-Époux et de son Église-Épouse pour multiplier les ouailles. L'Église ne peut ignorer que son choix nataliste est contre-productif car de combien faudrait-il décroître matériellement si nous avions tous et toutes des familles chrétiennes avec quatre ou cinq enfants alors que nous dépassons déjà chaque année le 26 août les capacités de régénération de la planète, alors que les Nord-Américains les dépassent mi-février, les Allemands mi-mars et les Français mi-avril. Soyons précis : il n'y a pas trop d'humains sur la terre mais il y en a déjà assez ! Il manque en revanche beaucoup d'égalité des droits entre les hommes et les femmes, il y a également beaucoup trop de machisme/sexisme. J'ajouterai que l'encyclique de Paul VI *Humanae vitae* sur le mariage et la régulation des naissances a été très loin de faire l'unanimité dans l'Église : ainsi 650 théologiens nord-américains avaient rejeté la thèse pontificale ! Parler de loi naturelle concernant la famille c'est avant tout défendre le pouvoir de l'Église, il suffit de lire l'encyclique de Paul VI pour découvrir cette vérité : « Aucun fidèle ne voudra nier qu'il appartient au magistère de l'Église d'interpréter la loi morale naturelle. Il est incontestable, en effet, que [...] Jésus-Christ, en communiquant à Pierre et aux apôtres sa divine autorité

[...] les constituait gardiens et interprètes authentiques [...] non seulement de la loi évangélique, mais encore de la loi naturelle » (*Humanae vitae*, 4). Il s'agit bien dans ce domaine, comme dans beaucoup d'autres, d'un appel à la soumission. L'idée de soumission est tellement ancrée dans l'Église catholique que le pape peut expliquer tranquillement qu'il ne s'agit pas de lui obéir en raison de la qualité de son argumentation mais seulement de son caractère infaillible. Pourquoi donc se soumettre ? « Non pas tant à cause des motifs allégués, que plutôt en raison de la lumière de l'Esprit saint dont les pasteurs de l'Église bénéficient à un titre particulier pour exposer la vérité... » Cette prétendue loi naturelle à la sauce vaticane est une vision préscientifique de la nature. Elle postule par exemple un « lien indissoluble, que Dieu a voulu et que l'homme ne peut rompre de son initiative, entre [...] union et procréation ». Dieu merci, nous sommes des milliards d'humains à rompre ce lien chaque fois que nous faisons l'amour pour le simple plaisir de la rencontre et non de l'enfantement ! Cette loi naturelle serait éternelle car Dieu l'aurait créée pour l'éternité... Se soumettre à cette loi naturelle ce serait simplement se soumettre à Dieu. Cette loi naturelle n'est qu'un principe métaphysique hérité de la scolastique du Moyen Âge, une métaphysique subordonnée au magistère de l'Église. Je parlais de conception préscientifique de la nature car la révolution scientifique consiste justement à dominer la nature en découvrant ses lois, a-t-on déjà vu un médecin attendre passivement que la « loi naturelle » s'accomplisse !

Cette conception chrétienne de la famille est non seulement fondée sur l'obligation de procréation (on peut pourtant vivre en couple et ne pas vouloir légitimement d'enfant) mais aussi sur la centralité de la propriété privée. La conception actuelle de la famille catholique (car les premiers chrétiens n'enfantaient pas dans l'attente imminente de la fin du monde...) dépend directement de la conception de l'Église comme épouse du Christ... Supprimez cette foi dans la sacralité de l'Église, donc cette croyance dans une inégalité structurelle et la conception chrétienne de la famille tombe d'elle-même ! L'Église ne défend pas la famille par amour du prochain mais pour protéger son propre pouvoir sur les autres humains, y compris sur ses propres ouailles. La famille chrétienne, ce n'est pas historiquement une histoire d'amour mais une affaire d'enfantement et de constitution d'un patrimoine privée. Les maîtres mots du mariage chrétien sont sacrifice, dévouement et renoncement. La gauche a d'ailleurs longtemps voulu changer la famille et supprimer l'héritage. Osons dire qu'un couple catho avec enfants de bon milieu social pollue beaucoup plus qu'un couple populaire avec le même nombre d'enfants ! Les chiffres le prouvent : ce n'est pas le caractère chrétien du mariage qui explique que les uns soit plus « écolos » que les autres mais leur mode de vie ! De quel droit soutenir que les premiers seraient dans la culture de vie et les seconds dans la culture de mort ? Ce qui tue aujourd'hui l'humanité, c'est le système productiviste et capitaliste, ce sont aussi les relations de domination !

François, contrairement aux autres thèmes abordés dans son encyclique, revient plusieurs fois sur la question de l'avortement. Histoire de faire comprendre que beaucoup de mauvais écologistes tuent des embryons. Il explique qu'« il est préoccupant que certains mouvements écologistes qui défendent l'intégrité de l'environnement et exigent avec raison certaines limites à la recherche scientifique, n'appliquent pas parfois ces mêmes principes à la vie humaine. En général, on justifie le dépassement de toutes les limites quand on fait des expérimentations sur les embryons humains vivants. On oublie que la valeur inaliénable de l'être humain va bien au-delà de son degré de développement ». Ainsi « puisque tout est lié », « la défense de la nature n'est pas compatible non plus avec la justification de l'avortement. Un chemin éducatif pour accueillir les personnes faibles de notre entourage, qui parfois dérangent et sont inopportunes, ne semble pas praticable si l'on ne protège pas l'embryon humain, même si sa venue cause de la gêne et des difficultés. » ; [et] « la valorisation de son propre corps dans sa féminité ou dans sa masculinité est aussi nécessaire pour pouvoir se reconnaître soi-même dans la rencontre avec celui qui est différent. De cette manière, il est possible d'accepter joyeusement le don spécifique de l'autre, homme ou femme, œuvre du Dieu créateur, et de s'enrichir réciproquement. Par conséquent, l'attitude qui prétend "effacer la différence sexuelle parce qu'elle ne sait plus s'y confronter" n'est pas saine. »

Les médias ont pourtant salué comme un grand progrès pour les femmes le pouvoir que le pape François a donné aux prêtres, à l'occasion de l'année de la miséricorde, de pardonner l'avortement en confession. Cette annonce fort médiatisée est non seulement une pseudo-nouveauté mais c'est aussi une très mauvaise nouvelle pour la cause des femmes. Ce n'est déjà pas une innovation car si la levée d'une excommunication est en principe réservée au pape, cela fait longtemps que ce pouvoir est délégué aux évêques et aux prêtres. On trouve ainsi sur le site du Vatican un vade-mecum du confesseur datant de 1997 et qui explique que « pour ce qui concerne l'absolution du péché d'avortement, [...] si le repentir est sincère, et s'il est difficile de s'adresser à l'autorité compétente à qui est réservée la remise de la censure, tout confesseur peut absoudre le pécheur ». Ce document a été signé par le cardinal ultraréactionnaire, López Trujillo, qui était à l'époque à la tête du Conseil pontifical pour la famille. Le cardinal africain Philippe Ouédraogo, pas vraiment non plus un progressiste, rappelait récemment que les évêques « peuvent déléguer ce pouvoir ordinaire d'absoudre du péché mortel d'avortement aux curés doyens, ou à tous les curés [...] ou encore à l'ensemble des prêtres, moyennant certaines dispositions ». François n'innove donc pas mais il réussit un tour de passe-passe qui consiste à faire passer le simple rappel d'un dogme ultraréactionnaire pour un geste en faveur des femmes. La théologie de l'Église reste en effet totalement inchangée : un avortement est toujours puni d'une excommunication *latea sententiae,* c'est-à-dire qu'elle est automatique : en commettant l'acte, la personne s'exclut elle-même de la communion de l'Église, donc du peuple élu de Dieu. Le pape ne se contente pas cependant de rappeler le dogme, en bon réactionnaire, il entend imposer le retour à la pratique de la confession et de la pénitence depuis longtemps délaissée. Le « progressiste » François est là encore le digne héritier des « réactionnaires » Jean-Paul II et Benoît XVI, car ce retour a été entrepris à la fin du pontificat de Jean-Paul II et s'est développé véritablement sous le pontificat de Benoît XVI. François est donc dans ce domaine également un évêque réactionnaire croyant au péché comme au diable et souhaitant imposer la confession et le sacrement du pardon.

L'écolo-catho Tugdual Derville ne s'y trompe pas, c'est pourquoi il se réjouit de cette décision de François qui permettra de « débanaliser » l'IVG en rappelant, selon l'argutie classique, que ce n'est pas un simple acte médical[98]. Ce délégué général de l'association Alliance VITA, porte-parole de la Manif pour tous, co-initiateur du Courant pour une écologie humaine compare d'ailleurs les propos de François et ceux de Jean-Paul II et constate une analogie complète : « Le pape François

---

98. On sait notamment depuis les travaux de Georges Canguilhem que non seulement il n'existe pas de frontière stable entre le normal et le pathologique, mais que les actes médicaux ne sont jamais de « simples » actes médicaux. L'être humain est aussi engagé pleinement dans une ablation de la prostate, une mastectomie mais aussi dans la plupart des pathologies et donc dans la plupart des traitements. Les éditions La Ville brûle ont publié notamment *J'ai avorté et je vais bien merci* par le collectif Les filles des 343 salopes et une BD, *Le Choix,* de Désirée et Alain Frappier.

vient de déclarer à propos des femmes qui ont vécu un avortement : "Je connais bien les conditionnements qui les ont conduites à cette décision. Je sais qu'il s'agit d'un drame existentiel et moral. J'ai rencontré de nombreuses femmes qui portaient dans leur cœur la cicatrice de ce choix difficile et douloureux. Ce qui a eu lieu est profondément injuste". » En 1995, dans l'article 99 de son encyclique, le pape Jean-Paul II leur écrivait déjà : « L'Église sait combien de conditionnements ont pu peser sur votre décision, et elle ne doute pas que, dans bien des cas, cette décision a été douloureuse, et même dramatique. Il est probable que la blessure de votre âme n'est pas encore refermée. En réalité, ce qui s'est produit a été et demeure profondément injuste. »[99] Le père Guitton, directeur de l'Observatoire sociopolitique du diocèse de Fréjus-Toulon, collaborateur de Famille chrétienne, de Boulevard Voltaire, activiste de la Manif pour tous, écolo-catho de choc est l'auteur d'une prière... pour les avortés : « Seigneur, nous Te demandons pardon pour ces mamans ayant avorté »[100]. Nous ne saurions trop conseiller à ces cathos en pleine dérive de se rallier aux méthodes de l'Union des nations de l'Europe chrétienne (UNEC), qui organisait des pèlerinages à Auschwitz afin de « faire prendre conscience aux Européens qu'un génocide encore plus monstrueux quant au nombre de ses victimes est en cours. » À moins qu'ils ne préfèrent poursuivre, avec la trêve de Dieu, les coupables pour crime contre l'humanité[101].

Les écolos-cathos, moines-soldats de la doctrine sociale de l'Église

L'Église n'est pas seulement réactionnaire en matière de mœurs mais de conception de la société, du travail, de l'entreprise, des relations sociales. Les écolos-cathos ont redécouvert la mal nommée doctrine sociale de l'Église comme « bonne à tout faire » face à l'effondrement environnemental.

---

99. http://www.france-catholique.fr/L-avortement-et-la-misericorde.html
100. site-catholique.fr/index.php?post/Priere-de-Louis-Marie-Guitton
101. Claudie Lesselier (dir.), Fiammetta Venner (dir.), « "Préférence familiale" et "préférence nationale" : le programme du FN », dans *L'extrême droite et les femmes*, Villeurbanne, Golias, 1997.

Ce catholicisme dit « social » n'est en rien une version plus soft du socialisme. Il est né au xixe siècle contre la Révolution et en réaction au « socialisme chrétien ». Le catholicisme social est à rattacher au courant « intransigeant » comme l'ont montré les historiens Jean-Baptiste Duroselle et Jean-Marie Mayeur, courant d'abord ouvertement contre-révolutionnaire qui s'affirme avec Grégoire XVI et la condamnation de Lamennais, courant qui se développe avec Pie IX et son *Syllabus* condamnant la modernité, courant qui régresse au xxe siècle face au péril rouge, mais qui revient en force avec la droitisation de la société. Ce courant est fondé sur un triple refus, celui de la Renaissance, celui de la Réforme et celui de la Révolution, trois coupures historiques dominées par l'individualisme et la sécularisation de l'État, de la raison et de la science[102].

La doctrine sociale de l'Église est donc née en opposition à tout ce que nous aimons : l'humanisme, les droits de l'homme et du citoyen, le progrès social ! Pourtant, tout avait bien commencé puisque l'encyclique *Quanta cura* de 1864 était anticapitaliste : « Qui ne voit et ne sent très bien qu'une société soustraite aux lois de la religion et de la vraie justice ne peut plus se proposer d'autre but que d'amasser et d'accumuler des richesses. » Nous avons oublié cet anticapitalisme réactionnaire car l'Église avait choisi au xxe siècle une alliance tactique avec le capitalisme face à son adversaire principal. Mais dans le cadre du nouveau rapport de force planétaire, après l'effondrement du bloc soviétique et l'implosion des théologies de la libération, elle peut revenir à son vieux fond anticapitaliste réactionnaire et nostalgique. Je dis bien nostalgique car l'âge d'or pour/de l'Église reste le Moyen Âge, c'est bien pourquoi elle en a conservé le rituel, les façons d'être, les principaux dogmes. L'Église, ayant le sentiment de n'avoir plus rien à craindre sur sa gauche, n'a plus besoin de donner le change et peut même se payer le luxe de taper sur les capitalistes, histoire de rappeler qu'en dehors d'elle, point de salut ! J'emprunterai à un article des *Annales* quelques citations qui démontrent que l'anticapitalisme catholique ne date pas d'hier[103]. Le philosophe catho contre-révolutionnaire Antoine Blanc de Saint-Bonnet (1815-1880) écrit au xixe siècle que « l'esprit du mot consom-

102. Sur l'historien catholique Jean-Marie Mayeur (1933-2013) voir www.lemonde.fr/.../
jean-marie-mayeur-historien-du-religieux-et-du-laique_ 3494806_3382.html
103. Jean-Marie MAYEUR, « Catholiques intransigeants, catholiques sociaux » dans les *Annales*, 1972, vol. 27, p. 483.

mation doit disparaître »... Le père Droulers rappelle les impératifs moraux qui doivent fonder la condamnation de la « soif inextinguible de l'or » et d'une économie d'enrichissement, de croissance et de profit (sic). Louis de Bonald appelle à perfectionner les hommes plutôt que de « perfectionner les machines »... Selon Jean-Marie Mayeur, ce catholicisme social intransigeant rêve d'une religion incarnée qui régénérerait le monde corrompu par la faute révolutionnaire et déboucherait sur le mythe de la société rurale (le fameux « la terre, elle, ne ment pas » de Pétain, emprunté au catholique Charles Maurras) opposée à l'industrialisme, sur l'anticapitalisme associé (à l'époque) à l'antiprotestantisme et à l'antisémitisme, sur l'idée d'une « société organisée », faite de corps et d'associations, sur le refus du libéralisme politique, économique et religieux. J'entends bien que l'Église a été contrainte au XXe siècle de polluer la pureté de son dogme avec des positions sociales davantage portées à gauche qu'à droite, je conçois bien qu'elle ait dû à un moment donné accepter des prêtres ouvriers qui s'engageaient au sein de la CGT et du PCF et luttaient avec le peuple. La gauche catho n'a cependant jamais aimé parler de doctrine sociale de l'Église. Ce n'est pas par hasard qu'elle inventa l'option préférentielle pour les pauvres ! Mais aujourd'hui (presque) toutes les thèses réactionnaires de la doctrine sociale font de nouveau florès au sein d'une partie de l'Église, qui, libérée du collectivisme « intrinsèquement pervers », peut les redécouvrir avec jubilation.

Mais c'était sans compter avec Léon XIII (1878-1903), l'auteur de l'encyclique *Rerum novarum*, nostalgique du Moyen Âge, lorsque pouvoirs politiques et religieux étaient encore intrinsèquement imbriqués. Ce pape a utilisé la « science catholique » (scolastique moyenâgeuse) pour expliquer ce que devraient être les principes d'un ordre social capable de sauver le capitalisme (les riches et la propriété) de la menace révolutionnaire. Cette doctrine était tellement « révolutionnaire » que l'empereur Guillaume II demandera au pape de prendre part à la conférence de Berlin sur la condition des ouvriers dans le but de trouver une parade aux mouvements populaires. L'Église a certes modifié, sur certains points, sa doctrine sociale, notamment sur son choix du corporatisme après les expériences fascistes, franquistes, salazaristes, mais les thèses essentielles demeurent toujours les mêmes. L'une d'elles nous intéresse particulièrement car elle est reprise pour l'écologie : « Selon l'opinion de certains, ce qu'on appelle la "question sociale" est uniquement une question économique. Il est absolument certain, au contraire, qu'il s'agit d'une question morale et religieuse qu'il faut résoudre en conformité avec les lois de la morale et de la religion. » Le lecteur se souvient sans doute que c'est exactement ce raisonnement qui est utilisé concernant la situation écologique (à croire que les rédacteurs du « révolutionnaire » *Laudato si'* avaient le texte du très réactionnaire *Rerum novarum* sous les yeux). Les conséquences de cet aveuglement pontifical seront dramatiques au XXIe siècle sur le plan écologique comme ils le furent au XIXe sur le plan social : « Augmentez le salaire de l'ouvrier, diminuez les heures de travail, réduisez le prix des denrées alimentaires, si en même temps, vous permettez qu'il entende certaines doctrines et voit certains exemples qui l'induisent à perdre le respect dû à Dieu et à suivre les mœurs corrompues, son travail lui-même et son profit seront ruinés. L'expérience quotidienne enseigne que beaucoup d'ouvriers qui mènent une vie dépravée et sans religion vivent dans une misère déplorable même s'ils obtiennent un meilleur salaire avec moins de travail. »[104]

Cette Église ragaillardie voit dans cette doctrine la réponse à la crise écologique comme l'atteste le colloque organisé le 19 septembre 2015 « à la demande des évêques de France », forum ouvert par Mgr Brunin en charge de la famille (nous savons déjà que ce choix familialiste/nataliste ne doit rien au hasard) avec deux grands moments : « Comprendre la pensée sociale du pape François » et « Comprendre la pensée écologique du pape François », suivis d'une table ronde : « En quoi la pensée du pape François peut faire bouger la société française », avec comme invitée vedette la catholique écologiste... Cécile Duflot. Espérons que la camarade ex-ministre aura su rappeler que l'écologie catho ne peut servir de cache-sexe au refus de l'avortement et du mariage pour tous !

Résoudre la question sociale c'était faire taire les mauvaises doctrines (collectivistes), c'était soumettre les humains aux lois de Dieu et de l'Église. Résoudre la question écologique c'est aussi faire taire les mauvaises doctrines (ce sont toujours les mêmes, celles que l'Église dénonce comme égalitaristes), c'est soumettre les humains aux lois de Dieu et de l'Église.

---

104. Encyclique *Graves de communi re* (1901) de Léon XIII.

Les écolos-cathos,
moines-soldats de la propriété privée

La doctrine sociale de l'Église et donc aussi sa doctrine écologique sont articulées autour de la défense de la propriété privée notamment lucrative. La théologie de la famille fait de la constitution d'un patrimoine privé une ardente obligation née du droit (pseudo) naturel. Cette fixation sur la propriété est native puisque les historiens spécialistes de la préhistoire ont montré que l'accaparement des richesses eut d'abord un fondement religieux sacerdotal. Si « la propriété c'est le vol » comme l'écrit Proudhon, il faudrait ajouter un vol religieux[105] !

N'oublions pas que l'Église a bâti sa fortune colossale au fil des siècles, au moyen de pillages, d'ententes bien comprises avec le pouvoir politique. La richesse de l'Église n'existerait pas sans l'alliance du trône, du sabre et du goupillon. À la veille de 1789, l'Église de France est ainsi le principal propriétaire terrien, bien avant la noblesse, aussi comprend-on qu'elle n'apprécie pas les partageux. Léon XIII redevenant à la mode au sein des écolos-cathos, rappelons qu'il soutenait, conformément aux canons de l'Église, que « le droit de propriété a été donné à l'homme par la nature » et qu'il s'agit d'un droit « stable et perpétuel ». Il dénonçait, dans *Quod apostolici muneris* du 28 décembre 1878, « la secte de ces hommes qui s'appellent diversement de noms presque barbares, socialistes, communistes, nihilistes » et qui s'en prennent « au droit de propriété sanctionné par le droit naturel ». Le même insistait sur le fait que la solution sociale par l'égalité et la suppression de la propriété privée serait « grandement injuste » pour les ouvriers eux-mêmes parce qu'elle les priverait « de leur désir le plus cher qui est de devenir [...] capitalistes ». L'égalitarisme (sic) serait donc une œuvre maléfique car provoquant « la perturbation dans tous les rangs de la société, une odieuse et insupportable servitude pour tous les citoyens, la porte ouverte à toutes les jalousies, à tous les mécontentements, à toutes les discordes, le talent et l'habileté privés de leurs stimulants et comme conséquence nécessaire, les richesses taries dans leur source ; enfin à la place de cette égalité tant rêvée, l'égalité dans le dénuement, dans l'indigence et dans la misère »[106].

---

105. Paul ARIÈS, *L'alimentation de la préhistoire à nos jours*, Paris, Max Milo (septembre 2016).

106. Lettre encyclique *Quod apostolici muneris* du pape Léon XIII (Sur les erreurs modernes) du 28 décembre 1878.

L'Église est elle-même immensément riche et a toujours défendu ses propriétés. Elle n'a de cesse de chercher à être exonérée d'impôt ou à bénéficier d'avantages fiscaux dès que le rapport de force le lui permet. Elle préfère d'ailleurs être financée par l'impôt obligatoire prélevé par l'État plutôt que par des contributions volontaires de ses ouailles... jugées insuffisantes. Elle oublie dans ce domaine son amour du principe de subsidiarité (cf. *infra*). La situation française est d'ailleurs largement une exception y compris en Europe[107]. Les évêques allemands viennent de décider que les catholiques allemands qui ne paient pas l'impôt obligatoire pour l'Église seraient désormais considérés comme excommuniés (à partir de septembre 2012).

L'Église semble pourtant, depuis saint Thomas d'Aquin au XIIIᵉ siècle, combiner harmonieusement deux principes, celui de la destination universelle des biens et celui de la propriété privée qui lui resterait cependant toujours subordonné... Ce compromis est en réalité un jeu de dupes car si l'Église opte officiellement pour une large diffusion de la propriété privée et non pour sa restriction, elle s'est opposée historiquement, tant qu'elle l'a pu, aux impôts sur le revenu et le patrimoine. Ses champions en matière philanthropique n'hésitent pas à choisir leur nationalité en fonction des taux d'imposition (comme John Templeton). Elle a toujours considéré que le « Tu ne voleras pas et tu ne convoiteras pas ce qui appartient à ton voisin » condamnait l'envie des pauvres envers les riches ; elle a affirmé, tant qu'elle le pouvait, que les salariés ne pouvaient pas exiger des chefs d'entreprise davantage que ce qui assurait leur simple survie (cf. *supra*). Ce compromis est un jeu de dupes qui sert les intérêts des puissants !

François ne découvre donc pas la lune lorsqu'il appelle à combattre le capitalisme financier, tout en défendant, bec et ongles, la propriété privée. Déjà ses prédécesseurs s'en prenaient à « l'épouvantable usure », à la notion de productivité du capital et rappelaient que toute la richesse provient du travail. Le pape François, comme ses prédécesseurs, défend toujours la propriété privée même s'il rappelle que les riches doivent en faire un bon usage... Autrement dit, les riches ne doivent pas oublier la part des pauvres ! Les mauvaises langues diraient que l'Église aime tellement

---

107. À l'exception de l'Alsace et de la Moselle, dans lesquelles en raison du Concordat de 1801, toujours en vigueur, les curés, pasteurs et rabbins sont rémunérés par l'État. Le droit local des cultes a été validé par plusieurs décisions du Conseil d'État depuis 1924 et du Conseil constitutionnel en février 2013.

les pauvres qu'elle ne souhaite surtout pas qu'ils disparaissent, déjà parce qu'ils permettent aux riches de gagner leur place au paradis en faisant la charité, ensuite parce que les pauvres sont pauvres en vertu des lois naturelles et des lois divines, enfin parce qu'ils seraient la figure vivante de (la souffrance de) Jésus crucifié... Exagération ? Non pas ! L'Église de François rappelle que pauvres et riches sont appelés à l'éternelle béatitude et que ce qui importe ce n'est pas la richesse ou la pauvreté mais l'usage que vous en faites... L'Église appelle donc à marier la « juste possession de la richesse » et son « usage légitime ». À la question jusqu'où donner, l'Église répond que « nul ne doit vivre contrairement aux convenances » liées à son statut, donc celles d'un riche ne sont pas celles d'un pauvre. Il ne s'agit donc pas de conserver le nécessaire mais la bienséance. Ce qui reste doit être donné en aumône (surtout pas en mauvais impôts), car donner est non pas un devoir de justice mais de charité chrétienne dont on ne pourrait poursuivre l'accomplissement par des voies de justice (sic). La charité chrétienne avant d'être une bonne action est un mauvais coup contre l'impôt. L'Église ajoute un suprême argument pour défendre le droit naturel de propriété : la pauvreté ne serait pas un opprobre car la vraie dignité réside dans les mœurs ; or la vertu serait le patrimoine commun des mortels, à portée des pauvres comme des riches, seule la vertu et les mérites obtiendraient d'ailleurs la récompense de l'éternelle béatitude. La charité fraternelle est bien pensée, dans l'Église, à l'exception des véritables théologies de la libération qui considèrent que la pauvreté des uns est la conséquence de l'enrichissement des autres, comme une machine de guerre contre la lutte des classes.

Le catholicisme identitaire de François, comme jadis le catholicisme intransigeant de Léon XIII peut reconnaître l'existence des classes sociales mais avec l'objectif de parvenir à unir les classes sociales par/dans l'amour de Dieu. L'Église prône toujours le rapprochement des classes par la propriété et la charité car Dieu aurait voulu qu'il y ait des riches et des pauvres. Ce raisonnement socialement inacceptable devient absurde sur le plan écologique. On sait en effet que les riches détruisent la planète de par leur mode de vie mais aussi par le mauvais exemple qu'ils donnent à l'ensemble de la société. Heureusement les milieux populaires ont d'autres façons de vivre, de penser, de rêver, ils ont d'autres rapports au travail, à la consommation, au temps, à l'espace, à la nature, à la maladie, au vieillissement, à la mort, donc à la vie. Les milieux populaires, non pas parce qu'ils manquent de ressources financières, mais parce qu'ils ont une autre richesse, sont une chance pour la planète. Impossible donc de continuer à refuser de choisir entre les riches et les pauvres, impossible même de les renvoyer dos à dos au nom de la miséricorde ! L'encyclique de François est pitoyable car elle ne trouve rien d'autre à dire qu'espérer des riches qu'ils ne se comportent pas trop comme des riches. La peur de Dieu serait le seul frein aux passions incontrôlables de leur nature (sic). La hiérarchie de l'Église doit choisir : soit elle conserve ses dogmes et elle ne peut être écolo, soit elle adopte le point de vue des théologies de la libération. Si elle choisit le camp des appauvris, elle doit cesser de confondre la propriété privée lucrative (celle des moyens de production) et la propriété privée d'usage. L'Église n'a jamais cessé depuis la nuit des temps de jouer de cette ambiguïté, elle fait comme si le capitalisme permettait de généraliser la propriété privée alors que ce système ne garantit pas la propriété pour tous mais son monopole. L'Église doit reconnaître que la première richesse des milieux populaires, qui sont les classes sociales les plus écolos, ce n'est pas leur compte en banque, ce n'est pas leur propriété privée mais les services publics et les biens communs. 50 % des humains possèdent moins de 5 000 euros de patrimoine et ce montant est aussi le patrimoine moyen d'un ouvrier en France. L'Église parle aussi de bien commun mais avec un sens tout différent du nôtre.

Le Bien commun contre les biens communs

Les écolos-cathos mettent en avant la notion de bien commun mais leur conception de ce bien commun n'a strictement rien à voir avec celle de la gauche et de l'écologie. Notre bien commun est celui de la Déclaration universelle du bien commun de l'humanité, adoptée lors du Sommet des peuples à Rio de Janeiro en 2012 : « Le paradigme du bien commun de l'humanité ou "bien vivre", comme possibilité, capacité et responsabilité de produire et de reproduire la vie de la planète et l'existence physique, culturelle et spirituelle de tous les êtres humains du monde. » Notre bien commun se conjugue donc au pluriel puisqu'il s'agit d'une série de droits/créances permettant l'accès partagé à des ressources. Notre bien commun c'est donner à chacun de quoi vivre au sens du *buen vivir*, c'est garantir l'accès à l'eau vitale et la souveraineté alimentaire, c'est imaginer ce que pourrait être un véritable bouclier énergétique, c'est considérer que le slogan « un toit c'est un droit » doit devenir une réalité, c'est commencer à penser collectivement à ce que pourrait être une citoyenneté universelle, etc. Notre bien commun est donc une construction humaine, donc nécessairement aléatoire. J'ajouterai que sa conception sera toujours en débat puisqu'elle relève du politique, et qu'en démocratie la vérité est mise aux suffrages et ne dépend pas d'une révélation quelconque. Je revendique en tant qu'humain le droit de faire des choix et même de très mauvais choix. Des catholiques participent activement à cette construction mais l'Église, en tant qu'institution, défend une tout autre conception du bien commun, puisqu'il est toujours au singulier car correspondant à ses dogmes révélés. C'est pourquoi c'est un Bien commun à majuscule. Rappelons qu'une Vérité à majuscule est toujours une façon de rapetisser les humains !

Le Bien commun que cette nouvelle Église identitaire ennemie du dialogue (cf. *supra*) aimerait pouvoir nous imposer pour notre... bien, c'est la remise en cause du droit à la contraception et à l'avortement, c'est le refus de l'égalitarisme et la défense de la propriété privée lucrative, c'est la condamnation des époux qui ont le tort de se regarder avec désir. Ces détenteurs du Bien commun à majuscule sont aussi des devins exceptionnels. Ainsi le droit à l'IVG deviendra bientôt une obligation comme le prédit François Billot de Lochner, patron de *Liberté politique* et de l'association pour la Fondation de Service politique (AFSP) : « Le droit à l'avortement pourrait devenir une obligation, ou un devoir. Saint Jean-Paul II l'avait dit et répété : la légalisation de l'avortement, qui est la pire des lois, ouvrait grand la porte à des successions de lois complémentaires et mortifères. Au train où vont les choses, le droit fondamental à l'avortement pourrait un jour être assorti d'une obligation d'avorter, en fonction de critères définis par les décideurs politiques du moment : fœtus mal formé, politique de limitation des naissances, mère jugée peu capable d'élever un enfant, famille trop nombreuse, et tant d'autres arguments. »

Comment ne pas demander à cet avocat du Bien commun face au mal absolu, à ce grand banquier, patron de la Financière Saint Louis, qui estime au sujet de l'université catho de Fréjus qu'« inviter Marion Maréchal Le Pen n'était pas une option, mais un devoir », si le FN répond à sa vision catholique du Bien commun ? « Marion Maréchal Le Pen, sur les sujets dits "sociétaux", fait partie de ces élus nationaux, si peu nombreux hélas, qui n'ont cessé de se battre avec un rare courage et une rare ténacité contre les déconstructeurs de tous bords, à la basse manœuvre depuis 2012. [...] Le parti de Marion Maréchal Le Pen est la seule grande formation politique à prendre des positions cohérentes avec ce que dit l'Église sur un certain nombre de sujets fondamentaux, comme la loi Taubira dont elle semble être la seule à exiger l'abrogation pure et simple. » Le Bien commun vaticanesque peut donc conduire au Front national ! Ce dernier multiplie d'ailleurs les signes d'allégeance : s'il a longtemps préféré les messes en latin, ses maires savent se montrer « religieusement corrects ».

Ainsi Robert Ménard, élu maire de Béziers avec le soutien du FN, impose en 2015 une messe aux arènes de Béziers pour l'ouverture de la feria ; David Rachline, maire FN de Fréjus, organise également sa messe en plein air et prie dans la rue dans le cadre de la fête de Port Fréjus en juillet 2015.

Ainsi Laure Fouré, dirigeante de Souveraineté, Identité et Libertés (SIEL) – un parti proche du FN (dont le principal dirigeant, Karim Ouchikh, est conseiller spécial de Marine Le Pen pour les affaires de culture et de francophonie) –, défend une conception du Bien commun fidèle, selon elle, à celle de l'Église : « Oui, le peuple français est de race blanche et de religion chrétienne » (sic). Cette chroniqueuse du mal nommé Boulevard Voltaire et proche de Riposte laïque interpelle les paroissiens : « Catholiques, n'ayez plus peur du Front national » ! Elle se lance ensuite dans une longue démonstration visant à prouver que le programme du FN est conforme au Bien commun et à la doctrine sociale de l'Église : « Une brève étude du projet du Front national aurait conduit nos censeurs autoproclamés à reconnaître que les valeurs qu'il défend apparaissent plus respectueuses du message évangélique que celles de ses principaux concurrents. Pour s'en convaincre, rappelons quelques points fondamentaux de la doctrine sociale de l'Église. Tout d'abord, la propriété privée, considérée comme un droit naturel de la personne humaine, mais dont la finalité est également sociale : s'il permet d'assurer la paix civile, le droit de propriété doit s'exercer dans le respect de la destination universelle des biens, c'est-à-dire que celui qui possède doit faire fructifier ses biens et pratiquer la charité à l'égard de ses proches. Nous voilà bien loin de la collectivisation imposée par la théorie marxiste, à laquelle le Front national n'a jamais souscrit. [...] Autre principe incontournable, celui de subsidiarité, évoqué en ces termes par Jean-Paul II : "Une société d'ordre supérieur ne doit pas intervenir dans la vie interne d'une société d'ordre inférieur en lui enlevant ses compétences, mais la soutenir en cas de nécessité et l'aider à coordonner son action avec celle des autres éléments qui composent la société, en vue du bien commun".

Approuver les institutions de l'Union européenne est évidemment contraire au respect de cette règle, que seuls les partis souverainistes défendent vraiment. [...] Enfin, la famille, cellule de base de la société, qui – nous enseigne l'Église – doit être fondée sur le mariage indissoluble et librement consenti entre un homme et une femme. »

La recherche du Bien commun serait aussi la politique du FN en matière d'immigration : « En réalité, ignorant pour la plupart la doctrine chrétienne, les adversaires de Marine Le Pen cherchent à opposer la fermeté de celle-ci à l'égard de l'immigration au devoir de charité prôné par le pape François. Pourtant, nous rappelle Benoît XVI : "Les États ont le droit de réguler les flux migratoires et de défendre leurs frontières, en garantissant toujours le respect dû à la personne humaine. En outre, les immigrés ont le devoir de s'intégrer dans le pays d'accueil en respectant ses lois et l'identité nationale". Le Front national ne dit pas autre chose. »[108]

Laure Fouré dit tout haut ce que beaucoup de nouveaux catholiques identitaires pensent tout bas. Elle revendique l'identité d'extrême droite car le fascisme et le nazisme seraient des doctrines fondamentalement de gauche puisque fondées sur l'idéologie du progrès alors que « l'extrême droite correspond au contraire à un courant de pensée conservateur, voire réactionnaire au sens propre du terme [...]. Particulièrement attachés à la souveraineté de la nation et à son indépendance, à la défense des traditions et de la culture françaises, aux valeurs patriotiques et familiales, à la liberté individuelle s'exerçant en vue du bien commun et plus généralement aux racines chrétiennes et gréco-latines de la civilisation occidentale [...]. Si l'inculture politique n'était pas devenue la chose du monde la plus répandue dans la France d'aujourd'hui, l'appartenance réelle ou supposée à l'extrême droite ne servirait plus d'anathème pour neutraliser ses adversaires, mais pourrait être légitimement revendiquée par ceux qui défendent des convictions toujours partagées, malgré la dictature du "politiquement correct", par bon nombre de nos compatriotes »[109].

J'entends bien qu'on puisse être catholique même pratiquant et ne pas approuver la conception du bien commun qu'avance le Front national ! Il n'en reste pas moins que le Bien commun, selon saint Thomas, c'est affirmer que si l'homme est en effet un être politique qui vit dans/par la société, alors il convient d'apporter un antidote à cette toute-puissance du

---

108. http://www.bvoltaire.fr/laurefoure/catholiques-nayez-peur-front-national,206303
109. http://www.francepresseinfos.com/2013/05/quest-ce-que-lextreme-droite-par-laure.html

politique puisque les citoyens ne devraient jamais être totalement maîtres de leurs lois. Le désaccord des démocrates avec l'Église prend alors tout son sens. Nous ne pouvons accepter que le bien commun soit affaire de vérité révélée donc d'interprètes autorisés, donc de posture d'autorité au sein de la société. Ainsi le père Yannick Bonnet explique que cette vérité est celle inscrite par Dieu dans la conscience de l'homme, mais dont la conscience du péché originel obscurcit la conscience... L'Église serait (donc) Mère et éducatrice de l'humanité (sic).

Le Bien commun, comme le rappelle la Rome de Léon XIII à François, c'est le refus de la lutte des classes car tous les humains sont membres de la même humanité. Le Bien commun c'est la justice sociale mais entendue comme la juste part qui doit revenir à chacun dans le respect des inégalités « naturelles ». Le Bien commun c'est l'ensemble des droits qui devraient rester hors d'atteinte de la collectivité (c'est-à-dire du pouvoir démocratique), par exemple, l'impossibilité de reconnaître le droit à l'avortement ou le mariage homo. Le Bien commun c'est reconnaître que la source du pouvoir temporel est divine. Jésus dit à Pilate : « Tu n'aurais sur moi aucun pouvoir s'il ne t'avait été donné d'en haut » (Jean 19.11.) et qu'il s'agit donc de créer avec le principe de subsidiarité un ordre conforme au salut des individus. Le Conseil pontifical pour les laïques rappelle d'ailleurs que c'est une des missions des coopérateurs de l'Opus Dei que de veiller à ce... Bien commun de l'humanité (sic). On sait en outre que François fait l'éloge des Chevaliers de Colomb pour les mêmes raisons. C'est pourquoi cette nouvelle Église identitaire entend autant refaire de la politique mais au sens de Communion et Libération, de l'Opus Dei, de l'ordre des Chevaliers de Colomb. Le Bien commun à la sauce vaticane c'est le principe de subsidiarité si mal compris par beaucoup.

Les écolos-cathos, moines-soldats du principe de subsidiarité

Les écolos-cathos mettent en avant le principe de subsidiarité que certains écologistes, régionalistes, libertaires ont envie d'entendre à leur façon, « décentralisée », « autogestionnaire », « antiautoritaire » surtout, qui ne correspond pas, bien sûr, à celle d'une Église détentrice d'une vérité révélée. Le piège est d'autant plus grand que Rome peut légitimer sa thèse en tirant profit de la crise des institutions, c'est-à-dire de celle de l'État et de la politique. L'Église serait du côté de ce qui émerge au sein de la société civile de façon dépolitisée et dans le respect du droit naturel des personnes et des corps sociaux, contre un État et une politique donnés a priori comme totalitaires. L'Église appelle ainsi à passer d'une société verticale à une société horizontale dans laquelle il n'y aurait finalement pas « moins de pouvoir », mais monopole du pouvoir de qui seraient les seuls interprètes de la vérité. Ce principe de subsidiarité a été pensé contre les droits de l'homme de 1789 car il repose sur le refus d'une organisation dite « artificielle » et plus encore sur ce que Rome nommera longtemps la « société collectiviste » (les divers socialismes). Il existerait des corps intermédiaires dits « fondamentaux » comme la famille, les communautés locales, les corps professionnels (entreprises et corporations) et des corps intermédiaires « par accord délibéré » comme les associations. L'Église différencie cependant entre les « bonnes » associations qui se donnent pour finalité de vivifier les communautés naturelles et toutes les autres… L'existence de corps intermédiaires est à mettre en rapport avec l'obéissance aux autorités naturelles puisque la cité idéale aurait un corps avec une tête et des membres (Léon XIII). Cette thèse de la subsidiarité n'est donc pas une autre façon de parler d'autogestion et de démocratie directe mais une machine de guerre contre la conception politique de la société fondant la légitimité sur la légalité politique. Cette thèse est avant tout la critique de la politique entendue comme conflit (notamment conflit de classes y compris sur la définition de la « vie bonne »). À la rationalité politique et symbolique elle substitue la rationalité technique et économique, bref, l'efficacité supposée de la vie entendue comme « marché ». C'est pourquoi l'Europe, de Maastricht à Barcelone, reprend ce principe de subsidiarité, car il évacue le politique et désarme les conflits sur les enjeux !

C'est sous le mandat du très catholique Jacques Delors que le principe de subsidiarité a été consacré par les textes juridiques européens (Acte unique puis traité de Maastricht). Cette thèse, présentée aujourd'hui comme une partie de la réponse à la crise écologique, a été développée dès 1931 par Pie XI, dans la lignée de la pensée de saint Thomas d'Aquin et en réaction à la sécularisation (laïcisation) de l'État, afin de permettre à l'Église catholique de s'adapter au fait démocratique tout en continuant à rejeter le libéralisme. Ce principe possède une apparence sympathique mais une réalité antipathique. L'individu (tel que le définit l'Église) et la société (telle que la définit l'Église) seraient des valeurs absolues que l'État devrait respecter en s'interdisant, par exemple, d'intervenir en matière de sexualité (avortement, contraception) mais aussi d'organisation économique et sociale (quid du Code du travail[110] ?). Ce principe de subsidiarité permet à l'Église de se penser comme supérieure à l'État et de ne pas appliquer en interne les principes démocratiques de base (comme l'élection des dirigeants).

Ce principe de subsidiarité à la sauce catho est une machine de guerre contre l'État, pas tant d'ailleurs contre ses interventions économiques et ses politiques de grands travaux (notamment les « grands projets inutiles imposés ») mais contre l'idée même d'un État social. C'est pourquoi les pères les plus « progressistes » du catholicisme social, comme Frédéric Ozanam (1813-1853) se prononcèrent contre l'idée même d'un impôt progressif puisque le propriétaire n'aurait plus d'intérêt à améliorer un bien dont la moitié des fruits appartiendrait à l'État. Même Albert de Mun et René de La Tour du Pin n'admettront l'État providence qu'à titre provisoire en attendant la restauration de l'ordre social corporatif chrétien.

Le principe de subsidiarité est aussi une machine de guerre contre l'égalité. Chantal Delsol, philosophe catholique éminente, éditorialiste au *Figaro* et à *Valeurs actuelles*, qui aime se définir comme « anticommuniste primaire », épouse de Charles Millon (l'ex-ministre et ex-président de la région Rhône-Alpes élu en 1998 avec des voix du FN), opposée au PACS comme au mariage homo, est une grande spécialiste devant l'Éternel de la notion de subsidiarité. Elle explique qu'un arrière-fond anthropologique « marque la société "subsidiaire" de valeurs spécifiques : par exemple, on ne peut appliquer la subsidiarité sans croire au primat de l'autonomie sur l'égalité ». [...] « Le principe de subsidiarité désétatise le bien commun comme finalité du politique. » Conséquence : l'intérêt général doit être assuré avant tout par l'initiative privée, celle des individus mais aussi des Églises et entreprises. Autre conséquence : « La société qui assiste trop rend ses citoyens exsangues. » [...] « L'idée de subsidiarité définit le droit à partir du bien, tandis que l'État providence définit le bien à partir des droits. » Le principe de subsidiarité est bien une façon de refuser des droits/créances. Chantal Delsol est devenue une référence des écolos-cathos depuis qu'elle établit une relation entre la destruction de la planète et celle des fœtus : « Par quelle défaillance de la raison, nous

---

110. Ce n'est donc pas par hasard que le très catholique Emmanuel Macron, formé par les jésuites, avant de faire Science Po et l'ENA, ex-banquier chez Rothschild, défend la réforme du Code du travail voulue par le Medef.

récusons l'homme prométhéen quand il s'agit de la nature et de la terre, et couronnons l'homme prométhéen quand il s'agit de la sexualité ou de la procréation »[111]. La seule façon de ne pas se faire piéger est de rappeler avec le théologien et pasteur de la Maison verte Stéphane Lavignotte que la sexualité relève avant tout d'un fait de culture[112], sans oublier de rappeler que les petits chefs ne valent pas mieux que les grands chefs.

Contre l'hybris technicienne ou contre l'athéisme ?

Les milieux écologistes combattent la soumission de l'humanité à la technoscience et à la mégamachine mais ils ne vont surtout pas chercher la solution du côté de la religion mais des outils conviviaux selon le bon mot d'Ivan Illich (1926-2002), prêtre catholique certes mais surtout adepte d'une écologie profane et pourfendeur d'un christianisme perverti. Nous ne devons pas laisser la critique de la technoscience ou celle de l'idéologie du progrès aux courants religieux de la droite extrême car on peut refuser le transhumanisme ou l'adaptation de la planète aux besoins du capitalisme/productivisme sans pour autant refuser la conquête de nouveaux droits humains ou sans prôner la soumission à un ordre soi-disant naturel.

Jean-Paul Besset avait notamment publié un ouvrage dans ce sens, *Comment ne plus être progressiste sans... devenir réactionnaire* (Fayard, 2005). La dénonciation de l'hybris technicienne par l'Église n'est pas celle en effet des écologistes même si nous pouvons nous croiser sur des questions comme le refus de l'adaptation de la planète aux besoins du capitalisme/productivisme et sur le refus de l'adaptation/division de l'humain avec le transhumanisme[113]. J'accuse cependant les écolos-cathos d'instrumentaliser les combats écolos pour passer en contrebande leurs thèses réactionnaires en matière de mœurs.

Les milieux écolos-cathos estiment que l'attaque la plus forte contre l'hybris technicienne est actuellement celle lancée par la fondation Jérôme-Lejeune autour de la pièce de théâtre, *Jeanne et les posthumains*, de Fabrice Hadjadj, proche de Communion et Libération,

---

111. *Valeurs actuelles* du 3 février 2014.
112. *Les Zindigné(e)s*, n° 20.
113. Nous ne devons pas laisser la critique du transhumanisme, c'est-à-dire de l'adaptation de l'humanité aux besoins du capitalisme/productivisme aux religions : voir Paul Ariès, *La Simplicité volontaire contre le mythe de l'abondance*, Paris, La Découverte, 2010.

directeur de la fondation Philantropos de Fribourg (Suisse), et conseiller de la revue écolo-catho *Limite*. La fondation Lejeune est bien connue pour ses positions anti-IVG, anti-euthanasie, anti-GPA et PMA, anti-mariage pour tous, contre la nouvelle loi sur le don d'organe (avec sa présomption de consentement implicite)... Fabrice Hadjadj, en bon catholique, renvoie cette perspective à la perte de Dieu et non au capitalisme. Ces écolos-cathos ne disent pas seulement que Dieu serait la bonne réponse à l'hybris technicienne, ils s'en prennent à l'athéisme et aux autres (mauvaises) religions.

Jean-Michel Castaing, théologien en vogue, est une plume des milieux écolos-cathos. Cet enragé de la Manif pour tous, qui voit dans l'égalité des droits devant le mariage le signe de la révolte contre l'ordre naturel et plus encore contre Dieu (celui qui symboliserait l'hétéronomie), est un habitué des colonnes de *Causeur*, de *Liberté politique*, des *Cahiers libres* et même d'Aleteia, site lancé en 2012 pour « évangéliser les médias » et dont le rédacteur en chef est Jésus Collina, longtemps membre important de la sinistre Légion du Christ. Jean-Michel Castaing clame, comme Bès de Berc ou Vincent Cheynet, que « la crise écologique a des racines plus profondes que ne le laisse penser la vulgate de la pensée écologiste. Ses causes principales sont spirituelles, et sa première origine l'athéisme pratique ». Cher lecteur républicain, démocrate, écologiste, de gauche, en approuvant le pape François, vous acceptez donc de devenir un adversaire de l'athéisme et de ses droits de l'homme contre les droits de Dieu ! Car comme le clame le regrettable Castaing : « Envisager la crise écologique uniquement sous l'angle technique et politique revient en effet à s'enfermer dans un pur immanentisme. Or se tromper de constat revient de facto à se tromper d'écologie, et à entretenir le mal que l'on cherche à éviter. » Salauds d'écologistes, vous qui pensez sauver la planète en proclamant votre athéisme ! Cette critique virulente de l'athéisme a de nouveau droit de cité dans l'Église. François, contrairement aux apparences, n'est pas différent de Jean-Paul II... Il est seulement plus malin dans la façon de présenter la damnation des athées. *Le Directoire général pour la catéchèse* soutient que « l'athéisme est rangé parmi les faits les plus graves de la société ». Benoît XVI déclare, aux Journées mondiales de la jeunesse en Espagne que « l'expérience prouve qu'un monde sans Dieu est un enfer où prévalent les égoïsmes, les divisions dans les familles, la haine entre les personnes et les peuples, le manque d'amour, de joie et d'espérance ». Les médias admiratifs ont cru que François était plus généreux car il a déclaré, dans son homélie du 22 mai 2013, que les athées pouvaient également être rachetés par le sang du Christ. Le père Thomas Rosica, porte-parole du Vatican, a cependant expliqué le sens profond de ce message pontifical : les gens qui connaissent l'Église catholique « ne peuvent pas être sauvés » s'ils refusent d'entrer ou de séjourner en elle, sauf s'ils mènent une « vie droite et sainte » (selon les critères de l'Église), car dans ce cas, ils seraient des chrétiens « malgré eux », que l'Église nomme des « chrétiens anonymes ». Le journal *La Vie* du 29 mars 2013 titrait donc avec raison « Les athées iront quand même en enfer »... À bon entendeur, salut !

Le bon pape François a récidivé, le 20 avril 2015, en recevant, au Vatican, la Conférence des rabbins européens et en déclarant que « l'antisémitisme et l'athéisme » étaient « deux menaces qui concernaient juifs et chrétiens » ! Cette assimilation de l'antisémitisme et de l'athéisme est totalement scandaleuse. L'antisémitisme n'est pas une opinion mais un délit puni sévèrement par la loi : l'auteur encourt jusqu'à un an d'emprisonnement et 45 000 euros d'amende. L'athéisme est au contraire dans la République un droit humain fondamental et le délit de blasphème, autrefois sanctionné, a disparu du droit français une première fois avec la Révolution française en 1789, une seconde fois en 1881[114], car il avait été rétabli sous la Restauration. La discrimination contre les athées est même devenue une forme d'intolérance religieuse à l'encontre des non-croyants et est qualifiée d'athéophobie. Près d'un pays sur deux dans le monde continue de sanctionner le blasphème ! Le délit de blasphème existe ainsi toujours en Allemagne, au Danemark, en Italie, aux Pays-Bas, en Irlande, en Grèce mais il n'est plus appliqué, sauf en Grèce. Les appels à renforcer la législation coercitive et à punir les blasphémateurs se multiplient cependant et d'abord bien sûr chez les ennemis de Vatican II : « Dans un État catholique, il est bien évident que de telles publications [*Charlie Hebdo*] auraient été immédiatement censurées, le blasphème étant un crime contre le Créateur, crime bien plus grave que l'homicide disait saint Thomas d'Aquin puisque le blasphémateur porte atteinte à l'honneur divin. Le blasphème envers Dieu, puni par la loi jusqu'à la

---

114. Le droit local applicable en Alsace et en Moselle a conservé un « délit de blasphème » hérité de l'art. 166 du Code pénal allemand de 1871 (*Bürgerliche Gesetzbuch*) et toujours existant dans la législation particulière aux trois départements. On peut y lire que « celui qui aura causé un scandale en blasphémant publiquement Dieu par des propos outrageants [...] sera puni d'un emprisonnement de trois ans au plus. »

Révolution, attire donc inévitablement la colère divine. "C'est la loi de l'histoire et c'est un ordre accoutumé de la Providence que, pour punir les peuples pervers, Dieu se sert d'autres peuples plus pervers encore ; et cette mission, l'islamisme en était investi pour longtemps" affirmait le cardinal Louis-Édouard Pie en 1859. »[115]

Ichtus a porté plainte contre mes camarades et amies des Femen pour « délit d'injures publiques envers une personne ou un groupe de personnes en raison de leur appartenance à une religion déterminée, en l'espèce, la religion catholique, en s'exposant dans un lieu public à l'occasion d'une manifestation organisée par/et regroupant des associations catholiques, le dos et le torse nus sur lesquels étaient peintes les inscriptions *In gay we trust* et tenant à la main un aérosol sur lequel était inscrit *Holy Sperm* ; lesdites inscriptions représentant des expressions outrageantes, termes de mépris ou invectives à l'encontre des catholiques et ne refermant l'imputation d'aucun fait ».

Nous ne sommes pas cependant (encore ?) dans la situation des pays musulmans. Dans 13 de ces pays, l'athéisme est même passible de la peine de mort, mais ailleurs les athées sont condamnés à la prison pour apostat ou blasphème. Des étudiants marocains viennent ainsi d'écoper de un à trois ans de prison ! Un poète palestinien, réfugié en Arabie Saoudite, Ashraf Fayad vient d'être condamné à mort en novembre 2015 pour éloge de l'athéisme (sic). Déjà détenu en 2013 pour blasphème, il avait été libéré en raison de sa notoriété, il représentait l'Arabie Saoudite lors de la Biennale de Venise en 2013, il est de nouveau arrêté en janvier 2014, condamné à quatre ans de prison et à 800 coups de fouet, un second tribunal vient de le condamner à mort pour les mêmes faits. Une nouvelle loi adoptée début 2015 qualifie les athées de terroristes (sic). Sauf erreur, je n'ai pas entendu François ou le « spécialiste » de la « liberté religieuse », Massimo Introvigne, engager un mouvement de protestation. L'Église intervient, en revanche, au plus haut niveau, lorsque des chrétiens sont accusés de blasphème et condamnés, par exemple au Pakistan.

Un rapport intitulé *Liberté de Penser : un rapport sur la discrimination contre les Humanistes, les Athées et les personnes non pratiquantes* est publié chaque année par l'IHEU (International Humanist and Ethical Union). Selon ce dernier, de l'Occident chrétien au Moyen-Orient islamique, les athées sont confrontés à la discrimination, et la persécution

---

115. www.catholique-sedevacantiste.com/article-la-liberte-de-blasphemer-une-abomination-damnable-125367546.html

inclut l'exécution, la détention à vie, la révocation de la citoyenneté, et le déni d'éducation et d'accès aux services de santé. Ce rapport porte sur les lois touchant à la liberté de conscience dans 60 pays et dresse la liste de nombreux cas individuels où des athées ont été persécutés à cause de leur non-croyance. Le rapport cite des lois discriminatoires qui refusent aux athées « le droit d'exister, réduisent leur liberté de pensée et d'expression, révoquent leurs droits à la citoyenneté (et) restreignent leur droit de se marier »[116]. La sainte alliance des religions contre l'athéisme constitue aujourd'hui une des principales menaces à l'échelle planétaire. Les athées sont pourtant légion : 85 % des Suédois, 40 % des Français, 40 % des Britanniques, 14 % des Américains selon la CIA – 12 % environ des humains.

L'Église refuse pourtant toujours de reconnaître l'athéisme pour ce qu'il est. Elle continue, au XXIe siècle, à soutenir que sa vraie nature serait l'idolâtrie car il existerait toujours des idoles lorsqu'on ne reconnaît pas un Dieu unique. L'athée serait un paganiste qui s'ignore et qui compterait parmi ses divinités le culte de l'ego, ce qui le conduirait à vouloir que l'humain prenne la place de Dieu. Cette doctrine est une façon de rappeler qu'« en dehors de l'Église point de salut ! » L'athée ne pourrait se sauver que s'il se conforme à la loi dite « naturelle ». Ainsi un couple (même athée) pourrait accéder au paradis s'il rejette la contraception non naturelle, l'IVG, si les époux ne se regardent pas avec désir, s'ils se constituent un patrimoine et défendent leur propriété privée, etc.

Le soldat de Dieu, Jean-Michel Castaing, dédouane finalement la technoscience car le vrai coupable ne serait pas la technique mais « l'athéisme pratique » : « Tout le monde s'accorde sur le fait que cette démesure est à la source de la grave crise écologique qui menace la survie de notre "maison commune". Or cette hybris ne résulte pas seulement des possibilités intrinsèques aux trouvailles de la technoscience, ni de la simple soumission de l'homme à sa logique. Certes, la science et la technique imposent leurs modèles, et tentent de nous faire prendre le possible pour le désirable et le souhaitable. Mais avant de devenir une idole dont l'homme baise les pieds, la Technique a assis son règne sur l'oubli de Dieu, sur un athéisme pratique. » Conséquence : la destruction de la planète c'est l'oubli de Dieu, c'est l'athéisme pratique (pas même militant), habile façon de dédouaner le capitalisme/productivisme et ceux qui le servent ! Le soldat de Dieu, Jean-Michel Castaing, tonne d'ailleurs que l'ennemi

____

116. http://iheu.org/

172

n'est pas uniquement l'athée convaincu mais l'indifférent, celui qui oublie Dieu : « L'oubli de Dieu est le fruit de la liberté de l'homme, auquel Dieu s'adresse et demande son assentiment. Jamais Dieu n'a cultivé le projet pervers de conduire l'histoire du monde en organisant sa propre éviction par les hommes ! » L'humanité serait donc libre, puisque Dieu l'a voulu ainsi, mais elle est cependant en liberté conditionnelle comme les taulards, une liberté avec des chaînes aux pieds, une liberté sous camisole, bref une liberté catholique !

Jean-Michel Castaing s'interroge enfin sur les conséquences de l'athéisme. Première conséquence : face à leurs oppresseurs les dominés ne pourraient en appeler à aucune transcendance. C'est vrai que les athées ont davantage foi dans les luttes sociales et la construction de rapports de force et qu'ils attendent davantage d'un surcroît de démocratie que d'une divinité quelconque. Seconde conséquence qu'assène ce véritable Torquemada des temps modernes : si seule la « respiritualisation » de l'humanité peut encore sauver le monde, encore faut-il que l'humanité s'en remettre à la bonne religion, au catholicisme. J'ai envie de dire à ce VRP écolo-catho : « Putain de ta marque » religieuse ![117] » Laissez tomber votre sectarisme et acceptez qu'existent mille façons de faire fleurir des valeurs. L'écologie à la sauce vaticane marque donc le retour à la « guerre sainte » contre les athées mais aussi contre les mauvaises religions : « L'écologie à laquelle ces sectes gnostiques initient leurs membres s'apparente davantage à celle du New Age qu'à celle dont le pape François nous invite à découvrir les richesses dans la sagesse chrétienne au fil des pages de l'encyclique *Laudato si!* C'est un fait indéniable : se tromper de constat revient de facto à se tromper d'écologie. Face à un tel défi, la réflexion n'est jamais de trop. Pour ne citer que le seul exemple du "Nouvel Âge", il n'est jamais superflu de préciser de quel type d'écologie il est question dans un débat d'idées. » L'adversaire ce n'est donc pas seulement l'athéisme, mais aussi les « fausses » religions dont celles qui remettent en cause le monothéisme. L'Église n'en finira donc jamais d'allumer des bûchers et de brûler des sorcières ! « L'écologie que ce courant de pensée véhicule est plus proche des superstitions ésotériques et spiritistes que d'une pensée politique structurée et cohérente. Selon le "Nouvel Âge" en effet, "la Nature est un être vivant parcouru par des influx de sympathie et animé par un feu secret que les êtres humains cherchent à maîtriser. Les

---

117. Paul Ariès, *Putain de ta marque, la publicité contre l'esprit de révolte,* Villeurbanne, Golias, 2003.

hommes peuvent entrer en contact avec les mondes supérieurs ou inférieurs par l'imagination (un organe de l'âme et de l'esprit), ou à travers des médiateurs (anges, esprits, démons) ou des rituels" [...]. Comme on le voit, le "Nouvel Âge" n'est pas loin de substituer la Nature à Dieu ! Un dieu qui se confond avec l'énergie cosmique. On est loin ici du Dieu personnel de la révélation biblique. Ainsi se confirme le constat que nous établissons au début : l'écologie regarde autant, sinon plus, l'esprit, la spiritualité, que la politique. Afin que la réflexion ne se retrouve parasitée par les gnoses de tout poil, il n'est pas inutile de préciser la compréhension et l'extension du concept d'"écologie", c'est-à-dire la définition que l'on peut donner de l'écologie ainsi que l'ensemble des objets que ce concept désigne ou concerne de près. »[118]

Ces écolos-cathos, qui parlent d'écologie humaine et d'Église experte en humanité, n'ont décidément rien de sympathique ni de confraternel. Ils dénoncent les superstitions des autres mais ne voient pas la poutre qu'ils ont dans l'œil : je me moque de savoir si les adeptes du pachamamisme amérindien confondent le Dieu personnel des chrétiens avec de l'ésotérisme, mais je constate qu'ils ne canonisent pas une sorcière génocidaire de chrétiens et qu'au lieu de soumettre la nature aux lois de l'économie comme le fait le capitalisme avec son projet de monnaie-carbone et de marchandisation accrue, ils entendent soumettre l'économie aux lois du vivant (avec la permaculture) !

Philippe Oswald est un autre enragé de la Manif pour tous, lui aussi dénonce le matérialisme et l'athéisme, lui aussi appelle, avec Frigide Barjot, les catholiques à faire de la politique, lui aussi parle d'un « Mai 68 à l'envers », lui aussi se sent pousser des ailes d'écologiste depuis que ce terrain de chasse est ouvert : « C'est un mouvement profond, d'écologie humaine, qui récuse totalement la dérive libérale-libertaire issue de Mai 68 dont trop de responsables politiques et de meneurs d'opinion, notamment de journalistes, sont les héritiers et les propagandistes. En annonçant que la Manif pour tous présenterait des candidats aux prochaines élections municipales, Frigide Barjot a esquissé une stratégie de longue haleine dont ce printemps inouï, sorte de "Mai 68 à l'envers", livre les prémices. Indubitablement, le mois de mai sera chaud... Il faut tout mettre en œuvre pour qu'il soit, au sens fort, édifiant. »[119]

---

118. http://www.libertepolitique.com/La-revue/La-revue-Liberte-Politique/Vieillir-une-vocation
119. http://fr.aleteia.org/2013/04/22/manif-pour-tous-des-veilleurs-qui-annoncent-laurore/

Cet ancien patron de l'association très à droite Famille de France, accompagnateur des Marches dans le désert, organisées par Ichtus, explique qu'« après la Révolution française, le Code civil a coupé la famille de ses racines chrétiennes »... Le mariage homo ne serait donc qu'un vil prétexte ! Cet éditeur à Aleteia, qui écrivait aux lendemains de la tuerie « Être Charlie, non merci ! », vient de se voir décerner par François la plus haute récompense papale en devenant chevalier de l'ordre de Saint-Grégoire-le-Grand. Benoît XVI avait déjà remis en 2012 la médaille de commandeur à Patrick Buisson, ce militant d'extrême droite, conseiller de Sarkozy, grand défenseur des valeurs chrétiennes mais spécialiste des enregistrements clandestins du couple présidentiel, mis en examen pour abus de biens sociaux et détournement de fonds publics dans l'affaire des sondages de l'Élysée.

Les écolos-cathos contre l'écologie politique

L'écologie politique est née aux côtés de l'écologie scientifique mais en revanche contre le courant de « l'écologie humaine » au sens américain[120]. Nous devons nous en souvenir si nous ne voulons pas que l'écologie serve un jour à couper des têtes sous prétexte de sauver la planète selon le plan de Dieu. La démocratie supposera toujours de laisser les dieux dans leurs Églises ! Les écolos-cathos, en bons disciples du catholique d'extrême droite Charles Maurras, croient à la politique d'abord, bien qu'ils soient de fieffés papistes. Leur conception même de l'écologie en fait cependant les adeptes d'une écologie faussement politique car leur écologie est d'abord religieuse. Leur duperie suprême consiste à prétendre appartenir au courant de l'écologie politique car, pas plus qu'une écologie musulmane ou protestante, l'écologie papiste ne saurait être une écologie politique dans un cadre républicain. La pire des fautes politiques est le faux consensus, l'accord masquant le désaccord. Nous sommes du côté d'un « plus à jouir », eux du côté d'un « moins à jouir ». Nous considérons qu'il n'existe aucune limite possible à la démocratie et donc au pouvoir des citoyens de faire la loi, quitte à se tromper ; or pour les écolos-cathos, la cause ultime des catastrophes écologiques n'est pas le capitalisme ni même le productivisme mais l'immoralité des humains face aux lois

---

120. http://www.cairn.info/revue-societes-contemporaines-2003-1-page-167.htm

divines. Un des théoriciens de cette Église pseudo-écolo, Bès de Berc, a donc raison : le pape François ne fait fondamentalement qu'actualiser le discours de l'Église ! Nous n'avons pas plus raison de parler de « pape vert » qu'avec Jean-Paul II. Ce dernier claquemurait, en 1991, le rapport des catholiques à l'écologie en parlant d'« écologie humaine » et il ajoutait même « authentique » (dans *Centesimus annus*) disqualifiant ainsi toutes les autres formes d'écologie. L'écologie catho est avant tout une affaire de soumission morale dans la mesure où l'humanité devrait accepter « sa propre structure naturelle et morale » (sic). L'écologie politique se trouve ainsi recentrée sur l'homme de nature et... la famille. Le pape Benoît XVI développait déjà cette idée dans son discours au corps diplomatique (9 janvier 2012) suite à la conférence sur le climat de Durban. L'écologie acquiert ainsi un nouveau concept central : la famille. L'écologie deviendrait ainsi un moralisme avec son cortège de pénitences. On comprend mieux que Vincent Cheynet titre son dernier livre *Décroissance ou décadence,* alors que ce terme fut toujours propre à la droite catholique dure et qu'il mette, en outre, au cœur de la décroissance le refus du mariage homo (Vincent Cheynet a toujours tenu à se démarquer du Front national mais ses idées de droite cathos identitaires le conduisent à cultiver des amitiés douteuses). Le toujours chevalier pontifical Patrice de Plunkett ne s'y trompe pas lorsque sur son blog il publie une recension élogieuse du livre du décroissant Cheynet sans que soit mentionné son engagement religieux : « Son contenu (réjouissons-nous en) devrait surprendre nombre de catholiques, qui y découvriront bien des similitudes entre la sensibilité décroissante et la pensée sociale de l'Église, peut-être avec des mots et des références parfois bien différentes, mais avec une perspective anthropologique fondamentalement convergente. Quelques signes semblent du reste déjà l'indiquer dans la "cathosphère" : ce livre pourrait bien contribuer à une profonde transformation du regard catholique sur la décroissance, et simultanément à la prise de conscience du potentiel si prometteur d'un rapprochement entre écologistes radicaux et chrétiens affranchis de l'imposture libérale. » Le très catho et très à droite site de *La Nef* rendant compte également du dernier livre du toujours droitier et catholique Vincent Cheynet s'enthousiasme : « On découvre dans son dernier livre combien cette convergence entre écologistes radicaux (vite traités d'extrémistes) et catholiques intégraux (vite traités d'intégristes) est profonde. »

Si Vincent Cheynet est bien peu radical en effet en matière sociale (sa confusion de la décroissance et de l'austérité ; son refus d'un « revenu pour tous, même sans emploi » ; son refus de la gratuité des services publics et des biens communs, sa condamnation du mouvement des Indignés et des Anonymous), il est vrai qu'il explique dans *La Vie* (catholique) du 17 avril 2014 que « la loi du mariage pour tous contribue à ouvrir la boîte de Pandore de toutes les revendications qui nous conduisent au *Meilleur des mondes* décrit par Aldous Huxley [...]. La loi du mariage pour tous [...] est un pur produit de l'idéologie utilitariste et capitaliste. » Il ajoute dans la revue (pas vraiment gauchiste) *L'Écologiste* que « la théorie du genre est un avatar du libéralisme » et que « nous sommes face à une utopie meurtrière ». Le lecteur me permettra de rappeler que certaines connexions politico-religieuses ne sont pas nouvelles. Souvenons-nous des bonnes relations entre la revue *l'Écologiste* de Teddy Goldsmith et Joseph Ratzinger, le futur pape Benoît XVI... Patrice de Plunkett soutient d'ailleurs, devant Dieu, que le journal *La Décroissance* (de Cheynet) est sur « la même ligne que *L'Écologiste* en ce qui concerne l'anthropologie ».

On comprend mieux que la nouvelle revue *Limite* mette la question de l'homme « être de nature » au cœur de son combat, puisque cet homme « être de nature » a nécessairement « un papa, une maman et des enfants »... Faut-il penser que les petites filles écolos s'habillent en rose et les garçons en bleu ! Cette écologie, instrumentalisée pour défendre la conception chrétienne de la famille (avant même d'interroger le rapport homme/nature) se fait nataliste : « Faites des enfants, pas les courses » selon les mots d'Eugénie Bastié, rédactrice en chef de *Limite*, journaliste au *Figaro*, proche de Mgr Rey. Cette nouvelle revue fait sa une sur « Décroissez et multipliez-vous ! » avec un texte intitulé « Comment baiser sans niquer la planète ? », version racoleuse du « Soyez féconds, multipliez-vous, remplissez la terre » (Gen. 1.28.).

Les écolos-cathos brouillent encore les cartes au sujet de la politique, car s'ils appellent à faire de la politique ce n'est pas au sens de l'écologie politique – qui entend mener le combat à propos de la définition de la vie bonne et qui sait qu'il existe une lutte entre les enrichis et les appauvris, sans compromis possible –, mais au sens où le lien entre un homme et une femme est le lien politique fondamental, oubliant que la première division politique est sans doute apparue lorsque les premiers clercs, à l'époque préhistorique, se sont approprié le monopole de la communication avec les morts et l'au-delà : « L'individu est d'abord et toujours l'effet d'une cause. L'union d'un homme et d'une femme, ce lien politique fondamental, le précède et le fonde. » Tout va donc être subordonné à ce

« lien politique fondamental », d'où les analogies douteuses (par exemple, OGM égale pilule contraceptive) qui « bouleversent, non sans impact sur la santé humaine, les rythmes et les lois de la nature »[121].

Les écolos-cathos et le « ni droite ni gauche », donc de droite

Si beaucoup affichent ouvertement leur appartenance à la droite, les plus « malins », comme Bès de Berc, se revendiquent du « ni droite ni gauche », donc de droite selon la formule du philosophe Alain, car ces notions seraient aujourd'hui dépassées (sic). Vincent Cheynet est lui un homme de droite complexé dissimulant ses convictions. Tous deux affichent, cependant, une même haine d'une écologie libertaire (Bès de Berc dans son livre et Cheynet avec le personnage de Stef le Décroissant), tous deux vomissent Mai 68, son idéal émancipateur et sa promesse de jouissance. Je n'aime certes pas le Cohn-Bendit passé du noir au rouge, puis du rouge au vert, puis du vert au bleu, eux n'aiment pas Dany le Rouge et des slogans comme « jouir sans entraves » ou « il est interdit d'interdire »[122]. Je le répète encore une fois : les objecteurs de croissance ne sont pas des adeptes du « moins à jouir » réactionnaire mais du « plus à jouir » émancipateur. Le capitalisme n'offre d'ailleurs en rien un « plus à jouir » à huit milliards d'humains ! Nous sommes contre l'illimitisme économique et religieux mais pour l'illimitisme des droits humains face au capitalisme et aux droits de Dieu. La dénonciation du culte de la toute-puissance et l'appel à accepter les limites ne sont que des faux nez permettant de défendre la toute-puissance divine, de son épouse l'Église et du pape (considéré comme infaillible depuis le XIXe siècle). Il est scandaleux de leur part d'ânonner que la terre crève du fantasme de toute-puissance, alors que plus de un milliard d'humains n'a pas accès à l'eau potable, qu'une personne sur sept se couche tous les soirs le ventre vide, que presque trois milliards de pauvres, soit près d'une personne sur deux, vivent avec moins de deux dollars par jour, que 30 000 enfants de moins de cinq ans meurent chaque jour de maladies qui auraient pu être évitées, qu'un tiers de la

---

121. Cité par Étienne Grésillon et Bertrand Sajaloli, « L'Église verte ? La construction d'une écologie catholique : étapes et tensions », à lire sur le site https://vertigo.revues.org/15905
122. Voir Gaultier Bès de Berc, Marianne Durano, Axel Rokvan, *Nos limites, pour une écologie intégrale*, Paris, Éd. Le Centurion, 2014.

population mondiale n'a pas accès aux médicaments de base, que 100 millions d'enfants ne sont toujours pas scolarisés dans le primaire dont 55 % de filles, que les deux formes urbaines qui se développent le plus vite sont les bidonvilles et les villes privées ! Nous n'avons pas le droit de dénoncer le culte de la toute-puissance et l'idée d'un monde sans limites si on n'explique pas en même temps que 20 % des humains s'approprient 90 % des ressources et que 1 % en consomme 50 %. L'Église, son Dieu et son pape, comme le capitalisme, ne sont tout-puissants que parce que la majorité des humains sont pensés et formatés comme impuissants. Les écolos-cathos n'ont de cesse de rapetisser les humains alors qu'il faut les grandir. Il faut donc en finir avec la toute-puissance des puissants, Église comprise, pour généraliser la puissance de vivre au sein de plus de huit milliards d'humains. Le monde sans limites que dénonce le pape c'est celui du 1 % contre les 99 %, mais l'Église ne peut aller jusqu'au bout de l'analyse, faute de reconnaître que l'enrichissement des uns n'est que l'autre face de l'appauvrissement des autres, faute d'admettre que la conception de la vie bonne n'est pas d'abord une affaire privée, de bon et de mauvais goût, de famille chrétienne ou pas, mais de lutte des classes, y compris au sein de l'Église. Il n'y a pas de compromis possible entre enrichis et appauvris, sauf naturellement sur le dos des appauvris. Le « ni droite ni gauche » c'est le refus de choisir les appauvris contre les enrichis.

La revue écolo-catho *Limite* se revendique ainsi « ni de droite, ni de gauche » (malgré ses réseaux et son idéologie que nous analyserons plus loin en détail), mais elle avoue son amour pour Phillip Blond, sous le titre racoleur « Le Michéa britannique qui croyait au Ciel » (pauvre Jean-Claude récupéré à tout vent !). Ce théologien, présenté comme le « promoteur de la *Big Society* contre *Big Brother* » est le dirigeant du think tank Respublica Radical Orthodoxy, adepte furieux d'un conservatisme interventionniste et communautariste. C'est lui notamment qui a porté le très conservateur et religieux David Cameron au pouvoir, autour de cette notion de *Big Society* dont le premier effet a été de casser ce qui restait d'enseignement non privé en Angleterre et qui souhaite rendre illégales bon nombre d'activités syndicales et restreindre le droit de grève[123]. Ce gourou du néoconservatisme, champion du Bien commun à la sauce vaticane, n'a qu'une idée en tête : détruire le service public et les biens collectifs ! Certains parlent même à son propos de « conservatisme rouge », non

---

123. http://www.lemonde.fr/europe/article/2015/07/16/david-cameron-veut-restreindre-le-droit-de-greve_4684943_3214.html

pas parce qu'il serait « socialiste », ni même social, mais parce qu'il est interventionniste, à la façon de cette nouvelle droite antilibérale mondiale (souvent catho) qui monte.

Les réseaux écolos-cathos à la manœuvre

Les écolos-cathos ne marchent certes pas encore totalement au pas, mais parmi les nombreuses divisions (« le pape, combien de divisions ? » disait Staline) arrêtons-nous sur les réseaux qui composent la nouvelle revue catho-écolo *Limite*, lancée en septembre 2015 avec le soutien des chiens de garde du système. Seul le journal *Libération* a publié un excellent papier intitulé « Des réacs en vert et contre tous » sous la plume de Bernadette Sauvaget. Georges Feltin-Tracol, militant d'extrême droite, connaît bien l'équipe de *Limite*. Il explique que cette revue est « issue de la rencontre entre la génération des Veilleurs et celle, plus ancienne, qui anima dans les années 1990 la revue souverainiste royaliste *Immédiatement*, *Limite* se positionne sur le créneau chrétien bioconservateur. » Parmi les collaborateurs d'*Immédiatement*, on trouvait nombre des plumes de *Limite* (dont nous parlerons amplement) comme Fabrice Hadjadj, Jacques de Guillebon et Falk van Gaver qui fut même un temps son responsable. Les liens entre la revue *Immédiatement* et les monarchistes apparaissent nettement sur le site de l'Action française[124].

Le théoricien de la revue *Limite* est le philosophe catholique Gaultier Bès de Berc (qui, pour faire peuple, oublie sa particule dans la majorité des textes), qui est dénoncé notamment par les milieux gays comme porteur d'une « une écologie de la haine »[125] ; et le site StreetPress le présente comme « catho-pop et écolo-réac »[126]. Il peut se consoler en consultant la presse de la droite extrême qui raffole de lui[127]. Bès de Berc et ses comparses instrumentalisent toutes les (bonnes) causes pour défendre l'ordre divin. Ils manifestaient au milieu des syndicats le 1er mai avec une banderole : « Ce n'est pas la filiation qu'il faut fragiliser, c'est le chômage et

---

124. http://www.actionfrancaise.net/mouvement-evenements-20041111_commemora-tion.htm
125. http://vendeursesdehaine.yagg.com/2014/07/19/gaultier-bes-de-berc-une-ecolo-gie-de-la-haine/
126. http://www.streetpress.com/sujet/1445856179-gaultier-bes-catho-pop-et-ecolo-reac#
127. http://www.libertepolitique.com/Actualite/Decryptage/Gaultier-Bes-de-Berc-Les-Veilleurs-attaquent-le-mal-a-la-racine

la précarité. »[128] Ce qui ne l'empêche pas d'adorer Phillip Blond... devenu l'ennemi public n° 1 des salariés anglais.

Lutte contre le chômage, OGM, Notre-Dame des Landes, Sivens, AMAP, théologies de la libération... tout est bon pour brouiller les cartes idéologiques, dans le seul but de condamner l'IVG, la contraception et le mariage homo. Cette stratégie, sans doute sincère, apparaît comme confusionniste car fondée sur deux principes, « le respect de la vie » et le fameux « tout est lié », très présents au cœur de la pensée vaticane. Le philosophe Bès de Berc n'est pas un second couteau de cette droite réac. C'est lui qui, au lendemain de la Manif pour tous, lance le mouvement des Veilleurs et se charge d'assurer la préparation et l'animation de la marche de l'été 2013, une opération qui suscita de nombreuses oppositions de la part des militants en faveur de l'égalité des droits mais aussi des écologistes de Notre-Dame des Landes qui refusèrent toute confusion en lançant le slogan « Ni Vinci ni Veilleurs ». Bès de Berc fait office de directeur adjoint de la revue *Limite.*

Le directeur en titre est Paul Piccarreta (un ancien du journal *Causeur* que nos amis de *Politis* comme ceux du MRAP rangent avec raison à l'extrême droite). Ce dernier dresse l'historique du concept d'écologie intégrale repris par le pape. Selon lui, c'est Falk van Gaver (dont nous parlerons plus loin) qui usa en premier de l'expression, puis Gaultier Bès de Berc dans son livre, puis Fabien Revol, théologien de Lyon, auteur d'une thèse sur la « création continuée », puis « le mot est arrivé sur les ailes d'on ne sait quel ange, jusqu'aux oreilles du pape François ». Paul Piccarreta termine son article dans *Causeur* du 19 juin 2015 par un appel à lire... Patrice de Plunkett. Ce même Paul Piccarreta proclame « nous sommes en rupture avec la droite catholique libérale » mais son antilibéralisme ne le conduit pas à militer à Attac et on le retrouve sur le site de l'Action française. Paul Piccarreta prétend s'inscrire dans un courant très ancien, celui des anarchistes révolutionnaires jamais contradictoires avec le magistère de l'Église. Faut-il rappeler ce que fut le rôle des compagnons libertaires non seulement dans la lutte contre les curés mais en faveur de la contraception et de l'IVG ? Piccarreta est anar à la façon de Jacques de Guillebon et Falk van Gaver (cf. *infra*), c'est-à-dire de la même façon que Guillebon est aussi socialiste.

Eugénie Bastié, journaliste Web du *Figaro*, est rédactrice en chef politique (donc une sorte de commissaire politique) du périodique *Limite.* Parmi

---

128. Cité par le journal *Le Pèlerin.*

ses références l'Action française (dixit *Libération*), Mgr Rey (celui qui invite au nom de l'Église le Front national), « qui est quelqu'un d'intéressant », dit-elle, et qu'elle a accompagné à Rome. Elle assume totalement le fait que la revue *Limite* soit un enfant (adultérin ?) de la Manif pour tous « qui a souhaité poursuivre le combat sous une forme culturelle, et intégrale, qui dépasse la question de la loi Taubira pour s'inscrire dans une critique globale de la civilisation libérale-libertaire »[129]. Le blog Fdesouche (sic) annonçait le 5 octobre 2014 que Radio Courtoisie (radio d'extrême droite dirigée par le vicomte Henry de Lesquen du Plessis-Casso, patron du Club de l'Horloge) recevait, sur le thème « L'avenir est-il à la décroissance ? », Eugénie Bastié, journaliste au *Figaro*, Pierre Tordi, membre de l'Action française et Gaultier Bès de Berc, agrégé de philosophie.

Parmi les maîtres à penser de la revue *Limite*, on retrouve Patrice de Plunkett, Fabrice Hadjadj et Olivier Rey.

Patrice de Plunkett est un ancien militant royaliste, un temps proche de la Nouvelle Droite d'Alain de Benoist. Ex-rédacteur en chef du *Figaro Dimanche*, ex-codirecteur du *Figaro Magazine*, reconverti au catholicisme en 1985, chroniqueur à Radio Notre-Dame, membre du comité de Philanthropos (pour « réévangéliser » l'Europe !), commandeur de l'ordre du Saint-Sépulcre de Jérusalem, chevalier pontifical, défenseur de l'Opus Dei, amoureux de Jean-Paul II grâce à qui l'Église aurait désormais un manifeste d'écologie politique combatif. Patrice de Plunkett aime aujourd'hui se présenter comme un écolo radical proche des mouvements sociaux et hostiles aux momies du catholicisme antibolchevique, grand lecteur et promoteur du décroissant de droite Vincent Cheynet et du soldat de Dieu Bès de Berc[130]. Patrice de Plunkett confie parfois, sur des sites plus confidentiels, comme Liberté politique (n° 42, automne 2008, site de la fondation de Service politique chargée de défendre les valeurs judéo-chrétiennes) que « si des écologistes aujourd'hui se disent darwiniens, ou anti-judéo-chrétiens, c'est qu'ils respirent l'air du temps plus que celui de l'écologie. ». Que seraient donc des « écolos antidarwiniens » ? Des partisans des courants antiévolutionnistes comme nous l'avons déjà démontré ?

---

129. Voir le site de l'Action française, le Rouge & le Noir qui n'a donc strictement rien de libertaire malgré ses couleurs : http://www.lerougeetlenoir.org/mot/action-francaise
130. Patrice de Plunkett défend l'Opus Dei sous forme d'interrogation : « Ne cherche-t-on pas à atteindre l'Église catholique au travers de l'Opus Dei ? Ne voit-on pas dans l'Opus Dei un "concentré" de tout ce que notre époque reproche à l'Église romaine ? Dans ce cas, faire la lumière sur la fille (l'Opus Dei), c'est faire la lumière sur la mère (l'Église) [...] »

Fabrice Hadjadj, membre du Conseil pontifical pour les laïques, directeur de l'institut Philanthropos (fondé pour répondre à l'appel de Jean-Paul II afin de défendre les valeurs chrétiennes de l'Europe), conseiller éditorial officiel de *Limite*, est proche du mouvement conservateur Communion et Libération (très hostile à la gauche) et sur lequel le pape François prend de plus en plus appui[131]. Fabrice Hadjadj est une très grosse pointure de cette nouvelle Église identitaire, réactionnaire et (re)conquérante, à l'opposé des théologies de la libération. C'est lui qui assura le discours de clôture du meeting de Rimini organisé par Communion et Libération, en 2010, devant plus de 25000 personnes[132]. C'est encore lui qui est chargé d'intervenir lors d'un séminaire gouvernemental en présence des ministres italiens de l'Intérieur, de la Justice et des Armées. On ne sait pas s'il leur a fait part de ses thèses habituelles : le mouvement de libération des femmes qualifié de « militantisme contraceptif et abortif » et l'islam considéré comme le terme dialectique d'une Europe techno-libérale qui aurait rejeté ses racines gréco-latines et ses ailes juives et chrétiennes[133]. Fabrice Hadjadj combat bien sûr le darwinisme : « Dire que l'homme est une bête parmi d'autres, c'est justement rendre impossible l'écologie, puisqu'il faut que l'homme ait une dignité spéciale pour être responsable et gardien de la création... » Il explique également pour *Famille chrétienne* (pas vraiment à gauche) que l'encyclique *Laudato si'* vise à briser l'attelage boiteux entre le catholicisme et le monde techno-libéral de la croissance illimitée, afin de remettre en cause le paradigme technocratique à partir des Mystères de l'Église. La seule solution à la crise (y compris écologique) serait la communion et l'appartenance (d'où peut-être le rappel des racines gréco-latines et l'appel aux Européens ?).

Quant à Olivier Rey, c'est celui par qui la décroissance a été confondue pour la première fois avec l'austérité dans le mensuel *La Décroissance* de juin 2012, débatteur avec Alain de Benoist, Gaultier Bès de Berc sur la Web TV d'extrême droite, TVLiberté, grand pourfendeur de l'égalité des droits devant le mariage, néocréationniste militant qui soutient que « l'homme originaire ne descend pas du singe »[134]. Patrice de Plunkett invite à

---

131. http://www.christianismesocial.org/spip.php?article351
132. Pour la petite histoire, je me suis fais piéger, il y a quelques années, en allant prononcer une conférence contre la « McDonaldisation », caution de gauche et écologique à ce meeting annuel de Rimini organisé par Communion et Libération.
133. http://www.lefigaro.fr/vox/societe/2015/02/10/31003-20150210ARTFIG00397-fabrice-hadjadj-les-djihadistes-le-11-janvier-et-l-europe-du-vide.php
134. https://sniadecki.wordpress.com/2014/03/20/rey-homme/

savourer Olivier Rey en plus de Cheynet et Bès de Berc. Cette droite catho est incapable de penser autre chose que de faire la même chose en moins, car ce qui l'intéresse depuis des millénaires c'est la mortification, c'est la dénonciation de la gourmandise (la *gula*) qui consiste à désirer au-dessus de sa condition sociale.

Fabrice Hadjadj comme Gaultier Bès de Berc étaient naturellement les invités des Assises de l'écologie humaine co-organisées en 2014 par trois personnages centraux : Tugdual Derville, Pierre-Yves Gomez et Gilles Hériard-Dubreuil. Tugdual Derville, dont le frère est directeur spirituel de l'Opus Dei, dirige l'association Alliance VITA qui, sous le slogan « solidaires des plus fragiles », défend les positions de l'Église en matière d'IVG, de fin de vie, de GPA, etc., il fut l'un des porte-parole de la Manif pour tous, délégué général de VITA (anciennement l'Alliance pour les droits de la vie de Christine Boutin). Tugdual Derville, à qui l'Action française ouvre ses colonnes, voit dans la Manif pour tous un mouvement d'écologie humaine en train de se former (sic)… Tugdual Derville n'hésite pas à s'afficher avec les légionnaires du Christ et avec Alleanza Cattolica de M. Introvigne (meilleur défenseur des sectes selon les associations qui les combattent)[135]. L'association antisectes CCMM (Centre contre les manipulations mentales) connait bien Tugdual Derville et les réseaux de ce monsieur très en cours aujourd'hui au sein de l'Église : « M. Derville, qui réside en Vendée, côtoie également la branche italienne du mouvement sectaire fascisant Tradition Famille Propriété (TFP), Alleanza Cattolica, mouvement largement dénoncé par les services de l'État français, et dirigé en Italie par Massimo Introvigne, qui est également responsable du puissant lobby prosectaire international, le Centre d'études des nouvelles religions ou CESNUR. Massimo Introvigne, lobbyiste prosectaire notoire, s'est illustré en France et ailleurs, par ses interventions systématiques en faveur des sectes traduites en justice : Témoins de Jéhovah, Scientologie, ordre du Temple solaire, etc. C'est ainsi que M. Derville participait aux côtés de M. Introvigne, à un colloque de TFP/Alleanza Cattolica, en Italie. Ce colloque était aussi l'occasion de faire un point sur la "dynamique" du mouvement européen Un De Nous, animé dans l'Hexagone par Caroline Roux, également d'Alliance VITA, et dont le but est de faire revenir les États sur le droit à l'avortement. L'Espagne ouvre la marche. En France, la première étape visée est d'en obtenir son déremboursement. La Nouvelle

---

135.   https://www.youtube.com/watch?v=yckfMYaomsw&list=PLbRb8mZxyq6yJGP-pL1oAY-RjinS7MX7FM

Acropole, autre mouvement sectaire fascisant originaire d'Argentine, constituant avec TFP l'un des principaux piliers du CESNUR, recommande aussi la lecture des écrits de M. Tugdual Derville. »[136]

Quant à Pierre-Yves Gomez et Gilles Hériard-Dubreuil, ils conseillent les grandes firmes économiques, notamment pour contourner les résistances de la population dans le cadre des « Grands Projets Inutiles Imposés » contre lesquels les écologistes mobilisent. L'écologiste catho Gilles Hériard-Dubreuil dirige MutadisConsultants, un cabinet officiellement « ni pour ni contre le nucléaire » mais tout de même très... pour, selon le réseau Sortir du nucléaire qui réunit des centaines de collectifs. Il est connu pour ses travaux banalisant Tchernobyl, soutenant que les populations pourraient vivre dans des zones irradiées[137]. La journaliste Marie Astier révélait sur le site Reporterre que son cabinet aidait aussi Center Parcs à bétonner Poligny (Jura)[138] !

Les Assises chrétiennes de l'écologie des 28, 29 et 30 août 2015, co-organisées par le diocèse de Saint-Étienne et l'hebdo *La Vie* (catholique), ont entendu, aux côtés de quelques écolos de gauche, Patrice de Plunkett, Gaultier Bès de Berc, le père Dominique Lang de Pax Christi et journaliste au *Pèlerin*. À quelques jours de distance, certains d'entre eux, comme Paul Piccarreta et Patrice de Plunkett, se sont retrouvés, cette fois sans caution de gauche, à l'université de la Sainte-Baume organisée par Mgr Rey (présenté comme un « évêque vert » qui aurait fait bouger l'Église selon Falk van Gaver dans *La Nef* d'avril 2012) en compagnie de Marion Maréchal Le Pen. Le magazine *Challenges,* peu suspect de gauchisme, lui reconnaît une « sombre tentation catho-royaliste » (23 juin 2015). Elle, qui dit ne pas comprendre « l'obsession de la République » (voir la revue *Charles* n° 14, juin 2015), certifie avoir peur que « la république efface la France », d'où la reprise du vieux slogan de la droite monarchiste « ni gauche ni droite ».

Deux autres personnalités écolos-cathos méritent le détour.

Jacques de Guillebon et Falk van Gaver, tous deux adeptes de la décroissance (pas la nôtre) et promoteur d'un « anarchisme chrétien ». Derrière ce vocable se cache une droite d'autant plus méchante qu'elle se dissimule. Ces deux « fils obéissants de l'Église » ont deux ennemis : l'État et le libéralisme. Ils n'aiment pas davantage les homos et l'expriment de façon chrétienne : « L'homosexualité est un désordre : un désordre mental,

---

136. www.ccmm.asso.fr/spip.php?article5555
137. https://infokiosques.net/imprimersans2.php?id_article=207
138. http://www.reporterre.net/Un-des-fondateurs-du-mouvement

comportemental, moral, social, un désordre sentimental, un désordre amoureux. L'homosexualité est un mal, un mal social, un mal spirituel, un mal existentiel, et rien ne nous empêchera de le penser et de le dire – comme de penser et dire que deux et deux font quatre. »[139]

Ami de Marion Maréchal Le Pen[140], présenté par l'Observatoire des journalistes (OJIM) comme une plume probable de Charles Millon et de Christine Boutin, Jacques de Guillebon, catholique royaliste antilibéral, a collaboré à la revue monarchiste *Immédiatement,* au *Figaro Magazine*, à *Valeurs actuelles*, à *Causeur*, au journal de l'Action française, il fut directeur de la revue catho traditionaliste *La Nef* (entre 2005 et 2009), auteur de *L'impasse : du mariage laïc au mariage gay* (sans mariage laïque pas de mariage gay) et d'un dossier sur une certaine décroissance repris par Alain Soral (alias Alain Bonnet de Soral)[141], il s'offusquait cependant que j'ose le présenter comme étant « très à droite ». Jacques de Guillebon est un écolo moralisateur mais ce père-la-rigueur fait partie des 19 premiers signataires de l'appel « Touche pas à ma pute ! Manifeste des 363 salauds »[142]. Jacques de Guillebon écrit dans *La Nef* d'avril 2011 un petit texte révélateur : « Ce que le chiffre de Marine Le Pen manifeste, c'est peut-être, soyons optimistes, l'effort de ces habitants de France de se reformer en peuple, pour reconstruire une nation paisible et grande. » C'est vrai qu'il ne cache pas son admiration pour Philippe Muray (celui qu'Élisabeth Lévy présente comme « l'imam caché des esprits libres », c'est-à-dire bouffeurs de « gauchistes » et grand adorateur du catholicisme romain) et Chantal Delsol (philosophe catholique de choc, épouse de Charles Millon)[143]. Jacques de Guillebon

---

139. lesalonbeige.blogs.com/my_weblog/2012/09/04/

140. http://www.lexpress.fr/actualite/politique/fn/marion-marechal-le-pen-l-effrontee-nationale_1661947.html

141. Alain Soral, qui n'apprécie pas vraiment mes critiques, publie un virulent « Paul Ariès ou la critique décroissante au ras des pâquerettes », à lire à l'adresse : http://www.egalitee-treconciliation.fr/Paul-Aries-ou-la-critique.html

142. A contrario, le mensuel *Les Zindigné(e)s* est partenaire de l'appel « Nous n'irons pas au bois » avec le réseau Zéro macho.

143. Jacques de Guillebon prenait la peine de répondre à mes accusations sur le site de l'Action française : « M. Paul Ariès a déduit, quelques années plus tard de la présence de ce dossier sur ce site, qu'il existait un axe décroissant d'extrême droite. Je ne sais pas ce qu'il entend par ce terme, je sais seulement que ce n'est pas du tout la définition que je donne de ma pensée ni de mes idées politiques. Mes idées politiques sont celles du catholicisme social, du distributisme et proches de celles du socialisme originel, qui fut, rappelons-le, principalement chrétien et qui, inspirant la première Action française, constitue l'un des points d'accord que je peux avoir avec ce mouvement. Si je suis d'extrême droite, je le suis avec Novalis, Frédéric Ozanam, Proudhon, Thoreau, William Morris, Chesterton, Gandhi, Péguy, Orwell, Lanza del Vasto, Ellul, Illich et Michéa. »

déclarait à *Causeur* en mars 2013 son amour du pape François : « Personne ne l'attendait et ce fut lui, le pape François. Ni Hollande, ni Ier, ni Desouche, mais François, comme tout le monde et comme nul autre. François comme le Poverello bien sûr, mais aussi comme le Xavier, évangélisateur de l'Extrême-Orient et figure fondatrice de la Compagnie de Jésus ; François aussi comme celui de Sales, l'immense pasteur savoyard et en passant patron des journalistes. » Il développe ainsi sa vision de l'écologie : « Le bon écolo, c'est Benoît XVI [vous avez bien lu !], mon ami Falk van Gaver, ou les partisans conséquemment chrétiens de la décroissance [Cheynet par exemple ?]. Le mauvais écolo, c'est le gros rouquin dont le nom empuantait (sic) les pages de l'actualité depuis 1968. »[144] Logique avec lui-même Jacques de Guillebon éructait dans *Causeur* de décembre 2014 : « L'IVG : non à l'état d'exception permanent. Le droit à l'avortement est intenable ! »

Son coauteur, Falk van Gaver, se proclame également anarchiste chrétien, anticapitaliste radical, anti-industrialiste, luddite, populiste, il proclame même avoir participé « entre autres aux actions violentes des Black Blocs »[145]. Luc Richard (directeur de la revue monarchiste *Immédiatement*), qui a fait le voyage avec lui à Gênes pour participer au contre-G8, est présent à deux mètres de Carlo Giuliani lorsque celui-ci est abattu par la police, tel qu'on peut le voir sur les photographies publiées dans *Paris Match*.

Falk van Gaver se revendique naturellement de Bernanos et d'Orwell, mais aussi d'Ivan Illich, Jacques Ellul, Bernard de Charbonneau... Il a été cependant directeur de la revue monarchiste *Immédiatement* et collabore aux revues *La Nef, Causeur, Famille chrétienne* ; il est également délégué de l'Observatoire sociopolitique du diocèse de Fréjus-Toulon (celui qui fait la courte échelle à Marion Maréchal Le Pen). Falk van Gaver défend le bon pape François au nom de l'Observatoire sociopolitique du diocèse de Fréjus-Toulon sous le titre : « le pape est-il de gauche ? » Il répond naturellement par la négative : « Anticapitalisme, écologisme, populisme..., le pape est-il de gauche ? Si ses deux prédécesseurs étaient classés plutôt à droite, celui-ci passe plutôt à gauche, semble-t-il... Il a déjà lui-même répondu à l'accusation nord-américaine de "marxisme", mais si François est de gauche, Jésus était d'extrême gauche, il suffit d'ouvrir n'importe quel évangile pour s'en convaincre. Et les tout premiers

---

144. https://www.lanef.net/t_article/le-capitaine-cochet-jacques-de-guillebon-25131.asp
145. http://philitt.fr/2015/09/14/falk-van-gaver-lanarchisme-chretien-cest-lesprit-de-levangile-qui-bouscule-les-societes/

chrétiens, des révolutionnaires communistes et pacifistes qui vivaient en communautés autonomes où tout était mis en commun – rouvrons les Actes des Apôtres... »[146]. L'anarchiste chrétien Falk van Gaver donne sa propre définition de l'anarchisme : il suffirait de passer du « Ni Dieu ni maître » de Blanqui à « Un seul Dieu, (donc) pas de maîtres » ! Falk van Gaver se reconnaît naturellement dans l'encyclique de François : « Je suis très heureux que le terme et concept d'"écologie intégrale", que j'ai introduit dans les milieux chrétiens il y a une dizaine d'années, ait été progressivement repris par les écologistes chrétiens et même par le pape, puisque c'est même le titre de l'un des chapitres de son encyclique, où il la définit en des termes quasi similaires aux miens. Je ne dis pas qu'il y a eu influence directe, même si peut-être imprégnation indirecte par tache d'huile, mais que c'est dans l'air du temps, et qu'il fallait un terme plus fédérateur et plus "intégral" que la seule écologie humaine pour parler d'une écologie plénière qui s'adresse à tous les hommes. »[147]

Dommage que Cheynet ait oublié de dénoncer l'éco-tartuffe, Falk van Gaver, coupable d'une expédition en voiture France-Chine (sic), mais il est vrai que si c'est lui qui a fourni au pape le concept d'écologie intégrale, cela vaut bien une indulgence ! La revue *Limite* s'est associée avec l'Observatoire sociopolitique du diocèse de Fréjus-Toulon, sous la houlette de « l'anarchiste chrétien » Falk van Gaver, pour organiser le 21 novembre 2015, à Toulon, la première journée d'écologie intégrale avec en vedettes américaines Olivier Rey, Paul Piccarreta, Thierry Jaccaud et Mgr Rey ! Le site de l'Observatoire, revenant sur « l'initiative de Mgr Rey » face au FN, donne la parole à Jacques Bagnoud : « On ne peut que se réjouir de ce pas de réconciliation suscité par Mgr Rey, certes minime mais symbolique, et espérer qu'il soit suivi de beaucoup d'autres pour que la présence chrétienne en politique soit source de liberté, de dialogue et d'une prise en compte de tous les citoyens et de tous les aspects de la réalité. »[148]

---

146. http://osp.frejustoulon.fr/le-pape-est-il-de-gauche/
147. http://osp.frejustoulon.fr/franc-succes-de-la-journee-decologie-integrale-osp-limite/
148. http://osp.frejustoulon.fr/marion-marechal-le-pen-linitiative-de-mgr-rey/

Les écolos-cathos et le Front national

L'Église catholique de France a longtemps fait barrage aux idées d'extrême droite. Il faut lui rendre cet hommage car cette posture est beaucoup moins vraie dans la majorité des autres nations, y compris européennes. Son passif avec les Ligues des années 1930 et avec Vichy l'avait doté d'anticorps. Quelque chose d'extrêmement grave est cependant en train de se produire car ces catholiques qui votaient moins Front national que le reste de la population votent désormais davantage pour lui… et notamment les jeunes pratiquants[149]. Les premières déclarations explicites de l'Église catholique de France contre le FN remontent à 1985, lorsque Jean-Marie Le Pen obtient 11 % des suffrages lors des européennes, et tente habilement de séduire l'électorat chrétien. Mgr Decourtray et Mgr Lustiger dénoncent cette tentative d'OPA sur les cathos et deviendront les bêtes noires de Le Pen qui les fera huer lors de ses meetings. Des passerelles ont toujours existé entre l'extrême droite et une certaine Église mais il s'agissait principalement des milieux traditionalistes de Bernard Antony, alias Romain Marie. Bernard Antony, vieille caution catholique de Jean-Marie Le Pen, fondateur de Chrétienté-Solidarité, ancien député européen du FN, ancien conseiller régional de Midi-Pyrénées, ancien mégrétiste, ancien membre du parti de la France de Carl Lang (ancien secrétaire général du FN), directeur du journal *Présent*, proclamait, dès la fin des années 1980 que « le Front national n'est en désaccord sur aucun point avec la doctrine de l'Église catholique, qui a fermement condamné le communisme, la franc-maçonnerie, le socialisme, même modéré, et le libéralisme doctrinal. » Il faudrait aussi citer parmi les passerelles traditionnelles le Club de l'Horloge, devenu le Carrefour de l'Horloge, fondé en 1974 par Yvan Blot et Henry de Lesquen, et qui s'est fait une spécialité de travailler au rapprochement entre la droite et l'extrême droite en accordant une large place au catholicisme : « La souveraineté est une idée creuse si elle n'est pas fondée sur une identité préservée. Il ne suffit pas à cet égard de défendre et de promouvoir la langue française, bien que ce soit très nécessaire, il faut aussi et surtout rétablir l'unité de la nation en combattant l'islamisation de la société et sa mélanisation, c'est-à-dire l'explosion des populations de race congoïde (noire), car la France est un peuple de race blanche, comme l'a dit excellemment le général de

---

149. La seule exception reste les élections européennes, notamment celles de 2014.

Gaulle. »[150] Le vicomte de Lesquen s'oppose à tout rapprochement de l'Église avec l'islam.

Nous ne sommes plus cependant face à de telles passerelles vers la droite extrême mais devant un basculement d'une large partie des catholiques. Ce basculement, qui s'est produit en moins de deux ans, entre 2013 et 2015, est une conséquence de la Manif pour tous et des mouvements catholiques identitaires qui l'ont entourée notamment autour de la question du sexisme. L'Église porte donc une responsabilité historique en ayant choisi de jouer avec le diable, et les princes qui la gouvernent ne pouvaient en ignorer les fruits. Ainsi *Le Figaro* du 29 août 2015 titrait, chose impensable avant la Manif pour tous : « L'Église et le Front national, pour en finir avec un faux débat ». *Le Figaro* explique doctement que « deux réalités ont changé en trente ans : le Front national lui-même d'un côté, le monde catholique de l'autre ». Je suis peu convaincu du changement du FN mais j'acquiesce volontiers à celui de l'Église. L'invitation de Marion Maréchal Le Pen par Mgr Rey, l'évêque « écolo » de Fréjus-Toulon, et par l'Observatoire sociopolitique du diocèse de Fréjus-Toulon de Falk van Gaver, n'est que la face immergée d'un iceberg qui menace l'Église. D'un côté, les nouveaux bataillons de l'Église, ceux qui vomissent Mai 68, mobilisent sur des thèmes qui les rapprochent des droites extrêmes, d'un autre côté, le FN n'a cessé de donner des gages à l'Église ces dernières années, allant même jusqu'à repousser les catholiques intégristes qui caractérisaient ses rangs, tout en ne condamnant pas les prières de rue de ces mêmes cathos. On voit d'ailleurs comment une frange de l'Église, sous prétexte de s'opposer aux prières de rue des musulmans, en profite pour réoccuper l'espace public. Radio Vatican (« la voix du pape et de l'Église en dialogue avec le monde ») justifiait cette main cordiale tendue à Marion Maréchal Le Pen en rappelant déjà qu'elle est catholique et en donnant la parole au père Guitton, responsable de l'Observatoire sociopolitique du diocèse de Fréjus-Toulon : « Le père Guitton insiste sur le sens plus général de cette université d'été : tendre la main à tous les catholiques investis en politique, afin que tous puissent contribuer, à leur façon et selon leur responsabilité propre, au bien commun. »[151] Cette invitation a certes heurté une partie des croyants et même quelques fidèles mais Vincent Neymon, le directeur

---

150. fr.novopress.info/194834/premieres-rencontres-du-carrefour-lhorloge-entretien-henry-lesquen/

151. http://fr.radiovaticana.va/news/2015/08/26/le_front_national_rep%C3%A9sent%C3%A9_dans_un_d%C3%A9bat_%C3%A0_la_sainte-baume/1167655

de la communication de l'épiscopat français, approuve le changement de position de l'Église à l'égard du FN : « Les raisons qui ont conduit au blacklistage du FN il y a quinze ans ne sont plus valables aujourd'hui. Le parti change, des gens plus variés le suivent. Les thèses ouvertement xénophobes du FN ne sont plus aussi explicites. Marion Maréchal Le Pen rassemble des personnes qu'il vaut mieux inviter. Je trouve ça intéressant, même si c'est piégeux. On n'est plus à l'heure où on pouvait s'arrêter aux principes. Tous les milieux sont touchés, y compris les cathos. Raison de plus d'entrer dans le débat. »[152]

Le Front national avait salué fortement l'élection du nouveau pape « progressiste ». Déjà par la voix de Jean-Marie Le Pen : « Le Front national se félicite de l'élection du pape François, qui a déjoué les calculs souvent médiocres des pronostiqueurs, assimilant le conclave à la cuisine politicienne dont ils font habituellement leur miel. Il ne s'étonne pas de le voir déjà en butte à la calomnie, comme le furent tous ses prédécesseurs depuis Pie XII. Il ne doute pas qu'il saura résister aux insupportables et arrogantes pressions de ceux qui le somment, sous prétexte de "progrès", d'abandonner la morale chrétienne et la tradition de l'Église catholique. » Ensuite, par la voix de Bruno Gollnisch, ancien député européen, éternel rival de Marine Le Pen, qui déclarait le 1er mai 2014 (donc en connaissance de cause puisque François est alors pape depuis un an) : « Le pape François a tenu ce jour un discours riche et élevé devant les parlementaires européens réunis en session à Strasbourg. Il a exposé les causes de la désaffection d'une part croissante des peuples à l'égard de l'Union européenne. Il a rappelé que les droits humains, que l'on invoque ici à tout instant, ne sauraient être l'expression d'une revendication individualiste et hédoniste, mais qu'ils découlaient de la nature et de la destinée spirituelle de l'homme. Il s'est élevé contre ce que son prédécesseur Jean-Paul II appelait "la culture de mort", et a réaffirmé la nécessité du respect de la vie humaine de son origine à son terme naturel. Pour lui, de même, la véritable écologie ne se conçoit que comme le respect de la Création. Il a pareillement rappelé l'importance de la famille comme cellule de base de la société, protection des faibles et remède contre le drame de la solitude. Il a stigmatisé à juste titre les effets dévastateurs d'une économie mondialisée purement matérialiste. »

---

152. http://www.lemonde.fr/politique/article/2015/08/26/l-eglise-ne-tourne-plus-le-dos-au-fn_4737102_823448.html.

La « dédiabolisation » du FN passera nécessairement par la case « Église ». Ainsi la rédactrice en chef de la revue écolo-catho *Limite*, Eugénie Bastié, a réalisé un entretien dans les colonnes du *Figaro* avec Mgr Rey. L'évêque vert (sic) se défend de vouloir dédiaboliser le FN en invitant Marion Maréchal Le Pen, mais ajoute : « Il faut créer un dialogue, un débat, duquel le FN n'est pas exclu [...]. J'admets qu'il s'agit d'une position novatrice par rapport à une forme d'oukase qui consistait à mettre à distance le parti lepéniste. Il existe en effet un certain nombre de catholiques qui votent FN, c'est une réalité. Ces gens peuvent se sentir marginalisés. Notre objectif est de créer un dialogue de raison, une réflexion avec eux. » Eugénie Bastié rappelle que « l'éditorialiste et rédacteur en chef politique du Figaro Guillaume Tabard, a assisté à la table ronde contestée de la Sainte-Baume, organisée par le diocèse de Fréjus-Toulon, où intervenait Marion Maréchal Le Pen. Pour lui, le cordon sanitaire dressé par certains catholiques autour du Front national est non seulement anachronique, mais n'a aucune justification ».

Marion Maréchal Le Pen saisit la balle au bond et explique dans *Famille chrétienne* que la situation présente s'apparenterait à celle de la Terreur : « Les catholiques ont été victimes de christianophobie à la Révolution française. Après un temps d'accalmie, ce phénomène est en train de revenir. J'observe une forme d'agressivité manifeste à leur égard. Cela pousse la nouvelle génération à agir. Ces jeunes catholiques, qui appartiennent souvent à des milieux aisés, ont conscience d'appartenir à l'élite de demain. Ils veulent se donner les moyens de se former et d'agir [...]. Je fais partie de cette génération "anti-Mai 68". » On ne peut mieux dire : il s'agit bien d'une Église et d'une droite revanchardes qui entendent en finir avec ce qui n'aurait été que des parenthèses historiques. Cette (extrême) droite catho rejette 1981, 1944 (et le programme du CNR), 1936, 1917, 1848, 1793, 1789 et, pour les plus lucides, l'humanisme des Lumières. L'heure n'est même plus seulement à dédiaboliser le FN pour en faire un parti comme les autres mais à chercher des convergences, à construire un front commun. Ainsi Gilles Lebreton, député FN au Parlement européen, conseiller spécial de Marine Le Pen au sujet des questions d'enseignement supérieur, entend dresser un constat des similitudes entre l'Église et son parti : « Comme l'Église, le FN défend le modèle de la famille traditionnelle constituée par l'union d'un homme et d'une femme. C'est pourquoi, contre le PS et une large partie de Les Républicains [ex-UMP], il a protesté contre le Mariage pour tous. Comme l'Église, le FN défend la dignité de la personne humaine. C'est pourquoi, contre les tergiversations du PS et de Les Républicains, il refuse avec fermeté qu'on légalise la gestation pour autrui (GPA), qui transforme l'enfant et le corps humain en marchandises. Comme l'Église, le FN défend les chrétiens lorsqu'ils ont besoin d'aide. C'est pourquoi il s'est mobilisé, plus clairement que le PS et Les Républicains, pour appeler la société internationale à protéger les chrétiens d'Orient contre les persécutions des terroristes islamistes. En réalité, ce que reprochent ces évêques au FN, c'est sa position de fermeté face à l'immigration. Mais c'est oublier ce qu'a dit le pape François lui-même au Parlement européen : les peuples européens ont le droit de défendre leur identité. En outre, le FN est favorable à une politique de coopération avec les États d'émigration, afin de les aider à fixer leurs ressortissants chez eux. »[153]

Le mariage entre l'Église et le FN ne serait donc plus contre nature... depuis qu'elle entend faire son « Mai 68 à l'envers » et depuis qu'elle a lancé ses troupes contre le mariage homo et contre la lutte contre les clichés sexistes. Ce mariage obscène est naturellement facilité par la droitisation (sinon l'extrême droitisation) de l'électorat français et notamment des chrétiens. Ce nouveau modèle est théorisé sous le nom de « catholicisme identitaire », lequel prend appui au besoin sur le développement des autres « communautarismes », du fondamentalisme et de l'intégrisme pour s'en servir comme levier. Paradoxalement les principales résistances à ce rapprochement viennent aujourd'hui d'une partie du FN, symbolisée par Florian Philippot (vice-président du FN, mais ancien proche du souverainisme de Jean-Pierre Chevènement), lequel affiche son étatisme, ses positions anti-immigration, laïcardes. Je ne choisirai pas entre la peste et le choléra, Marion Maréchal Le Pen ou Florian Philippot.

Un pape anticapitaliste ?

Les écolos-cathos voudraient faire croire que le pape aurait épousé les thèses altermondialistes et serait devenu un adversaire du système capitaliste. Il n'a de cesse en effet de dénoncer « l'argent qui gouverne au lieu de servir », « la nouvelle idolâtrie de l'argent », « l'économie de l'exclusion

---

153. http://gilleslebreton.eu/2015/08/28/leglise-normalise-ses-relations-avec-le-front-national/

et du déchet », etc. Il n'en fallait pas plus pour que certains éditorialistes jouent à se faire peur. Le magazine *Le Pèlerin* titre « Le pape est-il anti-capitaliste ? », Le journal *La Croix* ajoute : « Ce pape qui veut changer le système économique », *Le Monde diplomatique* renchérit : « Un discours anticapitaliste venu du Sud : le pape contre le fumier du diable ». Le site Là-bas si j'y suis s'amuse : « Le pape François, c'est le NPA, le nouveau pape anticapitaliste ». Le pontife brouille en effet les cartes de ceux qui ont oublié qu'existent plusieurs façons d'être anticapitalistes. La critique de la société de consommation par l'Opus Dei est à la décroissance ce que l'altermondialisme du Front national est à l'écologisme des pauvres. Faut-il être devenu ignare pour ne plus reconnaître l'anticapitalisme réac-tionnaire ? L'anticapitalisme de l'Église est une simple figure de style qui appelle à moraliser les capitalistes et le capitalisme...

La revue internationale de théologie *Concilium,* proche des théologies de la libération, consacrant un numéro aux liens entre économie et reli-gion, soutenait que l'Église a toujours défendu et défend encore le capi-talisme. François tient certes des discours radicaux, altermondialistes et capitalistes, mais il confie la banque du Vatican (IOR) à la multinationale Promontory Financial Group, un des principaux acteurs du capitalisme globalisé. Faut-il rappeler aux écolos-cathos l'extrême richesse du Vatican et qu'une part importante vient de Mussolini en témoignage de sa reconnaissance[154] ?

Je reconnais certes que parfois les apparences sont trompeuses comme lorsque le Front national parle d'égalité des droits des usagers devant le service public : « À chaque fois qu'un secteur est transféré du public vers le privé, cela se traduit par une régression de l'égalité et par une explosion des coûts. Je suis donc pour un service public des transports, de l'éducation, de la santé, des banques et des personnes âgées. Et je suis également pour l'intervention de l'État dans des secteurs stratégiques : énergie, communications, télécommunications et médias. Je réfléchis par ailleurs à une révolution fiscale qui rétablirait notamment l'équilibre entre le capital et le travail. »[155]

Qui peut croire pourtant que la conception du service public et de l'égalité soit la même chez une adepte de la préférence nationale et au sein de la gauche ? Le candidat Chirac nous avait bien fait le coup de la fracture sociale en 2002... Quant à Christine Boutin, ne se dit-elle pas

---

154. http://www.europe1.fr/international/la-richesse-fasciste-du-vatican-1389009
155. Entretien avec Marine Le Pen, *Causeur*, janvier 2011.

prête à faire la révolution (sic) ? Le pape François est beaucoup plus sérieux et sincère lorsqu'il se présente comme un critique du « capitalisme réellement existant » mais son anticapitalisme n'a rien de commun avec celui des gauches historiques et de l'écologie politique. « Certains défendent encore, écrit-il, les théories de la "rechute favorable", qui supposent que chaque croissance économique, favorisée par le libre marché, réussit à produire en soi une plus grande équité et inclusion sociale dans le monde. Cette opinion, qui n'a jamais été confirmée par les faits, exprime une confiance grossière et naïve dans la bonté de ceux qui détiennent le pouvoir économique et dans les mécanismes sacralisés du système économique dominant » [...]. « En même temps, les exclus continuent à attendre. Pour pouvoir soutenir un style de vie qui exclut les autres, ou pour pouvoir s'enthousiasmer avec cet idéal égoïste, on a développé une mondialisation de l'indifférence » [...]. « Aujourd'hui, tout entre dans le jeu de la compétitivité et de la loi du plus fort, où le puissant mange le plus faible. Comme conséquence de cette situation, de grandes masses de population se voient exclues et marginalisées : sans travail, sans perspectives, sans voies de sortie. On considère l'être humain en lui-même comme un bien de consommation, qu'on peut utiliser et ensuite jeter... Les exclus ne sont pas des "exploités", mais des "déchets", des "restes". »[156]

Les émules du pape François, comme Patrice de Plunkett, peu susceptible pourtant de sympathie pour la gauche et encore moins pour le socialisme, tiennent un discours anticapitaliste encore plus virulent : « Il s'agit de remettre l'économie à l'endroit : l'investissement au service de l'entreprise, l'entreprise revenant à une dimension humaine, et l'homme subordonnant l'activité économique à des fins civilisées. Autrement dit, un changement total du paradigme économique ! Sobriété, proximité. Moins de biens, plus de liens... *Small is beautiful*, comme disait l'économiste catholique Ernst Friedrich Schumacher. Or ce changement de paradigme exige l'abolition du libéralisme, dans l'intérêt de la condition humaine. Quoi que puissent plaider les « libéraux conservateurs » (oxymore) pour noyer le poisson, le libéralisme est une puissance de dé-civilisation : il consiste à supprimer les contrepoids politiques pour libérer l'économique. Mais après avoir « libéré » l'économique du politique, le libéralisme « libère » la finance de l'économique et l'on arrive à

---

156. Encyclique *Laudato si'*.

l'ère du cyclone, l'argent libre et en folie : tornade permanente et incontrôlable, capable de tout ravager. »[157]

Le pape François a même dû rectifier le tir en expliquant dans le quotidien *La Stampa* qu'il n'est pas marxiste (au sens d'anticapitaliste) malgré ses critiques du capitalisme actuel. Ce que le pape condamne c'est le capitalisme sauvage, ultralibéral et globalisé. Cette rhétorique anticapitaliste n'est pas révolutionnaire mais conservatrice au sens littéral. Cette position de Rome n'est pas nouvelle puisque l'Église catholique a toujours préféré le capitalisme paternaliste et industriel d'antan au capitalisme globalisé et financier.

François n'est pas anticapitaliste mais proche de Wilhelm Röpke et de l'ordolibéralisme[158]. Wilhelm Röpke (1899-1966), auteur du célèbre livre *Au-delà de l'offre et de la demande* dont la première édition française fut préfacée par Jacques Rueff, est, avec Walter Eucken, le père de « l'économie sociale de marché » allemande, il cofondera avec Hayek la Société du Mont-Pèlerin en 1947 (qui lancera la révolution conservatrice mondiale). Wilhelm Röpke est hostile au socialisme et au keynésianisme mais aussi au national-socialisme, malgré toutes les tentatives du régime nazi pour le gagner à sa cause. Sa pensée économique est fondée sur la prééminence de la famille et sur le principe de subsidiarité. Il place en exergue de son ouvrage majeur deux citations d'Edmund Burke (1729-1797), un des grands penseurs contre-révolutionnaires au sens de 1789. Wilhelm Röpke fut un proche et un inspirateur du jésuite Oswald von Nell-Breuning (1890-1991), théologien allemand, véritable auteur de l'encyclique *Quadragesimo anno* (1931) considérée par beaucoup de spécialistes comme une excellente synthèse de la doctrine sociale et de l'ordolibéralisme. L'objectif est de construire un « ordre social juste » réalisant le Bien commun à la sauce vaticane. L'Église admet donc la nécessité d'un État fort pour créer un cadre juridique garantissant le respect de la propriété privée et la fin des abus. Cette Église appelle également à combattre la paupérisation en développant l'épargne populaire, à refuser

---

157. http://osp.frejustoulon.fr/plunkett-lecologie-integrale-ouvre-un-boulevard-a-la-nouvelle-evangelisation/

158. Voir Jean-Michel Ycre, « Les sources catholiques de l'ordolibéralisme allemand : Röpke et la pensée catholique sociale allemande », dans *L'ordolibéralisme allemand. Aux sources de l'économie sociale de marché*, Patricia Commun (dir.), université de Cergy-Pontoise, travaux et documents du Centre d'information et de recherche sur l'Allemagne contemporaine (CIRAC), 2003, p. 163-172.

le consumérisme par le respect de la loi morale, à créer la participation au capital, par-delà le principe du « salaire juste », etc.

Les pères de l'ordolibéralisme empruntent à l'Église la thèse selon laquelle le progrès technique n'est pas fondamentalement une source de progrès humain. Ils expliquent que la véritable cause de la crise systémique est anthropologique avec le « relativisme sans bornes » des valeurs (sic). Cette idée d'ordre, empruntée à saint Augustin, sert à rappeler que l'ordre social doit être fondé sur le refus du matérialisme et de la philosophie utilitariste, bref l'économie de marché est une condition nécessaire mais non suffisante d'une société libre, car il y aurait, selon Alexandre Rüstow (1885-1963), « infiniment de choses plus importantes que l'économie comme la famille, la commune, l'État, le spirituel, l'éthique, l'esthétique, le culturel, bref, l'humain. L'économie n'en est que le fondement matériel. Son objectif est de servir des valeurs supérieures[159]. L'ordolibéralisme se propose de construire une organisation économique et sociale dite « naturelle » qui puisse se substituer à la direction artificielle et arbitraire par l'État, afin, d'une part, de protéger la société des gouvernements trop enclins à écouter les intérêts particuliers et, d'autre part, de réduire l'État providence au profit des liens traditionnels, comme ceux de la famille et, plus largement, des « communautés naturelles ».

Ce que le pape François dénonce ce n'est pas le capitalisme, mais ce que les spécialistes nomment le « capitalisme de connivence » (que d'autres nomment le « social-clientélisme » et que les Nord-Américains qualifient de *crony capitalism*), qui serait le fruit de l'extension continue de l'intervention de l'État dans l'économie et dans la gestion des choses privées, comme la sexualité (en reconnaissant des droits comme le droit à l'IVG et à la contraception et en garantissant leur exercice). Les inégalités sociales ne seraient pas la conséquence du capitalisme, ni celle des « droits de propriété justement acquis » mais celle des privilèges, qui sont d'abord ceux accordées aux fonctionnaires et aux syndicats inutiles. Ces mêmes réseaux reprochent à Éric Zemmour de confondre le libéralisme, qu'il ne cesse d'attaquer, et ce fameux « capitalisme de connivence » (sic) que même les tenants du capitalisme pur jus, comme le think tank Institut des Libertés, charge de tous les maux, afin de mieux dédouaner le capitalisme de toute responsabilité. La solution serait donc double : réduire l'État et le soumettre à la morale religieuse.

---

159.   http://www.institut-thomas-more.org/actualite/merkel-ou-tsipras-vertus-et-reussites-de-lordoliberalisme-allemand-2.html

L'Église parle beaucoup aujourd'hui des ouvrages de sœur Cécile Renouard, religieuse de l'Assomption, professeure à l'ESSEC, membre du think tank de la fondation Nicolas-Hulot, et du jésuite Gaël Giraud, prêtre et mathématicien, économiste en chef de l'Agence française de développement (AFD), membre également du think tank de la fondation Nicolas-Hulot, auteur de *20 propositions pour réformer le capitalisme* (Flammarion, nouvelle éd. 2012), de *Le facteur 12. Pourquoi il faut plafonner les revenus* (avec Cécile Renouard, Éd. Carnets Nord-Montparnasse, 2012), et d'*Illusion financière. Pourquoi les chrétiens ne peuvent se taire,* (Éd. de l'Atelier, 2012).

Dans le journal des assomptionnistes, Cécile Renouard explique qu'on peut préserver le capitalisme libéral tout en le corrigeant de ce qui a provoqué la crise financière : « Il est vrai que la recherche sans fin d'accroissement indéfini du capital par ses seuls détenteurs et la disjonction entre le facteur capital et le facteur travail sont deux caractéristiques du capitalisme qui, si on pousse cette logique au bout, conduisent à des désastres. Mais le capitalisme est aussi lié au développement de principes libéraux qui supposent une prise en compte de la dimension sociale. Réencastrer l'économie dans le social, c'est bien cela le défi fondamental. C'est pourquoi dans notre ouvrage, nous proposons une forme d'économie sociale de marché. »[160] Quant à Gaël Giraud, « loin des incantations anti-capitalistes » (sic), il cherche aussi à esquisser « les contours d'un capitalisme "vert", équitable et pluraliste ».

La seule contestation sérieuse à l'intérieur de l'Église de ses adeptes du capitalisme vert... n'est pas venue des cathos de gauche, totalement muets, mais d'un autre jésuite, le père Robert Sirico, auteur du livre *Défendre le libre-marché*. Pour lui, les tenants de la réforme étatique du capitalisme commettent une grave erreur, car le recours à plus d'intervention de l'État aggraverait la situation puisque l'État lui-même en est responsable par le biais du « capitalisme de copinage ». L'Église finalement adopte le slogan de Thatcher : *There is no alternative* (« Il n'y a pas d'autre choix »... que le capitalisme).

---

160. http://www.vivrelafrance.fr/cecile-renouard_fr.html

Les écolos-cathos et le sauvetage du capitalisme

Les écolos-cathos voudraient convaincre que l'Église s'en prend au Veau d'or. Nous pouvons avancer dans la réflexion en nous intéressant à l'appel au pape François lancé par Édouard Tétreau à l'occasion de la préparation de son dernier voyage aux États-Unis. Cette note, publiée à la fin de 2014 dans la revue *Culture et Foi* du Conseil pontifical pour la culture, intitulée « Comment l'espèce humaine survivra à la nouvelle économie du XXIᵉ siècle, plaidoyer pour une initiative du pape François à New York en septembre 2015 »[161] a déjà fait plusieurs fois le tour de la terre et réjouit les écolos-cathos. Son auteur, Édouard Tétreau, est analyste financier, fondateur et dirigeant de Mediafin, chroniqueur au journal économique patronal *Les Échos*. Cet économiste catholique de droite s'est fait connaître dans les milieux d'affaires en lançant un appel salutaire aux actionnaires face à l'imminence de la crise : « Prenez vos *e-profits* avant un éventuel *e-krach* » (sic) et à gauche pour avoir comparé le Font national... à la gauche et notamment aux anticapitalistes : « Le Front national confirme qu'il n'est pas un parti d'extrême droite, mais un parti d'extrême gauche. Il suinte la haine des "riches" ; la méfiance envers tout ce qui ressemble à l'entreprise, surtout si elle est grande et prospère ; le dégoût de l'économie libre. Il transpire, par tous les pores de sa peau, pour reprendre l'expression de Jean-Marie Le Pen à propos des "sidaïques", l'amour du socialisme le plus national et le plus extrême ; l'esprit de fermeture ; la haine de la liberté. » Le quotidien *L'Humanité* du 19 décembre 2013 titrait « Édouard Tétreau est trop, vraiment trop de droite » et l'accusait de réécrire l'histoire pour mieux faire passer les conceptions économiques de l'idéologie libérale. Cet économiste catholique de droite dirige à Paris le Conseil européen des relations étrangères (ECFR), think tank qui milite pour une défense militaire intégrée avec le soutien financier de plusieurs firmes dont la fondation George-Soros.

Édouard Tétreau invite donc le pape François à se rallier à « l'option préférentielle pour l'homme » au nom de la lutte contre la financiarisation excessive et la digitalisation trop rapide de l'économie. L'ennemi ce n'est pas le capitalisme mais l'excès de liquidités dans l'économie qui pourrait provoquer une nouvelle crise et déboucher sur des révolutions. Il suggère donc d'organiser une conférence du type

---

161. http://www.edouardtetreau.com/wp-content/uploads/2014/12/PFNY_FR.pdf

de celle de Bretton-Woods (qui avait en 1944 reconstruit les grandes lignes du système financier international) et qui serait animée par les « grandes religions mondiales » afin d'élaborer une « charte des bonnes pratiques » permettant ainsi de sauver le capitalisme. Cette initiative permettrait de contourner les États et les institutions officielles, typiquement dans l'esprit du détestable principe de subsidiarité catholique. Les grandes firmes se mettraient d'accord entre elles sur les nouvelles règles du jeu. Édouard Tétreau se dit convaincu que pour légitimer de telles normes « il faut une autorité morale capable de transcender les intérêts financiers, nationaux et culturels », bref, il convient que l'Église vienne au secours d'un capitalisme rénové. Selon lui, la doctrine sociale de l'Église devrait être la base de ce système puisqu'elle mettrait la « "personne humaine" au centre de l'économie » (sic). C'est sans doute pourquoi le même homme qualifie de privilégiés les syndicalistes qui s'opposent au travail le dimanche, lesquels n'appartiendraient pas au « pays réel » ; c'est pourquoi il ose un parallèle entre le dopage à l'EPO dans le cyclisme et l'intoxication provoquée par le PO (prélèvement obligatoire) dans la société ; c'est pourquoi il appelle à « jeter à la poubelle le Code du travail » qualifié de « mauvaise bible qui empêche les gens qui le souhaitent de travailler » (sic) ; c'est pourquoi il demande que l'on supprime la justice prud'homale et la gestion paritaire des organismes sociaux ; c'est pourquoi il invite à ne plus verser un seul centime d'argent public à ceux qui ont déjà un travail et à accorder la responsabilité de la formation professionnelle aux seules entreprises. Notre zélateur du pape est aussi un zélateur du capitalisme le plus dur car « le capitalisme, comme la démocratie, est le pire des systèmes à l'exception de tous les autres ». Édouard Tétreau se porte même à la défense des rémunérations obscènes des dirigeants, qui sont pourtant une forme de pollution, car, dit-il, « il est normal que des mandataires sociaux soient très bien payés – ils ne le sont parfois pas assez – pour, dans un monde concurrentiel ouvert, des entreprises qui sont les seules sources de richesses dans nos sociétés. Sans elles, qui financerait nos chômeurs, nos retraités, nos États ? »

Les pères du catholicisme social doivent se retourner dans leur tombe car l'Église n'avait-elle pas toujours estimé que seul le travail crée de la valeur et non pas le capital ? Édouard Tétreau explique qu'il faut en finir avec le « dieu de l'argent qui gouverne au lieu de servir » et que, pour cela, il conviendrait de rapprocher le « système philanthropique » nord-américain (qui prendrait la place de l'État social) et l'économie de partage (type colocation ou vélo partagé) : « Aux États-Unis, pays leader de la nouvelle économie, la voix de la conscience s'appelle la philanthropie. Le *giveback*. Chaque année, 95 % des foyers américains donnent aux associations caritatives, pour un total de plus de 300 milliards de dollars. Voilà une première piste pour désamorcer le piège dans lequel nous met la nouvelle économie, et remettre l'homme au centre. La deuxième piste est européenne : il s'agit de l'émergence, lente mais régulière, de l'économie du partage. En Europe sans doute plus qu'ailleurs existe la conscience d'un monde aux ressources, humaines et naturelles, limitées. Alors, plutôt que d'adopter des attitudes prédatrices et mercantilistes, qui abondent dans le reste du monde, on y fait le choix de partager ce qui est rare, en évitant autant que possible la transaction monétaire. On partage ou échange un trajet en voiture. Un service à domicile. Un logement. L'humain reprend ses droits ; la communauté, locale aussi. L'économie du partage – utiliser un bien plutôt que de le posséder – a un bel avenir devant elle. »

Alors que la Sécurité sociale célèbre ses 70 ans faut-il vraiment en revenir à la générosité des riches pour satisfaire les besoins du plus grand nombre ? L'Église n'en finira donc jamais avec les dames patronnesses et les directeurs de conscience !

Quand l'Église encense des économistes capitalistes

On jugera autrement les thèses dites anticapitalistes et altermondialistes du pape François en considérant les économistes honorés par cette même Église.

Chaque année la fondation pontificale Centesimus Annus-Pro Pontifice qui dépend directement de la Secrétairerie d'État (gouvernement du Vatican) attribue un prix Économie et Société qui a pour but de promouvoir la doctrine sociale de l'Église. Le président de la fondation pontificale, Domingo Sugranyes Bickel, a tenu à préciser que le prix 2015 était remis, selon les indications du pape François, pour « rendre toute la dignité sociale qu'elle mérite au mot déprécié de solidarité ». On peut donc considérer que le lauréat est représentatif de la pensée vaticane et qu'étant un auteur prolixe il est aussi un bon interprète de la pensée de François. Le Vatican a donc promu cette année le Français Pierre de Lauzun, pour son livre *Finance, un regard chrétien. De la banque médiévale à la mondialisation financière*. L'auteur n'est pas un inconnu puisqu'il est délégué général de l'Association française des marchés financiers qui regroupe les professionnels de la Bourse, ancien dirigeant de diverses banques et organismes financiers internationaux dont Goldman Sachs, ancien patron de la fédération bancaire française, etc. Il est aussi un chroniqueur régulier de la revue catholique très à droite *Liberté politique*. Pierre de Lauzun appartient donc au gratin du capitalisme financier globalisé. L'association Attac France le présente d'ailleurs dans *Le livre noir des banques* comme un influent visiteur du soir de Sarkozy au temps où il occupait l'Élysée et comme le rédacteur des argumentaires des banquiers pour défendre leurs intérêts. L'écolo-catho Pierre de Lauzun trouve l'encyclique *Laudato si'* à son goût : « Un texte remarquable, porteur de messages essentiels. Notamment le rappel de la responsabilité majeure que nous avons par rapport à la vie qui nous entoure et aux équilibres menacés de notre planète, et donc la nécessaire conversion personnelle et collective » (sic). Pierre de Lauzun n'est pas un habitué des manifestations de rue aux côtés des sans-emploi, des sans-droits, des sans-toit, sauf de la Manif pour tous (contre l'égalité des droits). Sa crainte ne concernait pas d'ailleurs les débordements homophobes constatés mais l'affaiblissement du message au nom du politiquement correct : « Nouveauté majeure qu'une telle mobilisation, dans son ampleur et ses modalités. On n'a pas vu depuis trente ans et plus une pareille mobilisation sur la durée. Et surtout nouveauté dans son orientation à contre-courant du politiquement correct dominant. Ce qui n'est pas facile dans l'écosystème médiatique où nous vivons. J'ai déjà souligné dans un autre article les contraintes dures que cette situation imposait à l'expression publique du mouvement, à commencer par les manifestations. On court toujours le risque d'un empire excessif du politiquement correct – et d'un appauvrissement du message. Mais quiconque a une connaissance minimale des usages de l'expression politique ne peut manquer d'être frappé par l'extrême retenue et contrôle de soi que ce mouvement manifeste depuis le début. »[162]

Ce financier, reconnu par le Vatican pour ses travaux sur la moralité des acteurs du marché financier à la lumière de la doctrine sociale de l'Église, est donc bien un interprète autorisé de la pensée vaticane. Son blog, qui affiche « Bienheureux le riche qui se garde sans tache et ne court pas après l'or » (Si. 31.8.), permet de mieux appréhender ce nouvel ordre

---

162. http://www.pierredelauzun.com/MANIF-POUR-TOUS-L-AVENIR.html

économique qui fonctionnerait en harmonie avec les réalités sociales et les exigences morales, non plus comme une fin mais comme un moyen. Pierre de Lauzun appelle à développer la logique du don et de la gratuité (ce qui devrait combler le directeur de l'Observatoire international de la gratuité des services publics et des biens communs que je suis !). Nous ne parlons cependant pas de la même chose en évoquant le don. Pierre de Lauzun appelle à « donner malgré la redistribution opérée par l'impôt »… autrement dit, les services publics, les biens communs, la redistribution sociale, « ce n'est pas un vrai don puisque c'est forcé (même si en principe c'est voté et donc par là même accepté) ». Le seul vrai don finalement ce serait la bonne vieille charité (celle des dames patronnesses et de Bill Gates) ! Pierre de Lauzun se demande ensuite : « Combien donner ? » Sa réponse est inspirée du Moyen Âge chrétien (cette période si chère à l'Église catholique) : « Il nous semble que l'Écriture et la tradition (y compris la pratique de l'Église pendant des siècles) nous donnent justement une telle référence, qui est la dîme. Elle n'est certes pas obligatoire canoniquement ; mais elle a constitué une base essentielle pendant une très grande période, et la Bible la propose avec force. Cela voudrait dire qu'il serait assez souhaitable, en première indication, de donner au minimum le dixième de ce que l'on gagne vraiment (le revenu net, après impôt). » L'objectif étant cependant d'en finir avec le faux don de la fiscalité (puisque non seulement Pierre de Lauzun considère qu'il y a trop d'impôt et que l'impôt ne constitue pas un mécanisme de don véritable), chacun admettra que la dîme c'est tout de même moins redistributif que l'ISF ! À la question « À qui donner ? » Lauzun donne une réponse sidérante : « Une portion appréciable doit aller à nos Églises, qui en France ne sont pas riches et vivent de dons. » L'Église avant les pauvres, fallait oser ! Le 1 % de l'humanité qui s'approprie 50 % du gâteau peut dormir tranquille, l'écolo-catho Pierre de Lauzun n'a vraiment rien d'un partageux : « Les rémunérations élevées ne sont pas à condamner en soi. Mais il faut vérifier trois points : qu'elles sont obtenues de façon légitime (par des processus économiques fonctionnant correctement : justice commutative) ; l'acceptation d'un niveau de solidarité nationale équitable (justice distributive) ; enfin qu'elles s'accompagnent d'une véritable responsabilisation des fortunes ainsi acquises sur leur effet à long terme, avec mise en jeu juridique et financière en cas de faillite : cette notion de responsabilité relève en même temps des deux concepts de justice. » Lauzun propose lui aussi de moraliser le capitalisme : « Le jeu des marchés doit être orienté dans le sens du bien commun, ce qui veut dire organisé dans le sens d'une participation transparente de tous ceux qui le désirent, sans effet de rente ou captation (justice commutative) ; parallèlement l'organisation des marchés financiers doit être revue, non pour les anesthésier mais pour les orienter dans un sens plus transparent et à plus long terme. Il faut d'autre part une orientation des investissements dans un sens à la fois responsable et exigeant, sur la longue durée : un investissement réellement socialement responsable. » Ces thèses séduiront probablement les décroissants de droite puisque ce pape de la finance capitaliste soutient qu'il faut en finir avec l'idée que la croissance aurait réponse à tout : « Notre vie politique patine et devient chaque jour plus stérile. La solution à tous les dilemmes sociaux depuis quarante ans, c'était la croissance. Quand il y en a eu moins ce fut la fuite en avant de la dette publique, avec tous ses risques. Or maintenant cela ne marche plus : il y aura peu de croissance, et elle sera spontanément très inégale ; quant au crédit on a trop tiré sur la corde, c'est fini. Il faut donc manifestement changer d'orientation et proposer autre chose au peuple français. » S'interrogeant sur ce que pourrait être une « décroissance chrétienne », il dresse l'argumentaire, d'ailleurs largement repris par tous ceux qui confondent décroissance et austérité, décroissance et récession : « La croyance en une croissance sans limite est récente [...] la soif immodérée de tout est devenue paradoxalement conduite vertueuse. Elle exalte [...] la toute-puissance de l'homme, le refus de toute limite, de toute règle préétablie [...], elle organise la liquidation des croyances et références alternatives et notamment de tout ce qui reconnaît l'existence durable de la violence, de la faute ou du mal, en un mot qui admet nos limites... » Si Pierre de Lauzun ne se veut pas partisan de la décroissance, c'est parce qu'il craint qu'elle ne conduise pas à moins de socialisation et d'État mais à davantage de socialisation et d'État. Si Pierre de Lauzun n'est pas partisan de la décroissance, c'est parce qu'il voit bien que la majorité des objecteurs de croissance amoureux du bien vivre ne prennent pas en compte « la seule chose qui compte, le progrès individuel et collectif de nos âmes, la préparation à la véritable patrie, qui est dans l'autre monde. »

Quand le grand patronat parle de François

Les propos équivoques du pape François sur le capitalisme n'ont pas été sans provoquer des débats au sein des milieux patronaux et de leurs think tanks. Personne ne croit bien sûr que François soit anticapitaliste ni même altermondialiste, au sens que la gauche donne à ces deux notions, mais les puissants polémiquent sur la nature de son soutien au capitalisme ! Nous assistons en effet à un véritable jeu de dupes : alors que les médias imposent l'image d'un pape soi-disant « anticapitaliste » et « altermondialiste », ce dernier reçoit Christine Lagarde, directrice du Fonds monétaire international (FMI) et ne profite pas de cette occasion pour dénoncer ce symbole du capitalisme. Il fait même appel à de grands acteurs du capitalisme pour moderniser le Vatican. Les think tanks libéraux ne s'y trompent donc pas et tous considèrent le pape François comme un allié du capitalisme pour qui veut bien lire entre les lignes ! Ainsi le 4 décembre 2014, l'Acton Institute (excusez du peu !) a décerné la plus haute de ses récompenses annuelles, le Novak Award 2014, à un économiste finlandais, Oskari Juurikkala, spécialiste de la réforme des retraites (sic). Ce dernier a consacré son discours de réception tenu devant de grands patrons au thème : « Une reconnaissance de l'économie de marché par le pape François ». Cet économiste chouchou des cathos « entrepreneurs » explique que « le pape est tout sauf marxiste » et invite même les adeptes du capitalisme à s'inspirer de ses thèses pour approfondir le libre-marché et vaincre définitivement l'État. Ce pape, présenté comme prophète de la pauvreté chrétienne serait le champion de la défense de la propriété privée et de la « noble vocation » des entrepreneurs. Ce prix a été remis à Rome, à quelques pas du Vatican, dans les locaux de l'université pontificale de la Sainte-Croix gérée directement par l'Opus Dei. La thèse de Juurikkala est que le message de Bergoglio, avec son insistance sur les pauvres, n'est nullement en contradiction avec l'économie de marché, mais qu'il a un impact positif sur celle-ci, parce qu'il contribue à « la purifier et [à] l'enrichir », bref, le capitalisme après François serait encore plus puissant. Ce discours de Juurikkala a été, certes, contrebalancé, lors de la cérémonie, par celui de Carlo Lottieri, philosophe du droit et membre de l'Institut Bruno-Leoni, un think tank qui se trouve être, lui aussi, nettement de tendance libérale. Lottieri, qui enseigne à la faculté de théologie de Lugano, persiste à voir en François, non pas un ami mais un adversaire des libertés économiques, en raison notamment de l'expérience « péroniste » qu'il a assimilée en Argentine, une expérience « jamais vraiment terminée et dans l'ensemble désastreuse ». Le vrai débat ne serait donc pas de savoir si François est capitaliste ou anticapitaliste, mais s'il est capitaliste ou toujours partisan du vieux système corporatiste !

J'avoue me sentir plus proche de la thèse de Carlo Lottieri. Le pape François me semble plus honnêtement anticapitaliste que menteur. Son anticapitalisme n'a cependant rien de commun avec celui des gauches. Il ne regarde pas vers demain mais vers hier et même vers avant-hier. Nous ne pouvons qu'être surpris de constater la profusion de thèses qui soulignent aujourd'hui que l'Europe chrétienne n'était pas capitaliste. Le chevalier pontifical, commandeur de l'ordre du Saint-Sépulcre de Jérusalem mais néanmoins activiste écolo-catho, Patrice de Plunkett, n'est pas le dernier à clamer que « Le Moyen Âge ne fut pas un "précapitalisme" qui aurait attendu d'être "dépassé" – de façon "progressiste" – par l'apparition, au XVIIe siècle, du capitalisme censé être le « véritable mode de production ». Cela, c'est ce qu'avaient dit le libéralisme et son dérivé le marxisme ; c'est ce que croit notre société qui est leur aboutissement. C'est ce que croient même quelques pseudo-thomistes. Or c'est faux. »

L'enjeu est de taille : il s'agit de défendre l'idée que le « Moyen Âge fut une civilisation sans capitalisme » et non pas une semi-civilisation en « manque de capitalisme ». Les valeurs, les ressorts vitaux du Moyen Âge sont autres que la conception capitaliste de l'existence. Ils lui sont étrangers ! Ainsi le capitalisme du XXIe siècle ne peut pas se poser en synthèse de l'Histoire, malgré le fantasme des libéraux et des marxistes... Le capitalisme actuel n'est pas le couronnement d'un processus, global et inexorable, qui aurait animé l'Histoire des origines à nos jours. Le capitalisme n'est qu'un épisode dans le devenir de l'humanité. Les humains avaient vécu sans lui : ils vivront à nouveau sans lui. »

J'avoue être assez d'accord avec cette analyse de Patrice de Plunkett, mais cet accord cache un désaccord encore plus fort car sur quoi déboucherait cette nécessaire sortie du capitalisme, s'agira-t-il d'un retour au passé vers une société inégalitaire ou du passage vers une société égalitaire ?

La société « anticapitaliste »
Tradition Famille Propriété

L'anticapitalisme de l'Église catholique, y compris celui de ses courants traditionalistes aujourd'hui à l'intérieur ou en dehors de l'Église de Rome, est parfaitement illustré par la sinistre Société pour la défense de la Tradition Famille Propriété (TFP).

Ce mouvement d'extrême droite a été fondé au service de la contre-révolution. TFP est avant tout anticommuniste et anti-matérialiste comme le prouvent ses dogmes mais aussi ses combats politiques notamment en Amérique du Sud. TFP n'est plus en odeur de sainteté mais certains évêques continuent à dire leur admiration pour son fondateur Plinio Corrêa de Oliveira (1908-1995) et à organiser des messes pour le repos de son âme, y compris à Rome[163]. TFP est aussi un laboratoire d'idées qui nourrit l'extrême droite de Dieu.

Roberto de Mattei, président de la fondation Lépante de Rome (qui prétend défendre les principes et les institutions de la civilisation chrétienne), professeur à la très catholique université européenne de Rome, a signé un ouvrage intitulé *Le croisé du xxe siècle, Plinio Corrêa de Oliveira* (Éd. l'Âge d'Homme, 1997) avec une préface du cardinal Alfons Maria Stickler (1910-2007), longtemps en charge des archives secrètes du Vatican et élevé à la dignité de prince de l'Église par Jean-Paul II, malgré (ou en raison ?) de ses positions extrêmes.

La grande référence de TFP est sainte Marguerite-Marie Alacoque, qui connaît un retour en grâce, avec François, qui ne cesse d'appeler les fidèles à se souvenir de cette grande sainte. Cet amour n'est pas récent puisque le cardinal Bergoglio, encore archevêque de Buenos Aires et primat d'Argentine, avait souhaité faire vénérer les reliques de sainte Marguerite-Marie Alacoque, ce qui en avait nécessité leur transfert de Paray-le-Monial en Argentine (octobre 2004). Marguerite-Marie Alacoque (1647-1690) n'est pas n'importe quelle sainte... Je veux dire que n'importe quel chrétien ne la choisit pas comme référence. Marguerite-Marie Alacoque est célèbre pour l'apparition du 17 juin 1689 par laquelle Dieu demanda au roi Louis XIV de consacrer la France au Sacré-Cœur et de le représenter sur les étendards du royaume, ce qu'il s'abstient de faire. Conséquence selon les adorateurs de Marguerite-Marie Alacoque : Le tiers état se proclame

---

163. https://www.youtube.com/watch?v=PB56B9YxhyQ

Assemblée nationale un siècle après, jour pour jour (17 juin 1789), créant ainsi la rupture avec la France de Clovis. Le Sacré-Cœur est depuis l'emblème des mouvements contre-révolutionnaires qui refusent 1789 et la séparation du temporel et du spirituel. TFP n'a pas trop souffert du décès de son fondateur. Son « anticapitalisme » et son « anticonsumérisme » sont toujours aussi virulents. L'ouvrage de John Horvat II, vice-président de la société américaine TFP, *Retour à l'ordre : d'une société frénétique à une société organique et chrétienne* s'est déjà vendu à plus de 30 000 exemplaires : « C'est un acte d'accusation clair de notre course folle pour obtenir de plus en plus de choses, quel que soit le coût pour la société, les familles et nous-mêmes [...]. Ce livre est également très utile à toute personne qui voit les problèmes inhérents à une culture dont les seules valeurs qui semblent être "plus" et "tout de suite". »

TFP est donc anticapitaliste mais d'un anticapitalisme plutôt particulier. Déjà parce que TFP dénonce seulement le macrocapitalisme et avant tout l'intervention de l'État : « Le macrocapitalisme qui absorbe dans des entreprises Moloch le patrimoine individuel d'une foule de gens est un mal. Le capitalisme d'État est un mal bien pire encore, lui qui absorbe dans les mains du super-Moloch étatique le patrimoine de tous. » Ensuite parce que cet anticapitalisme est surtout une façon de combattre ce que Tocqueville nommait « la tendance à l'égalisation des conditions grâce à la démocratie » : l'idéal catholique serait celui d'une société fraternelle parce qu'harmonieusement inégalitaire (sic) car, comme le proclame une rubrique de son site « les inégalités sont justes et nécessaires ». Enfin parce que cet anticapitalisme à la sauce TFP est mis au service d'une option préférentielle pour les élites traditionnelles.

J'avais eu l'occasion de reproduire dans *Le retour du diable* des extraits de la correspondance très cordiale entre le patron de la Nouvelle Droite mondiale, Paul Weynich (1942-2008) et la TFP et aussi entre la TFP nord-américaine et le président Ronald Reagan. La TFP, qui a combattu les projets de réforme agraire dans toute l'Amérique du Sud, qui a combattu toutes les théologies de la libération, qui a contribué pendant trois ans aux campagnes qui ont débouché sur le coup d'État de Pinochet au Chili, a toujours été aussi en tête de la croisade contre les associations antisectes[164].

TFP est bien connue du grand public français par son association Avenir de la culture, à l'origine des mouvements de protestation contre des pièces

____

164. Paul Arìès, *Le retour du diable*, Villeurbanne, Golias, 1997.

de théâtre comme *Corpus Christi, Golgotha picnic*, et par ses pétitions. Son dernier grand appel, lancé conjointement avec le cardinal Burke, l'un des cardinaux romains les plus réactionnaires, désigné, en 2012, par Benoît XVI préfet du Tribunal suprême de la Signature apostolique (la plus haute juridiction du Vatican) et nommé, en 2014, par François, patron du très puissant ordre de Malte (certains ont voulu y voir une mise au placard). Cet appel, intitulé « Filiale supplique à Sa Sainteté le pape François sur l'avenir de la famille » a déjà recueilli 470 000 signatures ; il dénonce « une évolution graduelle et systématique de mœurs opposée à la loi naturelle et divine » [...] depuis la révolution de 1968 » et « l'aberrante idéologie du genre ». TFP est, certes, dénoncée par l'épiscopat français pour son extrémisme mais on compte parmi les signataires l'ex-sénateur américain Rick Santorum, le cardinal chilien Jorge Medina Estévez, Mgr Aldo di Cillo Pagotto, archevêque du Brésil, Mgr Robert F. Vassa, archevêque nord-américain mais aussi les Français Bertrand Antony, président de l'AGRIF (Alliance générale contre le racisme et pour le respect de l'identité française et chrétienne), Guillaume de Thieulloy, directeur de Riposte catholique, l'abbé traditionaliste Guillaume de Tanoüarn, membre de l'institut du Bon Pasteur, directeur du Centre Saint-Paul, etc.

Les TFP mènent de nombreuses campagnes contre les « blasphèmes publics », pour étendre la dévotion mariale, pour la « défense de la famille » traditionnelle, contre le catholicisme de gauche, contre la révolution culturelle socialiste. Avec elles, l'Église peut continuer à infliger l'expression de « concubinage légal » à celles et ceux qui se « contentent » de passer devant monsieur le maire...

La faute aux matérialistes ?

Les écolos-cathos expliquent que la crise écologique serait la conséquence du matérialisme, c'est-à-dire foncièrement du recul de la (bonne) pensée religieuse. À les croire, seule une conversion religieuse, seule une insurrection des consciences, seule un renouveau de la spiritualité, pourraient sauver la planète. Tout progrès de l'esprit critique, tout progrès du rationalisme, tout progrès du matérialisme philosophique et de l'athéisme rapprocheraient de la fin du monde.

Ce discours est non seulement stupide car il confond une posture philosophique, celle du matérialisme, avec un mode de vie insoutenable sur le plan écologique, mais dangereux car il interdit de voir que l'effondrement environnemental est justement la conséquence d'une nouvelle religiosité, celle du capitalisme ! Non seulement le capitalisme est une religion mais cette religion est en phase avec les dogmes du catholicisme romain, et pas seulement avec ceux du protestantisme. Si cette thèse est juste, tout progrès religieux nous rapprocherait de la fin du monde. La faute ne serait donc pas aux matérialistes mais aux spiritualistes !

J'avais d'ailleurs soutenu cette thèse iconoclaste dans la revue catholique les *Cahiers de l'atelier* et dans la revue *Relations* éditée par les jésuites du Québec. Que l'on se place du point de vue des anti ou des procapitalistes, les mécanismes de l'économie de marché ressemblent fort à la représentation que l'on peut se faire d'une religion, avec ses rites, ses temples, ses lois, etc.

Paul Lafargue, le gendre de Marx, bien connu pour son fameux *Droit à la paresse*, énonçait, dès 1886, dans un petit texte intitulé *La religion du capital*, le contenu des nouvelles Tables de la Loi, symbole de l'alliance entre le capital et son dieu impitoyable. Nous en citerons seulement un extrait :

« 1° Médite les paroles du capital, ton dieu ; 2° Je suis un dieu mangeur d'hommes ; je m'attable dans les ateliers et je consomme les salariés. Je transubstantie en capital divin la vie chétive du travailleur. Je suis l'infini mystère : ma substance éternelle n'est que périssable chair ; ma toute-puissance que faiblesse humaine. »

Le système capitaliste possède ses grands prêtres (économistes et publicitaires), ses cathédrales (la bourse et les hypermarchés), ses nouveaux missels (revues financières), ses objets de culte (le linéaire, le caddie), sa nouvelle temporalité (les soldes), ses miracles (le loto, la technologie), ses pèlerinages (Disneyland), son credo (la croissance, le développement durable), ses hérétiques (les objecteurs de croissance), ses exorcismes (les médicaments qui soignent la « fièvre acheteuse »), ses excommunications (les interdits bancaires, le petit peuple des sans-papiers, chômeurs, sans-abri, sans futur) ses actions de grâce (commerce éthique, équitable) ses extases (le « capitalisme expérientiel » décrit par Gilles Lipovetsky), son mystère de l'Incarnation (le bonheur présent dans chaque produit), ses sectes (ses tribus que chante Michel Maffesoli), son infaillibilité (les grands économistes dotés de prix Nobel), etc.

Le capitalisme est une véritable économie du salut puisqu'il organise des moyens pour libérer du mal. Ce salut est donné comme un paradis qui se trouve, à la fois, ici-bas et dans un au-delà, puisque le bonheur n'est jamais atteint.

Ce registre polémique anticapitaliste est incontestablement efficace politiquement, au point que des militants ont créé l'Église de la Très Sainte Consommation[165], mais est-il pour autant « juste » scientifiquement ? On ne demande pas cependant au mythe d'être exact mais de « mentir vrai », c'est-à-dire de laisser entrevoir ne serait-ce qu'une petite part de la vérité. Alors, la religion catholique serait-elle suppôt de ce fumier du diable dont parle le pape ?

Religion catholique, religion capitaliste, même combat !

Dans la foulée des travaux de Max Weber, on a longtemps pensé que seule l'éthique protestante entretenait un lien intime avec l'esprit du capitalisme. Cette thèse est contestée par certains spécialistes en ce qui concerne l'islam. Maxime Rodinson démontre que, ni dans la théorie, ni dans la pratique, l'islam n'a constitué un obstacle au développement du capitalisme. Le Coran et la *sunna* (« coutume ») acceptent la propriété privée et le salariat, et dans l'interdiction du *ribâ* (« prêt avec intérêt »), c'est plus l'excès que le profit lui-même qui est mis en cause. De nombreux économistes et théologiens considèrent également que le catholicisme romain serait la vraie religion du capitalisme, car ce dernier serait la religion la plus proche de ses six plus grandes théologies.

Michael Novak est ainsi un personnage central de l'intelligentsia catholique : il est considéré comme le coauteur de l'encyclique de Jean-Paul II *Centesimus annus.* Philosophe catholique américain spécialiste de la doctrine sociale, proche de Ronald Reagan, il sera nommé représentant des États-Unis au sein de la Commission des droits de l'homme de l'ONU, puis ambassadeur auprès de l'OSCE. Il est aujourd'hui professeur d'éthique au sein de l'American Enterprise Institute, think tank proche du patronat américain. Il recevra d'ailleurs le prestigieux prix Templeton[166] en 1994 pour ses travaux sur l'enseignement social de l'Église. Il est membre du conseil de direction de l'Ave Maria Mutual Funds, un fonds de pension lié au lobby antiavortement. Michael Novak, qui justifie l'encyclique

---

165. http://www.consomme.org/
166. Il a été développé *supra* (« Les écolos-cathos au service du néocréationnisme ») l'existence de cette fondation.

de François en expliquant qu'il s'en prend en réalité au « capitalisme de connivence », propose, depuis des années, une défense en règle du « capitalisme démocratique » (c'est lui qui le nomme ainsi) à partir des six doctrines théologiques les plus fondamentales du catholicisme romain[167].

La consommation réalise la Trinité en produisant une communauté humaine sans porter atteinte à l'individualité. Elle permet d'être, tout à la fois, un et multiple, puisque les hommes y sont unis comme un seul tout en préservant leur liberté personnelle d'intelligence et de choix (don du Créateur). La consommation réalise également l'Incarnation puisqu'elle est sans illusion sur l'homme. Elle le reconnaît tel qu'il est avec ses faiblesses et ses irrationalités. Elle sait que le monde ne sera jamais un paradis. Elle réalise aussi le principe de compétition (qui serait chevillé au cœur même des Évangiles) puisque le chrétien reconnaît la liberté (donc le choix) et voit la vie humaine comme une lutte incessante : non seulement les enjeux sont réels mais il y a beaucoup à perdre et à gagner. La consommation respecte le péché originel puisqu'elle admet que la liberté humaine soit capable du meilleur comme du pire. Elle sait qu'elle produit des avantages en même temps que des inhibitions. Elle ne prétend donc pas à la perfection mais au réalisme. La consommation respecte la séparation des royaumes car elle est ouverte à tous (pas seulement aux seuls chrétiens) mais se fonde sur d'autres lois que celles de la religion. La consommation assurerait enfin le principe de charité (d'amour) puisqu'elle permet de tirer les choses du néant comme l'atteste l'amélioration du niveau de vie. Ce grand intellectuel catholique, conseiller des papes, en est donc convaincu : les valeurs de l'économie de marché (de la production à la consommation) sont celles qui se trouvent les plus proches de la chrétienté. La consommation comme la production constituent un service rendu au divin.

L'Église catholique est en réalité au moins coresponsable de l'essor du capitalisme sauvage que nous connaissons et que dénonce le pape François. Bien avant Adam Smith, un groupe d'ecclésiastiques espagnols des XVe et XVIe siècles, connus sous le nom d'École de Salamanque, ont en effet posé les bases du capitalisme et on peut même soutenir qu'ils étaient libertariens bien avant l'heure puisqu'ils affirmaient non seulement l'efficacité du capitalisme mais aussi son caractère moral. Les libertariens ne s'y trompent pas et revendiquent haut et fort cet héritage. Dans son

---

167. Michael NOVAK, *Une éthique économique, les valeurs de l'économie de marché*, Paris, Cerf-Institut La Boétie, 1987.

Histoire de l'analyse économique (parue en 1954), Joseph Schumpeter (1883-1950) avait déjà reconnu la dette des économistes libéraux envers ces dominicains et jésuites nourris de la pensée de Thomas d'Aquin. Certains spécialistes soupçonnent même, comme le rappelle Pierre Desroches dans *Le Québécois libre*, Carl Menger (1840-1921), le fondateur de l'école autrichienne, d'avoir été directement influencé par ces penseurs catholiques, d'autant plus que l'Espagne et l'Autriche étaient alors réunies sous la même couronne. Murray Rothbard, père de l'anarcho-capitalisme (du libertarianisme), a même qualifié ces scolastiques espagnols de « protoautrichiens ».

Cette pensée ultralibérale a certes reculé au sein de l'Église au XXe siècle (en raison des nécessaires compromis avec une pensée sociale alors dominante) mais elle a toujours été entretenue dans certaines universités catholiques (jésuites en particulier), notamment Fordham (New York) et Georgetown (Washington). Pierre Desroches cite non seulement le jésuite James Sadowsky de Fordham, mais aussi son confrère John Toohey qui enseignait à l'université Georgetown. Il ajoute qu'il est également symptomatique que « l'ouvrage philosophique de base le plus cité par les intellectuels libertariens américains soit *A History of Philosophy* du jésuite Frederick Copleston. Les œuvres d'un autre jésuite, Henry Babcock Veatch, de même que celle de l'historien catholique anglais lord John Acton (1834-1902) seront également cruciales pour le développement de la philosophie libertarienne contemporaine. L'un des principaux acteurs de ce mouvement fut l'économiste Murray Rothbard, un juif agnostique. C'est d'ailleurs à cause de son appréciation de l'apport de certains moralistes jésuites que Rothbard sera expulsé du cercle intime d'Ayn Rand en 1958. En fait, l'admiration de Rothbard pour la tradition libérale catholique – il la juge d'ailleurs plus favorable au libre-marché que la protestante dans son histoire de la pensée économique – aurait amené certains de ses proches à croire qu'il se serait converti au catholicisme. On trouve donc aujourd'hui une minorité de catholiques croyant fermement que le libre-marché est non seulement la forme d'organisation la plus efficace, mais aussi la plus morale. »[168]

Comment prendre ensuite au sérieux la nouvelle option évangélique préférentielle pour les pauvres et l'encyclique *Laudato si'* du jésuite François ?

---

168. http://www.quebecoislibre.org/981219-3.htm. J'ai consacré dans *Satanisme et Vampyrisme. Le livre noir* (Golias, 2005) de longs passages à exposer la pensée de Murray Rothbard et surtout celle d'Ayn Rand.

Conclusion
La méchante Curie romaine
contre le gentil pape ?

L'histoire est déjà écrite pour toutes celles et ceux qui ont choisi de croire en François. Ce bon pape aurait été mal entouré et empêché d'agir par une mauvaise Curie romaine. Je n'ignore pas les conflits à l'intérieur du Vatican, la démission de Benoît XVI ou le décès prématuré de Jean-Paul 1er sont là pour nous rappeler leur violence parfois extrême. Mais François est davantage un canard sauvage qu'un enfant du bon Dieu ! Toute sa biographie prouve qu'il a toujours été du côté des puissants contre les humbles, durant sa jeunesse corrompue par la Garde de fer argentine, durant la dictature avec son amitié pour certains chefs militaires, durant son combat incessant contre les véritables théologies de la libération. François a justement été élu par un concile de vieux réactionnaire pour ces faits d'armes ! Comment pourrait-on penser qu'il ait été subitement touché par la grâce révolutionnaire ? Comment cet évêque, connu pour son intransigeance doctrinale et son autoritarisme, deviendrait-il celui par qui l'Église catholique viendrait enfin au peuple et aux gens de peu ? L'évêque Bergoglio a été désigné comme pape pour tenter de sauver une Église totalement corrompue par des scandales financiers, économiques, politiques, institutionnels, sexuels. Le pape François ferait-il même tout ce qu'il peut pour métamorphoser l'Église dans le bon sens, il ne pourrait compter que sur l'armada que lui ont laissée ses prédécesseurs. C'est pourquoi il s'appuie sur des mouvements très marqués à droite comme Communion et Libération, l'Opus Dei et sur des mouvements occultes ultraréactionnaires comme les Chevaliers de Colomb.

Il ne pourrait aussi aller contre le sens de la marée qui pousse aujourd'hui sur le devant de l'Église et dans les rues des minorités de droite extrême et d'extrême droite, qui ramènent avec elles tout un passé que l'on croyait définitivement révolu. Cette nouvelle Église identitaire est celle de la Manif pour tous et de ses succédanés, c'est-à-dire des mobilisations contre l'égalité des droits devant le mariage et contre la lutte contre le sexisme.

Cette nouvelle Église identitaire qui célèbre son « Mai 68 à l'envers » est en train de faire tomber en France les barrières entre le peuple chrétien et l'extrême droite dont le FN. L'Église n'est pas plus à droite que le reste de la population en raison de sa démographie, car les jeunes catholiques pratiquants sont encore plus à droite que les aînés[169]. Plus on pratique, plus on fréquente l'Église et son enseignement, plus on vote à droite : 79 % des catholiques pratiquants ont voté pour Sarkozy en 2012 contre 48,36 % pour la totalité des suffrages. Ces catholiques disent aussi avoir plus peur de la vie, du futur, des étrangers... 60 % d'entre eux estiment qu'il y a trop d'étrangers en France contre 37 % chez les athées, 37 % des catholiques pratiquants contre 21 % de ceux qui se déclarent sans religion estiment qu'il y a des « races moins douées que d'autres » ! Ces cathos pratiquants sont aussi les plus méchants envers les chômeurs, toujours soupçonnés d'être des salauds de fainéants, des « assistés », etc. Le prêtre polonais Krzysztof Charamsa, qui vient de faire son *coming out* en déclarant qu'il y a beaucoup d'homosexuels dans l'Église et notamment des homosexuels homophobes, a juste oublié de préciser qu'ils ont aussi le cœur (très) à droite et que l'agitation autour du prétendu lobby gay au sein de l'Église est avant tout un rideau de fumée cachant les vrais enjeux.

L'Église, notamment ses courants sociaux, se dit navrée de ces évolutions mais sans s'interroger sur ce qui a pu la conduire à être toujours historiquement du côté des riches ! J'avoue mon inquiétude : de la même façon que Jean-Paul II a empêché que succède au régime soviétique un vrai socialisme à visage humain comme le souhaitait Gorbatchev, François sera le pape qui risquer d'enterrer, avec les véritables théologies de la libération, les expériences en matière de socialisme amérindien, les projets d'écosocialisme planétaire. Ce qui est certain, c'est que l'Église de François risque fort d'être encore plus antisociale. Ainsi Jérôme Vignon,

---

169.   http://religion.blog.lemonde.fr/2012/05/07/79-des-catholiques-pratiquants-ont-vote-pour-nicolas-sarkozy/ ; Jean-Luc Richard, « Les catholiques, l'immigration étrangère et les tentations racistes en France. Quelques apports d'enquêtes d'opinion et de données macro-sociales », dans *Migrations Sociétés*, vol. 24, n° 139, janvier-février 2012, p. 253-266.

président des Semaines sociales, constatant avec regret le décalage entre l'Église militante (sociale) et la communauté des chrétiens, se demande s'il ne faut pas considérer que la doctrine sociale de l'Église a vieilli et qu'il faut réfléchir à l'adapter pour la rendre plus en phase avec l'époque, j'ajouterai avec cet ordolibéralisme que fait des ravages.

Je n'ignore certes pas que l'Église est traversée par la lutte des classes entre son sommet et sa base, donc aussi par des conflits sur la définition de la « vie bonne ». C'est ce qui donne de l'espoir et interdit de clamer que l'Église ne serait qu'un opium du peuple. Le théologien Eugen Drewermann avait publié en 1993 *Fonctionnaires de Dieu,* une brillante analyse, qui reste encore valide, des conflits entre les diverses strates de l'Église. Une minorité chrétienne agissant aux côtés des mouvements populaires existera donc toujours. Pour le passé, songeons aux socialistes chrétiens autour de Philippe Buchez (1796-1865). Pour le présent, pensons aux jésuites québécois de la revue *Relations* qui se sont par exemple ralliés, à l'occasion de la préparation de la COP 21, au *Manifeste pour un élan global*[170]. Dans ce texte, pas de rappel des « lois naturelles » et divines dont l'Église serait la seule interprète autorisée, pas de condamnation de l'égalité des droits devant le mariage, pas de confusion entre PMA, GPA et OGM, pas d'appel à décroître et à se multiplier, pas d'interdiction de la contraception dite non naturelle et de l'avortement, pas de défense de la propriété privée lucrative et des inégalités sociales, pas de condamnation de la rationalité et de l'esprit scientifique au nom d'une science chrétienne, pas de doctrine sociale opposée à la lutte des classes mais un engagement aux côtés de ceux qui luttent pour « changer le système, pas le climat », pour une économie solidaire, post-pétrolière, post-carbonée et post-capitaliste. Qui peut croire que François puisse être le pape de cette nouvelle Église du XXIᵉ siècle ?

François n'est pas un pape de gauche mais il sait cependant qu'il doit contenir la droitisation de l'Église pour ne pas la couper davantage des peuples. Il donne pour cela des gages à une gauche catholique qui n'existe malheureusement plus guère, au risque cependant de mécontenter les courants de droite. Conséquence : le pape François va perdre finalement sur les deux tableaux ! Déjà, le nombre de fidèles présents lors des Audiences générales et des Angélus est passé de plus de six millions de personnes en 2013 à un peu plus de trois millions en 2015, selon les chiffres officiels,

---

170. http://www.ledevoir.com/environnement/actualites-sur-l-environnement/436476/manifeste-pour-un-elan-global

mais fort discrets, de la préfecture de la Maison pontificale, alors que les médias disent ce pape le plus populaire. Cette diminution du nombre de fidèles s'explique en partie, mais en partie seulement, par l'attitude de François à l'égard des mouvements les plus conservateurs qui boycottent, désormais, ses Audiences générales et ses Angélus. Le pape serait entré en conflit ouvert avec Mgr Bagnasco, cardinal et archevêque de Gênes et président de la conférence épiscopale italienne... laquelle mobilise les mouvements de la droite catholique pour organiser les *Family Day* contre la loi Cirinna accordant le mariage aux couples de même sexe, à la façon de la Manif pour tous en France et en Espagne... Le pape François est certes hostile à cette loi mais il pense que l'affrontement direct est une mauvaise chose car il contribuera plus encore à couper l'Église du pays réel. C'est pourquoi en 2010 il avait interdit aux catholiques argentins de se regrouper devant le Parlement de Buenos Aires dans le but d'empêcher le vote de la loi. La diminution de moitié de la participation du public aux Audiences générales du Vatican est, cependant, avant tout la conséquence du double langage d'un pape cherchant à concilier les contraires tout en demeurant profondément réactionnaire. Le peuple des fidèles vote aussi avec ses pieds en s'éloignant doucement de l'Église.

Annexe

Écologie et chrétienté, théologies de la libération ou retour des droites cathos ?[171]

Nous lançons un appel solennel aux chrétiens et aux athées contre la menace que fait peser la droite chrétienne contre l'écologie politique et les milieux de la décroissance. Cette opération a plusieurs visages dont celui des Chrétiens indignés (sic) dont le nom fait écho à l'appel à l'indignation lancée par les milieux traditionalistes dans le domaine des arts. On retrouve comme principal pivot de cette opération Patrice de Plunkett, ancien rédacteur en chef du *Figaro Magazine* reconverti dans une posture « ni droite ni gauche » mais toujours « papiste ». Lui sont associés des personnages comme Vincent Cheynet (rédacteur en chef de *La Décroissance*) ou Jacques de Guillebon (rédacteur en chef du bulletin traditionaliste *La Nef*). Nous nous élevons en tant que chrétiens et athées contre ce mauvais coup porté à l'écologie. Nous ne pouvons laisser entendre que l'effondrement environnemental serait la conséquence du matérialisme ou que la solution serait la mal nommée doctrine sociale de l'Église, bras armé du Vatican pour combattre les socialismes au nom d'un libéralisme régulé, ceci depuis 1891. Cette confusion est non seulement stupide mais intéressée. Elle est stupide car elle oublie que le capitalisme est l'enfant de la chrétienté. Les travaux de Colin Campbell

---

171. Texte de Christian Terras, directeur de *Golias*, revue catholique critique, et de Paul Ariès, directeur du *Sarkophage*, rédacteur en chef de la revue *Les Zindigné(e)s*, paru dans le journal *L'Humanité* du mercredi 21 mars 2012.

après ceux de Max Weber permettent pourtant de comprendre en quoi le processus de formation de la société productiviste trouve son origine au XVIIe siècle avec l'apparition du consommateur aux côtés de l'entrepreneur. Alors que le productivisme relève de la branche calviniste rigoriste, le consumérisme dérive de la branche piétiste sentimentaliste. Cette confusion est intéressée car elle vise à faire de la question écologique un nouveau terrain d'évangélisation du peuple. La question n'oppose pas pourtant matérialisme et spiritualité mais plusieurs matérialismes entre eux comme diverses spiritualités entre elles : il existe ainsi deux manières de croiser la religion chrétienne et l'écologie politique soit en allant du côté des « théologies de la libération » et donc du *buen vivir* socialiste, soit en retournant à une conception rigoriste, intégraliste, fondamentaliste, bref, cléricale de la religion. On débouche, dans le premier cas, sur l'option préférentielle pour les pauvres et une alliance avec les gauches et, dans l'autre cas, sur l'orthodoxie vaticane et les droites chrétiennes. Ce n'est pas un hasard si l'Amérique du Sud qui a été le berceau des théologies de la libération (au XXe siècle) est aussi celui de ce socialisme du *Buen Vivir* (au XXIe siècle). À défaut d'épouser les théologiens de la libération engagés dans les mouvements d'émancipation comme Leonardo Boff, Frei Betto, Hugo Assmann, Dom Hélder Câmara, cette « droite catho », objectrice de croissance, finira par ressembler aux dames patronnesses du XIXe siècle qui enseignaient au bon peuple comment se passer de tout ce qu'il lui manquait. Nous, militants chrétiens et athées, sommes donc du côté des théologies de la libération lorsqu'elles soutiennent que le rejet du capitalisme n'est pas seulement celui du libéralisme dérégulé, mais celui d'un système de classes injuste, celui d'un « péché structurel » ; nous, militants chrétiens et athées, sommes du côté des théologies de la libération lorsqu'elles dotent l'écologie d'un contenu de classe, lorsqu'elles affirment une « option préférentielle pour les pauvres » qui n'est pas qu'une façon d'aimer ou d'aimer les pauvres mais de lutter avec eux, lorsqu'elles prônent la solidarité avec les luttes d'auto-émancipation des peuples ; nous, militants chrétiens et athées, sommes du côté des théologies de la libération pour dire que l'ennemi ce n'est pas l'athéisme mais l'idolâtrie (la richesse, l'identité nationale, la mystique de l'État, l'essentialisme sexuel, la défense de « la civilisation chrétienne occidentale ») ; nous, militants chrétiens et athées, sommes du côté des théologies de la libération pour affirmer le primat de l'élément anthropologique sur l'élément ecclésiologique, de l'élément critique sur l'élément dogmatique ; du social sur la personne ;

nous, militants chrétiens et athées, sommes du côté des théologies de la libération pour dire que l'idée du socialisme ne peut pas plus être jugée par les pratiques du « socialisme réel » que le christianisme ne saurait s'identifier avec la Sainte Inquisition ; nous, militants chrétiens et athées, sommes du côté des théologies de la libération pour dénoncer le lien entre le style de pouvoir impérial dans l'Église, l'autorité hiérarchique, la tradition d'intolérance et de dogmatisme, le mythe de l'infaillibilité pontificale et les schémas de pensée et d'action qui conduisent à détruire l'humanité et la planète ; nous, militants chrétiens et athées sommes du côté des théologies de la libération pour dire que le paradigme oppression/libération s'applique autant aux classes dominées qu'à la Terre, nous sommes du côté des théologies de la libération pour dire qu'une totale séparation de l'Église et de l'État si elle suppose qu'il n'y ait pas de parti chrétien signifie également qu'il n'y ait pas de mouvements sociaux chrétiens fussent-ils dans le domaine écologique car le pic du pétrole, la crise de la biodiversité sont les mêmes pour tous. Nous, militants chrétiens et athées, sommes du côté des théologies de la libération pour dire notre refus du retour au catholicisme politique (sous couvert d'un dangereux et hypocrite « ni droite ni gauche ») et pour dire notre refus de tout message qui, sous prétexte de dénoncer l'ultralibéralisme et le socialisme (« le socialisme est un ennemi, le libéralisme aussi » – site France Jeunesse Civitas), entendrait imposer un modèle conforme aux lois de Dieu… Nous mettons en garde le peuple chrétien comme nous mettons en garde les mouvements sociaux qui se laissent abuser par les faux-semblants. Car comme le dit l'abbé Guillaume de Tanoüarn (Fraternité saint Pie X) : « L'antilibéralisme, c'est aussi un thème très ancien de ce que l'on appellera "la droite chrétienne" la plus intransigeante. » Qu'on ne compte donc pas sur nous pour rejeter la liberté morale, philosophique et religieuse, que l'on ne compte pas sur nous pour faire du combat contre le culte de la croissance et l'illimitisme, une nouvelle « guerre sainte » contre l'athéisme et le matérialisme philosophique, que l'on ne compte pas sur nous pour banaliser les droites chrétiennes sous prétexte d'union sacrée pour sauver la planète et l'humanité. Nous, militants chrétiens et athées, nous affirmons que les seules lois qui comptent pour la cité sont les lois laïques faites par les hommes en conscience.

Table des matières